读懂中国改革 3

新常态下的变革与决策

厉以宁
吴敬琏
周其仁等/著

中信出版集团 · 北京

图书在版编目（CIP）数据

读懂中国改革．3，新常态下的变革与决策 / 厉以宁，吴敬琏，周其仁著．-- 2版．-- 北京：中信出版社，2017.10（2018. 5重印）
ISBN 978-7-5086-7890-0

I. ①读⋯ II. ①厉⋯ ②吴⋯ ③周⋯ III. ①改革开放－研究－中国 IV. ①D61

中国版本图书馆CIP数据核字（2017）第169347号

读懂中国改革 3：新常态下的变革与决策

著　　者：厉以宁　吴敬琏　周其仁　等
出版发行：中信出版集团股份有限公司
（北京市朝阳区惠新东街甲4号富盛大厦2座　邮编　100029）
承 印 者：北京鹏润伟业印刷有限公司

开　　本：880mm×1230mm　1/32　　印　　张：11　　字　　数：284千字
版　　次：2017年10月第2版　　印　　次：2018年 5 月第2次印刷
广告经营许可证：京朝工商广字第8087号
书　　号：ISBN 978-7-5086-7890-0
定　　价：58.00元

中国经济呈现出新常态，有几个主要特点。一是从高速增长转为中高速增长。二是经济结构不断优化升级，第三产业、消费需求逐步成为主体，城乡区域差距逐步缩小，居民收入占比上升，发展成果惠及更广大民众。三是从要素驱动、投资驱动转向创新驱动。新常态将给中国带来新的发展机遇。

第一，新常态下，中国经济增速虽然放缓，实际增量依然可观。经过30多年高速增长，中国经济体量已今非昔比。2013年一年中国经济的增量就相当于1994年全年经济总量，可以在全世界排到第十七位。即使是7%左右的增长，无论是速度还是体量，在全球也是名列前茅的。

第二，新常态下，中国经济增长更趋平稳，增长动力更为多元。有人担心，中国经济增速会不会进一步回落、能不能爬坡过坎。风险确实有，但没那么可怕。中国经济的强韧性是防范风险的最有力支撑。我们创新宏观调控思路和方式，以目前确定的战略和所拥有的政策储备，我们有信心、有能力应对各种可能出现的风险。我们正在协同推进新型工业化、信息化、城镇化、农业现代化，这有利于化解各种“成长的烦恼”。中国经济更多依赖国内消费需求拉动，避免依赖出口的外部风险。

第三，新常态下，中国经济结构优化升级，发展前景更加稳定。今年前 3 个季度，中国最终消费对经济增长的贡献率为 48.5%，超过投资；服务业增加值占比 46.7%，继续超过第二产业；高新技术产业和装备制造业增速分别为 12.3% 和 11.1%，明显高于工业平均增速；单位国内生产总值能耗下降 4.6%。这些数据显示，中国经济结构正在发生深刻变化，质量更好，结构更优。

第四，新常态下，中国政府大力简政放权，市场活力进一步释放。简言之，就是要放开市场这只“看不见的手”，用好政府这只“看得见的手”。比如，我们改革了企业登记制度，前 3 个季度全国新登记注册市场主体 920 万户，新增企业数量较去年增长 60% 以上。

同时，我们也清醒地认识到，新常态也伴随着新矛盾新问题，一些潜在风险渐渐浮出水面。能不能适应新常态，关键在于全面深化改革的力度。

——习近平在 2014 亚太经合组织工商领导人峰会开幕式上的演讲（节选）

目　录

代　序

当前经济形势的六大前沿问题

厉以宁（北京大学光华管理学院名誉院长）

如何理解“新常态”

最近中国的媒体经常提及“新常态”这个词，那么，该如何理解“新常态”呢？这是相对于我国前一段时间不正常的经济高速增长而言的，意指经济应逐步转入常态。

过去几年中国经济的超高速增长是“非常态”，是不能持久的，不符合经济发展规律。所以，现在提到的“新常态”主要有两个含义：第一，做我们力所能及的事情，盲目追求超高速增长对中国长期经济增长是不利的。第二，经济超高速增长给中国经济带来的是：资源消耗过快，生态恶化，效率低下，产能过剩，以及错过结构调整的最佳时机。其中，“错过结构调整的最佳时机”是最重要的。

错过了结构调整的最佳时机，会留下很多后遗症。现在我们不得不把结构调整放在重要位置。结构调整很重要，比单纯追求经济总量更重要。

虽然现在中国GDP（国内生产总值）总量已跃居世界第二位，但是，从结构上来说，中国还落后于一些发达国家。因为中国的高新技术产业所占GDP的比重还比较低，没有发达国家那么高。同时，虽然中国人力资源结构比过去改善了很多，但是，大学毕业生占总人口的比重也比较低，中国的熟练技工队伍正在形成。

在这种情况下，如果中国错过了结构调整就是最大的损失。所以，现在提出“新常态”，就有避免超高速增长、尽早使经济结构合理化的意图。

对于“十三五”规划，很多专家（包括我在内）都提出，要保持适度增速，不能再追求超高速增长了，政府应该考虑适当降低GDP增速。如果中国GDP能够增长7%就不错了，即使能保持在6.5%~7%也属于正常，因为经济增长重在经济质量的提升和结构的完善，而不是单纯追求经济增速。

硬性的增长指标如何改

多年以来，中国政府靠行政方式实现增长目标。比如，某年定的增长速度为9%，全国各地拼命干，力求最终达到目标。这样下去，就会产生问题，无论对地方政府还是对中央政府，都同样形成压力。因为地方的发展规划是由地方人民代表大会通过的，全国的发展规划是由全国人大通过的。一旦通过这些硬性目标，就意味着要严格执行。

于是，各地政府为了完成任务或者赶超别人，会不顾经济增长的质量和结构的调整，政府就会很被动。

为什么会很被动呢？主要原因在于，硬指标意味着一定要完成，一定要完成硬指标则意味着只顾增长，就把产能过剩、高成本、效率差等都放在次要地位了。过去我们总干这种傻事，今后要改变这种现状。

可喜的是，关于把增长率从硬指标改为有弹性的预测值的做法，现在已经在一些地方进行试点。先试验一段时间，如果试行成功，再推广，这对于中国经济增长和结构调整是非常有好处的。

如何看待当前经济增速下降

经济增速下降是由几个原因造成的，比如出口下降、过剩的产品销不出去等。但同时应该看到另一个非常重要的事实，即中国实际的GDP比国家统计局公布的数字要高，而且年年如此。何以见得呢？

第一，农民盖房子在西方发达国家是计入GDP的，而中国农民盖房子从来不计入GDP。

第二，有一些就业人口的收入没有计入GDP。如现在担任保姆、月嫂等职业的人越来越多，她们的工资也越来越高。目前中国家庭保姆有几千万人，但是她们的工资收入是不计入GDP的。而在西方发达国家，这些人的收入是计入GDP的。

第三，在中国，个体工商户一年的实际营业额是通过包税制倒推出来的，而他们的实际营业额会高于包税制下推算出来的营业额。也就是说，中国的大量个体工商户少报了营业额，中国的GDP统计也就少算了。最近还规定，月营业额不足3万元的小微企业免税，这就更不好统计它们的实际营业额了。

第四，据前几年数据统计，中国GDP构成中，国有企业不到35%，外资企业大约在10%或略多一些，而民营企业则超过55%。也就是说，中国的民营经济占了GDP的55%以上。近年来，有外国学者认为中国的GDP存在虚报的可能。实际上，这恰恰说明他们不了解中国。因为民营经济通常选择能少报营业额就少报，所以，民营经济占GDP的比重应该超过55%。

我们要承认中国实际的GDP比国家统计局公布的要多。既然如此，就不要害怕GDP增速下降0.2或0.1个百分点。

投资和就业存在什么关系

这是经济学的一个老问题。经济学中，从来都是这种想法：新的工作岗位是在经济增长过程中作为投资的结果而显现出来的，要增加就业，就必须有大量投资。

但是，目前中国的情况变了。中国正在朝市场经济方向走。在大力推进技术创新或不断更换成套设备的时候，在投资于高新技术产业的时候，就业人数反而减少了，因为机器人、自动化使得劳动力需求量减少，新技术下不需要那么多人就业。这是高新技术产业发展过程中必然出现的问题。

另外，中国正在加强环保建设，比如当前的雾霾是由于工厂烧煤太多、排烟过多等造成的，所以全国都在推动低碳生产。而低碳化意味着必然要关停一些企业，在国家治理环境的同时，会有一部分人因此而失去工作岗位。

那么，中国增加就业靠什么呢？如何保持就业的可持续性？当前中国的政策是：发展民营企业，发展小微企业，鼓励创业。现在创办小微企业，可以先营业后办证，省掉很多手续，同时还有贷款的支持。

还有第二种情况，即中国的农业正在进入新的发展阶段。2014年中央一号文件正式提出要发展家庭农场，这是一个新的提法。过去家庭农场主要出现在美国、加拿大、西欧等国家和地区，现在中国正在进行土地确权，部分地区农村土地已完成确权，也相应地提出了这个概念。

农村土地确权，是指在过去农民的土地是集体所有制，没有确权，农民事实上是被架空的所有制承担者。现在不同了，中国正在进行土地确权。

2012 年，全国政协经济组在浙江嘉兴市村镇考察，当时，嘉兴市刚完成土地确权工作验收，之后我们到了嘉兴市的农村，看到村里满地都是鞭炮屑，一片红。这股热闹劲儿，一般都是家里有喜事的时候才有的。

什么叫土地确权？简单地说，就是三权三证。农民拥有土地承包经营权，政府发给农民土地经营权证；农民拥有宅基地使用权，政府发给农民宅基地使用权证；农民拥有在宅基地上盖房子的权利，政府发给农民房产证。

土地确权之后，农民的收入大大提高了。

农民的收入为何会增加呢？第一，土地确权完成之后，农民安心在农村工作，发展种植业、养殖业。第二，农民可以放心到外面打工，把土地租给别人，收地租，同时，农民在城市又找到了一份工作，因此收入增加。第三，农民盖了新房子，租给别人，每月可以获得房租收入。所以，农民收入增加了。

土地确权还有一个意想不到的收获，就是在确权之前，先进行土地丈量，丈量完毕后发现土地面积增加了 20%。为什么会增加 20% 呢？

第一，30 多年前，农村进行土地承包经营，那时候农村的土地质量有好有坏，在丈量土地进行承包的时候，好地一亩抵一亩，坏地两亩抵一亩。30 多年过去了，经过农民的精耕细作，土地质量都提高了，因此，在这次确权丈量土地时，都是一亩算一亩，不再折算了，于是，土地就多了。

第二，在刚开始承包的时候，农民用牛耕地，土地都是一小块一小块的，有很多田埂。计算土地面积时，要把田埂扣除，连田埂两侧遮住阳光的面积也要扣掉。现在农民用上了拖拉机、插秧机等，小块地不方便使用机器，田埂被逐步刨掉了。所以，这次丈量时耕地就多了。

第三，2006 年以前中国还征收农业税，有多少地征多少税，农民在上报自己家土地的时候就尽量少报一些。比如，一亩三分地报一亩地，因为多报地要多交税，几乎家家如此。现在不同了，农业税取消了，加上土地刚丈量完，农民均如实上报，谁都不愿意少报。因为少报土地面积的话，在出租或转包土地、入股时，耕地少报就吃亏了。

上述三个原因叠加起来，土地就增加了 20%。目前，中国的农业正在兴起，农村也需要劳动力。现在中国土地确权工作正在试点阶段，估计 3 年之内可以完成全国的土地确权，届时中国的农村将会有新的面貌，农民也将富裕起来。

为什么会闹钱荒

中国的货币流通量并不少，按照M1（狭义货币供应量）、M2（广义货币供应量）来看，流通的货币量都挺大的。但是，做生意的民营企业到处借不到钱，闹钱荒。

为什么会发生钱荒呢？有两个原因：一方面，中国正处在双重转型阶段。什么是双重转型呢？一是发展转型，即从农业社会到工业社会；二是体制转型，从计划经济转到市场经济。在这两个转型过程中，特别是农村，对货币需求量大增。现在农民自己经营土地甚至开办小工厂，需要大量资金。同时，中国的货币需求量是很大的，不是光靠经济增长率、人口增长率就能够计算出合理的货币需求量的。通常，实际货币需求量比计算出来的货币需求量要大一些。

另一方面，钱荒的根源是由大量的国家投资以及贷款不配套造成的。作为信贷的主体，银行将大部分贷款给了国有企业，民营企业尤其是小微企业很少能获得贷款。贷不到款，民营企业会慌，因为如果手上没有现金，万一有好的投资机会就丢了。还有，如果资金链断掉，到哪儿去借钱呢，连企业的日常运行都会碰到困难。

此前我们去广东调研，发现那里的很多企业主普遍有“超正常的货币储备”。用当地企业家的话来说，叫“现金为王”，有现金就什么都不怕了。所以，几乎家家企业都有“超正常的货币储备”，货币流通量根本不够。这从M1、M2的数字上是看不出来的。

金融改革的目标是什么

中国当前的金融改革主要有三个目标，分别是宏观目标、微观目标、结构性目标。

从宏观的角度来谈，中国的金融业、银行业应该走向市场化。利率市场化是很重要的，不过，利率市场化不等于对利率的自由放任。因为，自由放任对经济是有害的。所以，宏观上来讲，利率的市场化，也就是中共十八届三中全会所讲的，让市场在资源配置中起决定性作用。

微观目标就是银行作为金融机构和微观单位，应该既有经济效益又有社会效益，两个效益并重，这是微观目标。因为在中国的环境中，银行除应有经济效益外，还要有社会效益。

从结构性的目标来看，金融改革应该把重点从虚拟经济转到实体经济中来。毕竟，实体经济是最重要的。中国的产品要打入世界，必须有一个自主创新的过程，要帮助实体经济完成产业和技术升级。

其次，在结构方面，大中小银行分别以大中小企业作为服务对象，大银行对应大企业，中等银行对应中型企业，小银行对应小企业，但是，所有的大中银行都应该为最底层的小微企业提供贷款服务，这是支持草根金融。

总之，金融改革的三个目标中，宏观目标：实现利率市场化；微观目标：银行经济效益和社会效益并重；结构目标：走向实体经济。

此外，还应该大力发展政策性银行。政策性银行目前还比较弱小。比如支持教育产业发展，可以成立一家教育银行，这就是使政策性银行为教育事业的发展提供金融服务。又如，开发西部地区，有很多工作可由政策性银行来做，因此，政策性银行应该进一步扩大。

上篇 读懂中国经济新常态

· 新常态下的变革与决策

· 在“冬天”谋划、布局、投资

中国经济进入新常态，从高速增长转向中高速增长，发展方式从规模速度型粗放增长转向质量效率型集约增长，结构从增量扩能为主转向调整存量、做优增量并存的深度调整，发展动力从传统增长点转向新的增长点。认识新常态，适应新常态，引领新常态，是当前和今后一个时期我国经济发展的大逻辑。

第一章
新常态下的变革与决策

坚持稳中求进工作总基调，坚持以提高经济发展质量和效益为中心，主动适应经济发展新常态，保持经济运行在合理区间，把转方式调结构放到更加重要位置，狠抓改革攻坚，突出创新驱动，强化风险防控，加强民生保障，促进经济平稳健康发展和社会和谐稳定。

新常态就是按经济规律办事

厉以宁（北京大学光华管理学院名誉院长）

什么是新常态

简单地说，新常态就是按经济规律办事。

中国前几年经济的增长是超高速的增长，这种超高速增长并不符合经济规律。在其他国家，特别是发展中国家，可能有一段时间高，但是不可能长期这么高，因为这种超高速的经济增长给经济带来的害处很大。大体上有五个不利：第一是资源过度消耗，而且消耗得很快；第二是环境破坏；第三是低效；第四是有些产业出现产能过剩；第五是错过技术创新和结构调整的最佳时机。

2008 年世界金融危机以后，西方发达国家美国、英国、德国、法国、日本都抓紧时机进行技术创新，以便给经济找出一条新的出路。中国也应该如此，但是在追求超高速增长的过程中忽略了这一点。

GDP 的结构比增量更重要。我们现在经济总量占世界第二位了，但是要论结构，我们跟日本还有距离。为什么？高新技术产业占经济的比重、占GDP的比重小于日本。

对出口、进口的看法需要调整

出口越多越好，这是计划时代的观念，因为计划经济年代我们受到外部的封锁、抵制，外汇很少，出口越多赚取外汇越多，可以买需要的东西。

现在的情况变了，出口多，其他国家的进口就多了，出口就少了。这种国际贸易关系是不能持久的，所以应该转变，并不是出口越多越好，进出口基本平衡才最好。所以说观念要变。现在中国已经是一个大国了，而且在国际上有重要地位，要跟人家建立长远的贸易关系，每个国家都希望能够在进出口基本平衡的条件下来做。

另外，外汇储备也应该根据国家情况来考虑，并不是越多越好，因为外汇储备太多会带来几个毛病。所有的外汇储备都是用人民币换来的。企业出口创汇，然后根据国家结算外汇的办法，把外汇卖给人民银行，人民银行付你人民币。所以外汇的增加实际上表明了人民币出口的增加，而有的外汇就存在那儿不动了，造成人民币通货膨胀。

高就业未必和高投资有因果关系

过去总是认为，要增加就业就必须高投资，高投资就能够提供就业的岗位，就业岗位多，就业人就多，这个看法已经过时了。

现在有些工地正在施工，要建一个现代化工厂，你到那里问问看，这个厂投资了多少亿，会增加多少人就业？他给你的回答是你预想不到的，我不但不增加就业我还要裁员，全部用机器人，哪用那么多人！

跟新常态相对应的是适度投资，不是像从前那样投资越多越好、越大越好。

就业靠什么解决呢？靠适度投资，靠政策，靠调动民间投资的积极性，靠中、小、微企业的发展。什么叫适度投资？并不是全要国家投资，国家只投一部分，另外一部分靠民间资本投资。民间资本投资是解决就业问题的主要方向。中国大量的中、小、微企业都是民间投资，这种投资的特点是精打细算，不铺张，不浪费，因为民营投资自己要负责盈亏的。

高利率未必能抑制通货膨胀

过去对待通货膨胀，主要是什么办法呢？提高利率，货币流通量就减少了。但是中国一二十年的发展经验已经表明了，高利率不能或未必能抑制通货膨胀。为什么？因为在经济学里面，国际传递的通货膨胀是不算数的，就从供给、需求关系来看，通货膨胀分两类，一类叫需求拉动的通货膨胀，一类叫成本推动的通货膨胀。在20世纪90年代我们遇到的通货膨胀，主要是需求拉动的通货膨胀。

进入21世纪，通货膨胀的性质发生了变化，更多的是成本推动的通货膨胀，成本提高了，物价就跟着上去了。

记得在2012年，一个月调整一次银行准备金率，全世界没有这样的，这个是很少动用的宏观调控手段，结果物价还是控制不了。所以要技术创新。2008年以后，全世界都认识到要治理通货膨胀，不能采取提高利率的办法，而是鼓励技术创新。一定要把结构调整和技术创新放到重要位置。

市场可以创造

我们所面临的市场是动态的，而不是静态的。比如说扩大内需，扩大内需重在扩大民间消费，而民间消费的增加很慢。原因有很多，有一个原因可能是关键的，你在生产端没有新产品出来。你要人家扩大消费，你得有新消费品。

我到服装店看，这个式样以前就有了，这个布料还是一样，我要这个干吗？我家里都有了，我买来干吗？市场要创造，一定要懂这个道理。

手机就是一个消费创新的例子。现在用的手机跟过去的手机不一样，功能增加了。10 年前手机只是作为通话工具，现在的手机可以看电视、打电话、录音、照相。所以手机的销量一直在持续增加。

要有两个假设、三种调节

现在谈两种假设，第一种假设是经济学中最普遍存在的一种假设，叫经济人假设。经济人假设是什么意思呢？就是说人都是自利的，追求最低成本、最小代价、最大收益，这是一个假设。这种假设并没错，但是显然是不够了。

第二种假设叫社会人假设，人不仅是经济人，也是社会人。为什么提社会人假设呢？因为很多事情都处于经济规律以外。

比如说有两个城市，A和B。如果你去A城市投资，成本低、销路广、利益大；去B城市成本高、盈利少。按经济人假设肯定在A市投资，可有些人偏偏要到B市去投资，为什么呢？经济学不好解释这个问题，社会学可以解释，因为实际生活中有各种考虑。

现在谈三种调节。市场调节是第一种调节，是用一只无形的手来支撑的。政府调节是第二种调节，政府用有形的手来支配，有形的手包括法律、法规、制度、政策等等。那什么是第三种调节？市场的出现是几千年前的事情，政府调节更晚了，是到国家形成了、政府出现了才出现的。可是人类社会少说也有几万年了，在几万年时间里没有市场、没有政府，但是人类社会沿袭下来，靠的只能是道德力量的调节，所以道德力量调节是第三种调节。

资源配置效率比生产效率更重要

在经济学里面，长期以来所强调的是生产效率。什么叫生产效率？经济学里指的是投入产出的关系。比如说一个企业，它如果在投入不变的情况下，效率提高了，这就是增加效率，或者在效益不变的情况下投入能够减少也是一样的。生产效率是有用的，也是值得关注的。

20世纪30年代以后，出现了第二种效率，就是资源配置效率。

假定投入总量不变，你可以用A方式配置这些资源，也可以用B方式配置资源。如果你用A方式配置资源，结果会得到N，用B方式配置资源得到的是N+1，这就表明资源配置效率提高了。

这个排列出来以后，经济学理论也随之发生了变化，生产效率固然重要，但资源配置效率更重要。为什么？因为生产效率主要是在微观领域起作用，从宏观角度讲，更重要的是资源配置效率。

以我们国家来说，国有资产有好多万亿元，如果使用不好、配置不当，这就是损失。改革就是让国有资本，让国有的资源能够更充分地发挥作用。

需要重视产权激励制度

从经济理论分析的角度，所有的经济学家都承认一个原理，利润是物质资本投入者和人力资本投入者共同创造的，光有物质资本投入创造不了利润，光有人力资本投入也创造不了利润。

既然如此，为什么利润的分配只是让物质资本投入者享有，而人力资本投入者却只能从成本中的工资部分取得自己的报酬，这合理吗？

所以很多经济学家提出这样不合理，明明是共同创造的，为什么我们只能从成本中的工资部分取得报酬呢？所以提出要分享。分享有各种办法，其中一个很重要的办法就是产权激励制度，人力资本投入者根据贡献的大小和产权的比例分享利润。

宏观调控重在微调、预调

进入新常态以后，宏观经济调控是不可缺少的。宏观经济调控一定要以微调、预调为主，不要动不动就大起大落、大升大降、大摇大摆，这是有害处的。

最大的害处在哪里？就是养成了宏观调控依赖症，没有宏观调控就不行了，这会削弱市场调节的作用。经济应该是让市场充分发挥作用，宏观调控是必要的，但应作为辅助。

市场经济本来是有内生机制的，宏观调控太多、太频繁，会抹杀内生机制。从宏观角度讲，一部分人有小业主意识不是坏事，可以平衡社会。宏观调控不可少，但必然走向是微调、预调。

经济低碳化是新目标

任何一本宏观经济学教科书都会提到充分就业、物价基本稳定、经济持续增长、国际收支平衡四大目标。现在来看，要升级到第五目标。因为人们的环保意识在增强，现在的环保概念与30年前不同，30年前只是有毒的不让排，现在的环保概念改了，二氧化碳也不让多排。

所以现在提出了第五个目标，就是经济低碳化，这对我们的长远发展来说有很重要的意义。

（本文原载于《新京报》）

新常态下的变革与决策

吴敬琏（国务院发展研究中心研究员）

关于“新常态下的变革与决策”，我想讲五点意见。

旧常态已不能维持

旧常态，我们已经维持了30多年。这种常态的特点就是用高投资支撑的高速度，其不可持续是一个不争的事实，没有什么可以讨论的。

实际上，中国经济的增长力从2010年的第三季度就开始进入了一个下行的通道。2009年的强刺激以后，中国的GDP增长曾经维持了三个季度以上的两位数增长率，然后就进入了下行的通道。从2010年的第三季度降到10%，一直到2014年的第三季度降到7.3%，中间当然有好几次宏观经济的刺激动作，但是在支持GDP的回升上效果越来越短暂。

从2014年第二季度开始，又有了一轮新的刺激动作，不管叫它微刺激也好，或者像有些人认为的“不太微”也好，实际上第二季度的GDP增长率只是提高了0.1个百分点，接着又下来了。10月份又开始了一轮投资上的扩张，但是这次的收效更小。

这说明什么问题呢？GDP增长的速度下降是许多客观因素决定的，而且这些因素都不是短期的因素，所以旧的常态已经不能维持，中国经济进入了一个逐步下行的通道。什么因素决定了我们经济增长率从高速增长逐渐下行到中速增长？我想我已经多次说过，我们现在通常运用的一种分析的理论框架就是用“三驾马车”来预测中国的中长期增长，这个在方法论上错了。

讨论中长期增长的趋势没有太大的争议，应该用一个经济学上的“生态函数”来讨论，就是说支持经济增长的因素的变化，决定了我们经济增长的总量以及增长的趋势。都有哪些因素呢？不外乎就是劳动、资本、效率这几个因素决定了过去高速度的增长。

第一个因素，就是新增劳动力。我们知道我们有人口红利，过去这 30 年的高速增长得益于人口红利，新增的劳动力、新生的劳动力，还有从农村转移到工商业的劳动力都很强劲。

第二个因素，投资支撑了我们的高速度增长。

第三个因素，生产率，全要素生产率或者效率的提高支撑了我们的经济增长。

但是这些基本的因素，大致从 21 世纪以来发生了许多变化，使得这些因素不能再支持很高的发展速度了。

具体来说，第一个因素，也就是新增劳动力，中国社会科学院的蔡昉教授早就提出中国将出现刘易斯拐点，人口红利逐步缩减以致消失，这是第一个因素。

第二个因素，也就是投资。其实从第一个“五年计划”以来，我们都是靠着投资拉动经济增长。当然，单纯地依靠投资是不可持续的，经济学家对此做了很多分析。最初做出分析的是马克思，马克思在《资本论》里详细分析了当时资本主义国家这样一种投资率不断提高的增长方式，认为这种增长方式必然引起严重的经济和社会问题，首当其冲的问题就是产能增加，而消费率下降，使得最终需求不足，这就造成了所谓产能过剩的经济危机。

但是我们改革开放以来，基本上还是沿着这条道路——依靠投资。当然也不只是依靠投资，还有效率的提高，这比改革开放以前有很大的进步。但是因为长期主要靠投资来拉动增长，使得我们资产负债出现了严重的问题，而且近年来这个速度在加快。所以继续靠大量的投资去拉动增长，不但是不可持续的，而且会造成很严重的宏观经济隐患，就是说会出现系统性的风险。

第三个因素就是生产率。相比改革开放以前，我们的生产率有了很大的提高，主要是这么几个原因：一是因为经济结构的变化，大量农村使用的资源、劳动力和土地转入城市。二是开放。我们原来的技术水平跟发达国家有很大的差距，开放以后我们就可以通过引进外国设备、引进外国技术的办法很快地提高我们的技术水平，所以使得我们的效率提高了。这个原因到 21 世纪初也发生了变化。经过 20 多年的改革，我们的生产技术水平很快就和发达国家接近了，除了一些很尖端的技术外，一般的生产技术应该说没有太大的差别，于是我们就需要创新，哪怕是引进外国技术、经过消化以后再创新，以此来引领我们的生产技术的进步。

而在这种情况下，要通过创新来引领我们生产技术的不断提高，在原有的体制下就有很大的缺陷了，许多经济学家对于中国潜在生产力的研究都表明，2003 年、2004 年以后，效率提高对增长的贡献就逐步地下降了。

在支撑经济增长的要素都发生能量下降的情况下，就出现一个问题，我们会不会陷入中等收入陷阱？所谓中等收入陷阱，就是指原来支撑经济增长的一些动力开始衰退，如果我们找不到新的动力，就可能停留在中等收入水平上。

所以我们面临着很严峻的任务，就是要找到新的增长动力。这个动力说得简单一点，其实就是技术创新和效率的提高。因此，如果我们不能开发出新的动力，增长速度继续降低就成为不可避免的事情。

以平常心对待GDP减速

既然中国经济由高速增长转入中速增长的轨道是由各种客观因素决定的，是不以人的意志为转移的，那么我们就只能用一个平常心来对待它。所谓用平常心来对待，就是我们不能急于用老的办法、用强刺激的办法把这个增长给拉起来。

2009年以来的经历已经告诉我们了，用这样的办法去拉动经济增长，一方面，它的时效是越来越短。经济学上所说的投资回报递减的规律已经明显地表现出来了，所以它是不会有太大效果的。另一方面，它还有很大的坏处，因为用强刺激的办法，大量地注入货币，大量地进行投资，而投资回报又很差，结果就使得宏观经济的状况变得越来越脆弱。

不管是各级地方政府的负债率，还是我们企业的负债率，都增长得非常快，不但逼近警戒线或者超出了警戒线，而且近年来仍在加速。如果频繁地采用刺激的办法，就会使得我们国家资产负债表的状况变得越来越糟。这种资产负债表状况的恶化蕴含着系统性风险。

一旦出现系统性风险，一个国家的整个经济就会进入剧烈波动的状况。一些曾经有过长时期高速增长的东亚国家，比如日本，在爆发系统性危机以后不但丧失了原来的动力、动态的优势，还造成了国民经济长期的低迷。

我认为我们不应该采取强刺激的办法去拉动经济增长，不要急于用大量刺激的办法把增长率提升到7.5%、8%甚至10%以上。

平常心不等于无所作为

如果我们不能够在GDP总量减速的情况下改善增长的质量，提高我们增长中效率的贡献，过去用高速的数量扩张所掩盖起来的各种经济和社会矛盾就会爆发出来，造成很多的问题。

其具体的表现，首先是减速过猛，造成很多问题。其次，如果我们不能提高增长的质量，它的实惠又会大打折扣。如果在减速的同时我们能够提高增长的质量，就会在适当的增长速度下让老百姓得到更多实际的好处。

过去在增长质量差的情况下，表面上增速很快，但实惠不多，因为增长是靠更大量投资的注入，结果新增产值中间有很大一部分又要重新投入，否则增长就无法维持。

如果在减速的情况下能够提高增长的质量，就是说提高增长中效率的贡献的话，虽然增速低了，可是人民和整个经济所得到的实际好处比原来还多。

我们看到，有一些国家的发展主要是靠提高效率，所以有个3%、4%、5%的增长率就是很好的情况了。我们也应该争取这样一种结果。我们现在的注意力不应集中在拉动经济增长的数量上，而是要提高经济增长的质量。

全面推进改革以提高经济增长质量

其实，提高经济增长质量这个问题的提出已经很早了，从我们党和政府的文件来看，我们刚开始改革开放，全国人民代表大会就提出了国务院经济建设的十大方针，那是1981年。这个十大方针环绕一个核心的内容，就是提高效率。这十大方针的执行有一些成绩，但是也有不少的缺点，所以成效并不是太明显。

所以到了1995年制订第九个五年计划的时候，就提出了一个明确的方针，叫作转变经济增长方式，这个说法到了党的十六大有一点文字上的改变，就是要转变经济发展的方式，但是它的基本内容我认为是一贯的，就是说要从投资支撑的经济增长方式，转变为依靠技术创新和效率提高的经济增长方式。

这个方针虽然在“九五”“十一五”“十二五”都提出了，但在“十五”“十一五”这两个五年计划和规划中执行的成绩并不很显著，以至于“十二五”再次提出要加快经济增长方式的转变。

问题出在什么地方呢？问题就出在经济发展方式或者经济增长方式的转变有一个基础，就是经济体制以及社会政治体制的转变。其实“九五”计划的时候提得很明确，叫作两个根本转变，一个根本转变就是从粗放的经济增长方式转变为集约的经济增长方式，另外一个根本转变，就是从计划经济转到市场经济，而且第二个根本转变是第一个根本转变的基础。

但是在“十五”“十一五”期间，我们改革的推进有一些迟缓，所以使得这10年中经济增长方式或者经济发展方式的转变显得不那么有力，以至于到“十一五”的最后一年，党中央提出加快经济增长方式的转变刻不容缓。

到了“十二五”再次强调经济发展方式的转变以后，是跟全面深化改革相配合的。党的十八大决定全面深化改革，这就为我们实现经济发展方式转变提供了一个体制上的基础，而且党的十八大前后我们一些改革的推进，虽然只是小试牛刀，但是已经开始见效了。

我们现在面临一个情况，有些同志和有些经济学家对经济减速很着急，因为按照过去的经济体制和发展方式，经济增长一减速就可能要出大事，但实际情况没有那么严重。

因为，一方面，经济增长在减速，但是我们的就业状况、经济效率的状况、经济结构的状况还在改善，而且相比“十一五”“十二五”时期，现在改善的程度要好得多。

最明显的就是就业。经济增长在一步一步下台阶，但是我们就业的情况却越来越好。2013 年，我们预期的新增就业人数是 900 万人，实际完成数量是 1310 万，完成了预期目标的 145%。2014 年，预期目标被提高到 1000 万人，但是到 10 月就已经完成了。这是讲就业的状况。因此，经济减速并没有引起失业的增加、就业的困难以及由此产生的社会的不安。

另一方面，"十一五"计划决定把经济增长方式的转变作为主线，它的核心是提高效率。提高效率有哪些途径呢？很重要的一个途径是发展服务业，这是"十一五"一个很重要的口号。

"十一五"这五年中，虽然反复地号召，也采取了一些措施，但没有很大的改变。到了"十二五"，第一年还没有什么改变，第二年就出现了改变。

2012 年，第三产业的增长速度第一次和第二产业的增长速度持平。过去一直是第二产业一马当先。2013 年，第三产业的增长速度超过了第二产业，第一次成为整个国民经济中最大的产业。2014 年的趋势也是如此。

为什么能够出现这种情况呢？我们为什么在"十一五"的时候反复强调要改善结构、要发展第三产业，没有做到，而"十二五"的这两年能够做到呢？是因为进行了一些不太大但很管用的改革，其中一个改革就是营改增，营业税改增值税。

对于营改增，人们注意的是减轻税务负担的作用，减轻税务负担是应该的，但是营改增得到经济学界和产业界的普遍欢迎，原因是营业税是全额征税的，是妨碍分工深化的，而增值税是就价值增值征税，所以有利于分工深化。

这个改革在全国推行以后，我们可以看到，分工深化，新的行业的出现大大加速。你看网络销售分化出多少行业，从快递开始，到结算，到售后服务，种种行业都产生了。

另外一个改革，就是工商登记的便利化，这个改革开始以后，新增的工商户数量大大增加，2013 年新增工商业户增加了 40%。习近平总书记在一个讲话里提到，2014 年前三个季度新增登记的工商户数量增加了 60%。当然，这些只是我们全面深化改革初期的一些动作，我把它叫作小试牛刀。

新常态不能一蹴而就

小试牛刀就证明改革能够改善我们经济增长的质量，提高经济的效率，解决我们当前面临的许多问题，只有通过改革，我们才能够在经济进入中速增长的情况下，增加效率的贡献，从而确立一个我们所希望的新常态。

我们所希望建立的新常态就是，虽然速度是中速的，但是效率要比过去高，就是从一个粗放的增长转向了一个集约的增长。这是我们整个经济发展和社会长治久安的基础。

2014 年是全面深化改革的元年，我们现在应该来总结一下这一年做得怎么样。党的十八届三中全会的决议给我们描绘了一个很有理由乐观的前景，但是全面深化改革会碰到意识形态的障碍、既得利益的障碍、操作上的障碍、困难的障碍，以及过去旧体制、旧增长方式所积累起来的各种经济问题上的障碍，所以不会一蹴而就。

我们应总结 2014 年执行中央决定所取得的成绩和教训，规划未来，把我们所希望建立的那个新常态更快地建立起来。

（本文系作者在 2014 新浪金麒麟论坛上的主题演讲）

什么是中国与世界的新常态？

李稻葵（清华大学中国与世界经济研究中心主任）

在经济增长速度放缓的表象背后，其本质是社会经济制度的转型。其中，发达国家新常态的基本特征是社会经济体制“向左转”，中国之外的新兴市场国家则为“向右转”。

“新常态”是本轮金融危机爆发以后，近年国际上描述发达国家经济与金融状况的一个常用说法。该说法在最近两年的冬季达沃斯世界经济论坛上频繁出现。而中国经济从2013年开始进入一个增长速度相比之前明显下降的发展阶段，“新常态”也因此被反复用来描述中国经济的新形势。

新常态对于中国和世界到底意味着什么？对这一问题的判断，无疑是一个影响中国经济、社会以及企业相关决策的重要课题。以下，我们分别针对发达国家、中国之外的新兴市场国家以及中国三类经济体，分析其各自发展的新常态。由于分析过长的年份需要更加粗线条的研究框架，精准度也随之下降，本文将时间窗口设置为未来3~5年的中期发展阶段。

发达国家的新常态

国际金融危机爆发6年之后，发达国家陆续进入后危机时代的恢复进程，不仅英国、美国，即使是危机深重的希腊、西班牙，也已经全面进入逐步走出危机、不断修复创伤以及调整引发危机的深层次问题的阶段。

对于英国、美国等国，新常态意味着经济总体增长速度比之危机前略有下降，但最重要的是，这些国家在危机后的增长主要来自金融、房地产、高科技、高端服务业等领域，因此其所面临的最大挑战，是如何协调经济发展与经济恢复过程中的社会矛盾。尤其突出的问题是，全球化的大格局导致发达国家一大批低技能人群丧失了经济竞争力。以美国为例，尽管失业率不断下降，但大量人口长期失业且已经不纳入失业的统计。因此有人讲，美国的恢复是富人的恢复，收入差距在扩大。在英国，虽然经济增长速度并不低，但是员工的薪酬却在下降，这是连英国人自己都感到分外吃惊的经济现象。

综合分析，西方发达国家新常态的主要特征是：在全球化的压力下，经济社会体制和政策“向左转”，更加强调分配的公平性，强调对市场机制，尤其是金融市场的约束，同时，对于社会高收入人群的税收也会有所加强。这一点从最近一个时期以来法国经济学家皮凯蒂的新作《21 世纪资本论》走红并引发热议可以得到一定的佐证。

中国之外新兴市场国家的新常态

中国之外的新兴市场国家，在这一轮金融危机初期所受到的影响相对有限，而从 2009 年开始，当发达国家大规模推行量化宽松及其他宽松的货币政策之后，大量资本涌入新兴市场国家，再加上中国经济迅速恢复所带来的对大宗商品需求的上涨，新兴市场国家的经济出现了一轮蓬勃发展的可喜局面。不幸的是，这一轮发展的基础并不牢固，因为不少国家的市场机制并不牢固，宏观管理并不够稳健，所以从 2013 年初开始，当美联储宣布将逐步退出量化宽松政策的时候，新兴市场国家遭到了新一轮撤资的冲击。可以预计，在发达国家货币政策调整的影响之下，这些国家的新常态将是经济整体增长速度的低迷，而这个低迷的过程，又会刺激一部分新兴市场国家不得不推行一些市场化的经济体制改革。

所以，新兴市场国家新常态的基本主题，是在低增长时代寻求经济体制的改革，试图为新一轮的增长创造一个制度基础，简而言之，“向右转”。可以肯定的是，部分新兴市场国家能够抓住机遇，推行改革，而其他一些国家很可能回避改革，将自己的经济推向更加艰难的境地。

中国经济的四种新常态

许多分析家认为，中国经济新常态的基本点就是增长速度的逐步下降，以及债务水平的逐步调整。在我看来，这些分析不一定全面，其原因在于，这些分析过多地关注宏观经济的表现，而我们需要更加深入地分析中国经济新常态的一些内涵，即哪些潜在的、非常重要的经济、社会现象将决定中国宏观经济的新常态表现。综合来看，中国经济的新常态，将有四个方面的重要表现。

一、新旧增长点的拉锯式交替

这将是中国经济新常态最明显、最突出的一个特点。中国旧的增长点有两个，一是出口，二是房地产，它们将会逐步地、有一定反复地退出。其中，出口的增长将直接受到国际经济波动的影响而出现各种波动和反复。总体上讲，因为中国经济的体量在不断增长，而世界市场将难以支撑中国出口的持续增长，所以，出口以及贸易顺差占中国GDP的比重将不断下降。但这个过程不是线性的，而是波动的。

在中国城市居民基本住房需求大致得到满足这个大背景的推动下，加之金融市场的调整使得百姓的投资回报率上涨，房地产增长也会出现波动式的下降。这些旧增长点波动式的下降，将与新增长点不断波动式的上升，为整个宏观经济的增长带来阵痛。

中国经济的新增长点有三个。第一是长期性的、公共消费型的基础建设投资。这些投资包括高铁、地铁、城市公共设施建设、空气和水污染的治理等。第二是各种生产能力的转型和升级，包括高污染、高能耗的产能的升级，这也不可能是线性的、平稳上升的，一定会出现波动，这与资本市场融资成本的高低以及政府产业政策的调整有密切的关系。第三是居民消费，中国的居民消费占GDP的比重每年上升0.7%，目前已升至47%左右。

问题的关键是，旧增长点的退出是波动性的，新增长点的发力也不是平稳的，因此，未来三五年的经济增长速度将会出现波动。这种波动与中国传统的宏观经济波动不同，传统的宏观经济波动更多来自总需求的波动，包括投资需求的波动，因此政府需要经常性地踩刹车，通过各种政策和行政手段来应对。而在中国经济的新常态下，宏观经济波动的本质是新老增长点的交替。这种交替将不断导致增长的内在动力不足。因此，宏观政策在这段时间基本的主题将是稳增长，采取各种措施来催生新增长点。其中最重要的一点可能是公共消费型基础建设的投入。这种投入在一定程度上讲显然需要政府来主导，这也是政府稳增长的主要发力点。

与此相关的是，中国经济由于国民储蓄率高企，所以目前高达200%左右的债务比例还会提高，所谓的去杠杆的进程短期内不会来到。高储蓄带来的高杠杆是合理的，关键是结构，有政府担保的长期债务很有必要提高。

二、渐进式的经济结构调整

中国经济新常态的第二个表现事实上已经出现，那就是潜在的、渐进式的，并没有完全被观察者所识别的结构调整。这种结构的调整具体体现在以下几个方面。

一是劳动工资率的持续上涨，尤其是蓝领工人的工资上涨，其背后的原因是剩余劳动力的减少。与蓝领工人工资以两位数上涨、明显超过名义GDP增长速度形成对比的是，总体上资本的收益率在下降。事实上，当前中国已经处在资本成本较高的一个阶段，这种实际利率在3%以上的情形在改革开放的年代并不多见。相信经过下一轮改革，实际利率将会继续下降，毕竟中国经济的基本特点是高国民储蓄率。目前，蓝领工人劳动工资的上涨已经带来了资本取代劳动力的趋势，各行各业都在想方设法提高资本对劳动力的比重。伴随资本取代劳动力，资本积累将会加速。

第二个悄悄推进的结构调整，是随着新型城镇化的发展，除特大型城市外，户籍已经基本放开，中国劳动人口将实现60年来的第一次自由迁徙。今后，中国经济的区域布局将超出行政规划的约束，呈现各城市、各地区竞争高质量人口的格局，中国的经济地理将会发生重大变化。这一进程对中国经济发展的影响将极为深远。

第三个结构调整也已经开始，那就是居民消费的比重、服务业的比重均不断上涨。而且，服务业不只是生产性服务业，也包括物流、配送、电商、金融服务等消费性服务业。劳动就业的主要流向也在服务业。

三、改革的艰难推进

这也将是中国经济的一个新常态。本轮改革的决心和目标以及覆盖面可以说是前所未有，同时也必须看到，改革的阻力恐怕也前所未有。与前几轮改革相比，当前改革的重要特点是改革动力的缺位。

改革的动力应该来自两个方面，一个是上层推动改革的能量。这种自上而下的动力现在非常充足，中央特别成立了全面深化体制改革领导小组。但问题是，本轮改革中，基层政府与国有企业显得比较被动，整体上缺少创造力，能量不足。其原因是多方面的，其中一个比较重要的方面是一些官员动力不足，胆小怕事，不愿冒头，担心改革引发矛盾，从而导致对自身历史问题的调查和追究。

目前经济领域最引人瞩目的三大改革，第一是金融体制改革。这一改革目前是自上而下推进的，所以进展相对顺利，利率市场化未来两到三年内有可能基本完成，民间资本创办的银行已经开始布局，资本账户的开放也已提上议事日程。第二是财政体制改革，重点是完善税收体制、划分中央与地方的财政关系。第三大改革，是众望所归但处于相对停滞状态的国有企业改革。国企改革的根本在于进一步的市场化，在于把国企与政府进一步地分离，在于国企要进一步地资本化运营，但是这些方面的探索目前远远不足。总之，艰难的改革将是中国经济的新常态。

四、国际经济领域中国要素的提升

过去30年来，中国基本处于一个接受国际经济规则、融入国际金融体系的大进程中。但时至今日，国际格局已经发生了重大变化，中国已经是世界经济的万吨巨轮，中国经济由于国民储蓄率高企、资金雄厚，很快将成为世界第一大投资国，对外投资超过吸引外资，企业规模也随之不断扩大。因此，中国与世界的互动已经成为一个双向反馈的过程，不仅中国经济要进一步符合国际规则的要求，提升国际化水平，同时，中国也在不断对世界经济的运行规则提出自己的修改意见，不断通过各种运作让国际社会接受自己的一些基本诉求。比如，发起创办包括金砖国家开发银行在内的金融机构，以此来改善国际经济秩序。中国已经不是一个简单的国际规则的接受者，而是逐步变成了一个积极务实的行动者，通过对国际经济秩序提出改革意见，让国际社会更好地接受中国经济的存在。这也是未来中国经济的新常态。

总之，金融危机爆发以后，中国与世界都进入一个新常态。这个新常态本身就是一个动态的、不断塑造新的中国与世界大格局的过程。认真分析、抓住机遇，是中国经济的所有参与者需要学习的必修课。

（本文原载于新华网）

“新常态”与“非常态”
——中国失衡调整期的宏观经济走势

卢锋（北京大学国家发展研究院副院长、教授）

我国最近部分经济增长指标再度走低引发广泛关注。国家统计局最新数据显示，2014 年三季度 GDP 缓至 7.3%，创下近 6 年来新低。前三季度增速分别为 7.4%、7.5% 和 7.3%，呈现总体放缓态势。

笔者认为，目前经济下行走势与压力，不仅源自潜在增速回落与外部环境变化等新常态条件，而且与调整早先宏观经济失衡的阶段性非常态因素有关。结合十年宏调史实践经验，全面认识目前经济减速成因，直面全面深化改革与调整宏观失衡的双重客观要求，在“宏观政策要稳”总思路指导下坚持完善党的十八大以来正确宏调方针，中国经济将迎来新一轮自主、景气增长新格局。

经济增长为何减速

2012 年二季度我国 GDP 季度同比增速“破 8”，此后至今一直在 7.5% 上下波动。2014 年前三季度部分经济指标再度走低，三季度固定投资同比实际增速为 15.3%，比上半年回落 1 个百分点；工业增加值实际同比增速为 8.5%，比上半年回落 0.3 个百分点；社会消费品零售实际同比增速10.8%，创2011年以来最低；前三季度用美元计价的进出口增速3.3%，实现贸易顺差2316亿美元，接近2013年的2597亿美元，显示我国内需较弱；金属原料等大宗商品价格下跌，引发媒体“大宗商品雪崩钢价跌入无底洞”之类的报道。

事实表明，目前我国宏观经济运行面临两层意义的下行压力。两年多来，经济增速保持在7.5%上下，与之前30多年近10%的增速比较，回落两个多百分点。更需重视的是，近年7.5%上下的实际增速，并不完全由经济内在增长动力推动实现，而在一定程度上是政府稳增长政策支持的结果。近来政府追加棚户区改造投资，增加水利和铁路投资，实施其他方面定向调控政策。没有政策层面“季度性增长保卫战”的努力，经济增速会显著低于目前实际水平。

两重意义上经济增速走低原因何在？一种观点认为货币政策过紧。近两年货币信贷增速在13%~15%，广义融资增长率在15%~22%，是实际经济增速的两倍上下。短期利率如一周Shibor（上海银行间同业拆放利率）和3月央票利率，2013年6月曾短暂飙升，然而近年总体走势无过度波动。近年企业债、城投债收益率及贷款融资非利息成本有所增长，主要是失衡调整期市场风险溢价上升的结果，不宜简单归结为货币政策过紧。

另一观点指出，近年全球主要经济体增速都在回落，由此推论中国经济减速主要是外部环境变化的结果。作为全球最重要的增量大国，中国与外部经济存在互动影响而不仅是单向作用。假如各国都用外部因素解释本国经济波动，全球范围的走势将难以在世界经济内部得到合理解释。在肯定外部因素重要性的同时，对中国这样的大国的经济走势，还应侧重从国内环境阶段性特点方面探求根源。

近来学界讨论的视角，是把经济增速回落归结为适应新常态的结果。新常态大体指经济运行新近呈现的趋势性和结构性变化及其派生状态。较有共识的看法认为，随着劳动力总量增长见顶、农业劳动力转移规模回落、后发优势效应减弱，中国经济潜在供给增速趋于下降，目前应在接近8%的水平。

潜在增速回落的判断对观察目前形势有重要认识价值，不过仍不足以全面解释上述两重意义上经济增速走低的现象。每年经济增速从两位数回落到7.5%上下大体可从潜在增速回落角度解释，问题在于目前经济内生动力难以支持7.5%的年均实际增速。实际经济增长相对潜在增速基准偏弱，显然不便直接从“新常态条件”给出合乎逻辑的解释，而需结合早先经济失衡累积矛盾的非常态因素方面寻求理解。

宏观失衡的系统成因

21世纪初，中国经济取得巨大成就，然而体改滞后与要素价格扭曲推动了货币信用过度扩张，与基本面强劲增长的力量相互激荡，为经济高速运转持续注入偏快偏热的压力。倚重诸多产业—数量型工具的宽泛化宏调手段，难以根治通货膨胀与资产泡沫，逐步形成了宏观经济失衡格局。我们可以从以下几个环节观察宏观失衡的形成机制。

首先是改革滞后与要素价格扭曲。例如可贸易部门生产率追赶与汇率体制改革滞后不相适应。伴随贸易与国际收支顺差失衡的急剧扩大，汇率这个开放经济基本相对价格没搞对。又如长期利率管制与调节相对滞后导致利率扭曲，2003—2012年用CPI（消费物价指数）衡量，大半时期是负利率，利率这个宏观经济基本价格没搞对。再如土地制度改革滞后导致工业用地价格偏低与商用土地价格偏高，土地这个关键要素价格没搞对。

其次是货币难管好，即货币信用扩张偏快。2012 年实际经济总量是 2003 年的 2.45 倍，但是广义货币 2012 年是 10 年前的 4.4 倍，央行资产规模 2012 年是 10 年前的 4.7 倍，社会融资总额是 10 年前的 6 倍以上，货币及负债扩张幅度是实际经济增幅的 2~3 倍。数据显示，2003—2012 年央行资产扩张近八成源自储备资产过量增长，可见央行过量增持外汇储备是货币过度扩张的主要直接推手。

再次是通胀压力表现为结构性物价上涨新特征。货币扩张偏快定义性派生通胀压力，然而在 21 世纪初年新经济环境下，通货膨胀的物价表现呈现出新特点。CPI 或 GDP 平减指数等常规宏观流量物价指数上涨，房地产等资产价格更是间歇性大幅飙升，如商品房均价不到 10 年增长好几倍。对比考察 2003—2012 年十余种宏观物价指数涨幅，可见不同流量和存量物品价格涨幅与各自供给弹性大小成反比。

最后是宏调过于宽泛化与深层改革难推动。政府宏调应对通胀取得一定成效，然而宏调主体部门过多与工具过于宽泛。梳理十年宏调史，多达十来个行政部门被赋予宏调职能或自称为宏观调控部门而参与了宏调，几十种政策工具手段被作为宏调措施采用。

宏调手段虽包含利率、财政平衡等总量和价格工具，然而实际操作过多倚重审批投资、有保有压、限贷限购等数量与产业政策工具，有时还诉诸冻结供地、价格管制、大案查处等超常行政干预措施。

在市场经济环境下，货币信用总量是影响短期宏观涨落的“水龙头”，利率、汇率等总量价格信号是调节引导总需求的“牛鼻子”。宏观总量价格工具利用不足，过多采用产业、数量、行政性工具调控，难以对宏观失衡达到标本兼治的效果。宏调产业化与微观化倾向多年延续，形形色色管制派生新的设租寻租利益格局，客观上为转型期体制内一些残存的非市场因素提供了滋养。

就此而言，宏观失衡既是体制不完善与改革滞后的结果，同时又通过宽泛化宏调负面效应支撑体制内扭曲性因素，构成宏观失衡系统根源的因果闭合链条。

失衡调整进展与影响

经济失衡必须得到调整是经济规律的客观要求。中国经济需经历一次阶段性调整，才能重回可持续增长轨道。调整阶段的基本任务，是要在保持经济增长维持大体可接受水平的基础上，通过市场出清机制和重建财金纪律调节早先累积的失衡因素，并通过结构性改革再造自主增长的体制条件。

针对 4 万亿刺激伴随通货膨胀卷土重来之势，上届政府后期已开始对宏观失衡的某些突出问题进行局部调整。受主客观条件限制，当时尚未能充分认识失衡调整的必要性与紧迫性，初步调整的性质和措施存在被动性和局限性。

党的十八大以后，新领导层本着“对历史负责、对人民负责的态度”，在审时度势和谋划全局的基础上，重新定位经济与宏调政策目标优先顺序，中国经济进入全面深化改革与主动调整失衡新阶段。与“宏观政策要稳，微观政策要活，社会政策要托底”总思路相一致，近年中国经济政策优先把目标定位于力推全面深化改革以激活经济增长微观动力。宏调政策则体现两点取向：力求保持货币与财政既不放松也不收紧的大体中性状态，在此基础上利用市场出清和调整功能化解早先宏观失衡的矛盾，同时侧重采用定向调控举措实现稳增长目标。

虽然面临经济增速走低等方面困难，党的十八大以来调整失衡已在多方面取得阶段性成效。首先表现为“挤水分”，即消化调减早先扩张期形成的偏高产能。经济增长偏快时期，投资规模大、生产周期长的上游行业扩张更快，如钢铁等上游部门超常扩张，到 2008 年已面临调整压力，刺激经济失衡矛盾进一步加大，目前正经历艰难的产能过剩调整。近年，PPI（生产者物价指数）负增长与CPI正增长并存，重工业部门PPI负增长与轻工业部门PPI零增长并存，是调整上游部门失衡的相对价格表现。

其次表现为“去泡沫”，即治理房地产等部门过度扩张与价格虚高因素。2003—2008 年货币信用扩张推动房价多轮大幅上涨，大部分时间房地产投资增速高达 30%。刺激经济时期房地产经历了新一轮更为迅猛的扩张。房地产失衡本质上是货币过度扩张现象，随着党的十八大以来货币与宏观政策定位温和中性立场，房地产部门早先潜在的过量库存与风险开始显现出来。

再次表现为“控杠杆”，即规范影子银行与地方债务过度扩张。宽泛化宏调伴随“金融抑制”有增无减，影子银行与表外业务快速扩张并积累风险。地方政府债务超常增长：2007—2010 年增长一倍多达到 10.7 万亿元，到 2013 年中进一步增至 17.9 万亿元。近年中央正在防控系统性与区域性金融风险前提下限制地方债务过度扩张。在影子银行方面，从 2013 年 3 月银监会 8 号文到 2014 年初国办 107 号文正逐步改进相应监管。

最后表现为“调预期”，即经济增速回落时政府必然重手救市的预期。21 世纪初连续多年的高增长使市场预期偏于乐观，4 万亿刺激客观上增强了政策救市的预期。近年宏调政策保持定力，以稳为先，既不收紧也不放松，利用市场力量稳健调减过剩产能、降低过高杠杆与调节虚高价格，允许个别金融产品违约。市场开始从一度流行的“政策是跌出来的”预期中走出来，有利于提升硬预算约束与宏观财金纪律有效性。

调整新阶段的政策选择

预计这轮失衡调整大体经历三个阶段。针对4万亿刺激后通胀卷土重来的形势，当时政府初步实施了一些局部调整政策。党的十八大以来各方对调整的必要性和紧迫性的共识度提升，新决策层尊重调整规律，主动推进调整，引导推动调整全面展开并取得阶段性重要成果。目前的形势演变显示，经济运行正在向以深化调整为特征的第三阶段过渡。

调整的第三阶段面临多重任务：一是要在经济减速环境下，较大程度消化上游工业部门与房地产等行业累积的过剩产能与库存；二是借助市场出清机制与政策调节功能，使金融部门高杠杆与高债务风险得到控制与阶段性化解；三是推动宏调架构朝更加科学的方向转型。如果推进大体平顺，预计未来两三年可大体完成调整并迎来新一轮自主景气增长，届时中国将在全新基础上展开其经济崛起历史进程的下半场。

为保证实现上述目标，笔者提出以下政策建议。第一，进一步明确坚持改革调整的政策取向。在调整深化阶段各种深层次矛盾和风险会进一步外化，呼吁刺激与回避调整的观点诉求及其影响力会增加。应继续坚守党的十八大以来结构性改革优先目标，以涉险犯难的决断直面调整困难，保持定力，积极作为，稳健推进改革与调整。

第二，适度下调经济增速底线目标。由于消化过剩产能与调减过高杠杆等具有减速效应，失衡调整期应允许经济增速暂时低于潜在增速。依据对奥肯定律[①]的认识，考虑中国近年宏观经济走势与劳动市场数量关系的现实情况，建议把GDP年均增速底线目标下调到7%或略低水平。适应市场经济体制环境的变化情况，政府对经济增速目标应更多从预测性和指导性角度加以阐释，不宜特别强调其指令性或刚性效力。

第三，货币政策需适当重视运用总量工具。面对经济下行的压力，近来央行采用常备借贷便利（SLF）、定向降准、抵押补充贷款（PSL）等多种工具维持货币适度增长。下一步需考虑采用普遍降准这样的总量工具。选择适当时机普遍降准，是对早先超常存款准备金率管制的逐步退出之举，也是利用市场化手段稳增长的自然合理之策，还有助于相对瘦身央行资产负债表，并为利率市场化改革提供配套条件，可谓一举多得。降准无疑应审慎，关键是保持广义货币和流动性总量动态适度增长，严防货币过度扩张与通胀卷土重来。

第四，综合施策治理金融市场失衡因素与潜在风险。失衡调整意味着预算约束硬化与重新洗牌，应允许特定影子银行产品违约，打破刚性兑付预期和提升市场风险意识，同时采用破立结合、堵疏结合的思路综合治理。例如在规范一些地方政府性债务规模过大与多头举债问题的同时，通过深化改革建立地方政府举债融资的合理机制。又如在要求影子银行违规表外业务回归银行表内的同时，积极探索资产证券化的常规发展路径。

第五，对超预期小概率事件的冲击未雨绸缪。未来两三年大体平顺完成调整具有可预期的最大可能性，然而也不应排除内外环境超预期不利变化的可能性。需适当提高资本充足率、流动性比率并

---

① 奥肯定律是由美国经济学家阿瑟·奥肯提出的，用来近似地描述失业率和实际GDP之间的交替关系。这一定律认为，GDP每增加2%，失业率大约下降一个百分点，但这种关系并不是十分严格。——编者注

充实计提拨备资金以减少金融系统脆弱性。加强对金融风险触发因素研究预判以增加应对金融风险的主动性。需加强宏观审慎措施，在劳动市场、企业重组、减免税费等方面研究应对冲击预案，以便在小概率逆向情景发生时沉稳应对，以确保调整改革取得最后成功。

（本文原载于《财经》杂志）

新常态经济的法律视角

江平（中国政法大学终身教授）

最近召开了中央经济工作会议，会议提出了“经济新常态”。我对新常态没有深入研究，不过想谈一谈新常态经济的法律视角，就是从法律角度怎么理解新常态经济。

我们国家经济发展的速度已经从高速转向了中速，应该说我们整个经济状况也要相应地发生变化。我想就下面三个问题来分析新常态下的经济。

新常态经济应该真正体现市场经济的规律

也就是说要减少国家干预，要停止为了追求经济发展速度的各种刺激手段，应该更多地体现市场经济规律。市场经济规律应该从三方面来看，一是看公权和私权在市场中的地位，哪个是决定性的。党的十八届三中全会已经提出，市场经济有两只手，一只是无形的手，一只是有形的手。无形的手应该是起决定作用的，只有无形的这只手没有起到作用或者起不到它应有作用的时候，国家这只手才进行干预，这个原则应该在新常态经济里体现出来。也就是说，市场经济这只手能起作用的时候，它其实起到决定性的作用。这种情况下才是常态的。那么反过来如果以国家手段来刺激和干预，这就不是正常状态下的经济。从这点来说，我们应该从过去经济发展的经验教训中进行总结和提高。

二是公权和私权的性质是不同的。我们常常讲法无禁止即可为，我们也谈到法无授权即禁止。其实这两个概念都有一个前提，“法无禁止即可为”是指私权，只要法律没有禁止，都是合法的，都是可为的。但对于公权来说则相反，“法无授权即禁止”，也就是说公权的行使必须有授权，没有授权那是不可为的。

这两句话说明了公权和私权的关系，说明了市场经济下私权是基础，而公权力是法律要明确规定授权才可以行使的。从这个意义上来说，公权不是可以随便行使的，必须有法律的依据才能行使。

三是市场经济作用下很重要的一个规律就是私权以平等作为最高准则。具体包括三个平等：权利平等、机会平等、规则平等，这是市场规律、市场法则的最高指标。在这三个平等里，机会平等是平等的前提，如果没有机会平等，哪来的权利平等？哪来的规则平等？机会不平等表现在许多方面，城乡差别、教育机会不平等、高考机会不平等，这些不平等还导致了其他方面的一些不平等。

我们法学界一位前辈——英国著名的法学家梅因曾经说过，从古代的法到现代的法归结起来可以用一句话来概括，就是从身份到契约。这句话在法学界也算是一句名言，身份是不平等，契约是平等，所以从身份到契约就是从不平等到平等转换的过程。这种机会不平等实际上就是一种特权形式，甚至可以是身份的现代化表现。古时候身份不平等是因为他的贵族或特殊身份，而现在没有这种区别，再也没有贵族这样一个阶层的划分，不平等实际上表现的是特权和歧视。这是我想说的第一个方面，新常态经济应该体现市场经济的规律，以市场调节作为主要手段，以国家干预作为次要手段。

市场经济应该是法治经济

党的十八届四中全会提到了这个问题，市场经济本质上来说是一个法治经济，但是怎么来理解呢？我常常讲，市场经济叫作法治经济，可以分为两个方面：一是市场自由的法治经济，二是市场秩序的法治经济。

党的十八届四中全会的决议特别指出，一是健全以公平为核心原则的产权保护制度，二是加强和改善宏观调控市场监管、反对垄断、促进合理竞争、维护公平竞争的市场秩序。从这个角度可以看出，党的十八届四中全会所强调的市场精神本质上是一个法治经济，主要包含了以上两个方面。

从这两个方面可以看到，在新常态经济下，市场自由更多地应该由市场来管，市场秩序更多由政府来管。但是在这个问题上我们是反其道而行之，往往是在市场自由方面国家干预得过多，而在市场秩序方面管得不够。这一点在我们过去的经济领域表现得很明显。其实国家应该更多管理市场秩序，在市场自由方面由市场自己去决定。从这个角度也可以拿西方常用的谚语来说，“该由上帝管的由上帝管，该由恺撒管的由恺撒来管”，这是非常重要的一个思想，属于谁的就应该归谁去管。

党的十八届三中、四中全会都强调市场在资源配置上起决定作用，资源配置、市场准入都应当由市场来决定。拿土地的问题来说，土地是重要的市场资源，而在资源分配方面我们干预得过多。比如说，农村集体土地要进行建设，必须由国家先把它征收。为什么不可以由农村集体经济组织自己来做主呢？所以现在我们政策的趋势应该是更多地减少国家在土地征收方面的干预，减少过度的土地财政收入。

在市场准入方面，也应该考虑许多问题。比如说，现在仍然有一些在法律之外强加的对于市场准入资格的条件，想要有这个资格条件就必须经过考试，经过考试必须有很多费用，包括利益所得。所以法律没有规定的任何资格准入考试都应该取消，只有法律规定的资格准入考试才可以有。比如说律师进入的资格条件、医生进入的资格条件，这都是法律规定的。《行政许可法》在制定的时候就有一些要求，但是这些要求到现在都没有得到很好的执行。

在市场秩序的管理方面仍然需要改进。要改变那种主要用行政手段如罚款、没收这样的办法来治理市场秩序的做法，改为更多地用民事手段来完善市场秩序。我们在制定《产品质量法》的时候就曾经考虑这个问题，到底叫《产品责任法》还是叫《产品质量法》？美国是《产品责任法》，因为产品责任造成的损失，任何人都可以提起民事诉讼，而我们国家是《产品质量法》，主要靠的是行政措施。

新常态经济应当是综合治理体系

新常态经济要考虑到社会发展的平衡，它和运动式的治理是格格不入的。我们知道法律强调综合性，过去民国时期有《六法全书》，我们废除了《六法全书》，现在我们有几法？应该说也有六法：一是民商法，民商法里面第一个就是市场自由，即市场主体的私有和私法手段；二是经济法，经济法实际上是市场秩序的表现，包括《反垄断法》《反不正当竞争法》等；三是行政法；四是社会法，过去对社会法不重视，现在社会法是非常重要的一个部分；五是诉讼法；六是《刑法》。所以从这一点来看，法律必须涵盖得全面、综合，才能够体现法律调整的意义。因此，新常态经济应该包含各个方面，如环境治理、生态、福利等。

当然，法律本身具有稳定性、长久性，新常态经济也应该体现这种稳定性和长期性。如果没有这两点，只为一时的增长是不可能持久的。

（本文原载于新华网）

第二章
在“冬天”谋划、布局、投资

所有优秀公司，都是在“冬天”谋划、布局、投资，然后准备下一步的。等到别人看见的时候，就是5年以后的成败得失，5年以后的市场份额，5年以后的风光云影。

新常态下的经济结构调整与增长

李稻葵（清华大学中国与世界经济研究中心主任）

经济新常态的结构调整和发展路径是社会各界最关心的话题。今天我主要谈两个观点。第一个观点是新常态最核心、最基本的要素是什么，第二个观点是新常态下经济转型升级的最关键因素是什么。这两个话题毫无疑问是密切相关的。

“新常态”这个词在我印象中是四五年前在达沃斯的冬季论坛上大家开始热炒的一个词。当时这个词主要用来形容西方经济，金融市场有所恢复，其他货币政策不断宽松。量化宽松政策大规模推出之后，经济始终没有恢复，失业率居高不下，所以当时的哈佛大学前任校长萨默斯做了这样一个比喻：当你等一辆公共汽车，本来应该5分钟一班车，5分钟到了还不来，20分钟到了还不来，一个小时到了还不来，这时候你应该知道你进入一个新常态了，公共汽车永远不会来。这是一个调侃的词，但是我们现在强调新常态，不是悲观的，相反，我们的取向是面向未来的，是想给整个经济结构调整注入新的思想。

根据我的观察和分析，新常态有三个核心要素：第一个要素是增长速度阶段性地下降，注意是阶段性下降。我不同意很多学者认为增长速度是下台阶的分析，我认为是阶段性下降。中国经济中长期潜在的增长速度还是比较高的，不能认为就直线下降，降到6%以下。

我判断一个经济体增长潜力的一个重要因素就是看这个经济体的人均GDP和世界上发达经济体人均GDP的差距。全世界人口在1000万以上的大型经济体长期以来领先的就是美国，如果按市场汇率计算，美国占世界GDP总量的15%，在这个阶段我们还差得很远，从商业模式、技术、理念、教育等方面来看也是如此。当然，我并不是说只要人均收入低，潜力就高了，还包括受教育水平、储蓄率等因素。基于上述分析，中国经济中长期的增长潜力还是比较大的。

但是我想特别强调的是，在新常态下增长速度是阶段性下降，主要是为了消化前期经济结构和增长方面的一些问题。就像到了冬天人的身体要修复，我们中国经济也正处在一个修复期。前一段时间我们在若干领域的投资过头了，包括房地产，房地产的实际投资是超前了，还有若干领域的产能，这些都是需要修复的。因此，在修复期增长速度有所下降，年增长率在7%左右这是完全应该的，但并不等于中国经济进入新常态后增长速度直线下滑，这个我不同意。

第二个新常态的基本要素是经济结构深刻、全面升级。既体现在新经济占GDP的比重已经开始增加，也体现在蓝领工人的工资涨得远远比白领快。由于中国的城乡差距是我们基尼系数的最重要组成部分，因此从整体上来看，由于城乡差距的缩小，整个基尼系数在下降。

在结构调整方面，专业分工越来越细。物流过去是很多企业自己搞的，现在变成专业公司了。网站的托管过去是每个单位自己搞，现在逐步交给专业公司了。因为专业网站的管理（包括数据管理）越来越专业化，实际上交给专业公司更安全，这就是专业分工细化。这在另一方面也反映了一个核心指标，就是生产性服务业的增长速度非常快，带动了整个服务业的上升，也带动了新增就业的增长速度，这远远超出了预期。官方数据是2013年新创造就业机会1300

万个，也许里面有重复计算的因素，但是不管怎么样，远远超过一般认为的 1000 万左右的心理预期。

结构调整还包括技术领域参与国际劳动分工的深度和附加值产业链提高的程度，我认为这也远远超过大部分学者的预期。我本人是清华大学本科毕业的，起初是被作为工程师培养的，包括机械、车、钳、铣、刨、磨、焊都学过，所以我特别愿意关心工程的事情。我经常跟国外的朋友们讲，如果我是德国人的话我会挺担心，中国工程技术赶超很快，部分是自主研发，部分是到意大利北部买核心技术，这个增长很快。我国每年专利的申请量以及在国际杂志上发表文章的数量都稳居世界第二，而增长速度远远超过美国，所以未来 10 年之内应该能超过美国。

新常态的第三个要素是中国正在以崭新的心态和姿态参与国际经济的大分工，这一要素目前强调得还不够。中国现在不仅是全球化的维护者和受益者，还是领导者。所以现在政府提出要搞“一带一路”，而且要坚定不移地把它作为一个国家战略，坚持五年、十年。“一带一路”抓住了当前国际经济的一个薄弱环节，就是基础设施远远跟不上，也是借鉴了中国在基础设施建设上面的一些心得，这一举措将会改变全球。

同时，国家提出要搞三个基金，即丝路基金、金砖国家投资银行、金砖国家外汇储备应急措施。这一系列举措都让我们认识到，中国开始学习做经济大国了。10 年前回国的时候我在北大说中国需要大国发展战略，可能提早了一点，现在正在搞大国发展战略。这是我认为的新常态的三个重要要素，这个新常态和国外的说法完全不一样，是一个乐观的、积极向上的常态。

新常态下中国的大国发展路径如何才能成功？我觉得最关键的是政府这张网，互联网 20 年前被引进到中国，改变了中国的面貌。

但是不要忘记，除了互联网之外，中国经济最大的一张网是政府这张网。大到北京、小到每一个村，都在这张网里，这张网如果不改善自己的运作效率，如果不跟上形势，那么新常态下的中国经济增长不可能顺利。要想提高这张网的效率，政府必须在很多领域退出，我相信会真正走向改革之路。

比退出还难的是政府如何在日益复杂的经济环境中发挥它应有的作用。举几个例子，比如咱们有很多淘宝村，好像不用政府管，但是不要忘记淘宝村背后增长质量如何还是要靠政府。那些地本来是耕地，现在搞成工业了，合不合适，污染情况怎么样，交通是不是配套，这些是政府最基本的职责，规划是政府永远的天职。在美国、欧洲，政府都是搞规划，我们没有，北京也是如此，我们经常看到门口一块地被拆迁了，不知道干什么的，过两年盖了一栋高楼。

所以政府的力量必须加强，需要法治，需要用法律管住政府的行为，让舆论、百姓去监督政府，让百姓利益通过更好的监管落实到经济体中。这是新常态下经济能够顺利发展的最难的一条。

最后，我想说，不要认为有了互联网，有了新经济，政府可以靠边站，相反，政府正确的作用更加重要。实现这一目标也是我们共同的责任，互联网的监督、法律界和经济学界的批评和建议都非常重要。

（此文系作者在“新华网思客会·新经济跨界谈”上发表的主旨演讲）

在“冬天”谋划、布局、投资

周其仁（北京大学国家发展研究院教授）

据我所知，管理学家通常看不上经济学家，但反过来也一样。经济学家看管理学的东西觉得简单，管理学家却说，经济学那么复杂有什么用？对此，经济学家的回答是：根据消费行为的研究，人们在收入低的时候消费有用的东西，但收入越高消费的东西越没用。我开始以为经济学就够没用的了，后来发现还有更没用的，那就是哲学、悖论。“理发师只给不给自己理发的人理发。”这些，你知道了又能怎么样？收入越高，对于没用的东西可能关注得就越多。

比如宏观经济形势，这个东西就没什么用。形势再差，也有很好的企业；形势再好，也有很差的企业。企业搞得好不好，跟宏观经济形势没有那么直接的关系，或者说，宏观经济形势的分析，对于多数企业来说都没有直接的关系。当然，金融的、全球的企业例外。

其实，这个形势现在没有什么太多好讲的，就是一个问题：下行。

经济下行，当然是有很多数据的，现在有些地区、行业、企业，真的是相当困难。但是，对于整个国家经济来说，真正难受的，还不是经济增速在往下走。真正令中国人难受的，是我们从高位运行到下行的转变，而不是日本那种从增长 2%变成增长 1%的下行，所以日本虽然难受，但没有我们这么难受。中国的GDP在 2007 年曾超过 14%，而现在就只有 7%。从 14%到 7%，下降了一半啊。这个还是个平均值，如果具体到某些行业、某些地区、某些企业，那真是哗啦哗啦的了。

那么，怎么理解这个高位下行呢？我一直认为，高位下行比低位下行难对付，因为有巨大的惯性。曾经有一些省份GDP增长14%、15%，甚至有些增长20%多，持续了很多年，一下变成7%，这是很难受的。经济运行有很大惯性，我们也有很多的期望和预期，有不少公司、企业领导人、地方领导人，都希望这个经济再回到14%，这种速度失调是很难受的。

中国经济高位下行的根本原因

高位是怎么来的？这样一个大国，年经济增长率在10%、11%、12%以上，这是不是我们中国人自己努力的结果呢？当然不仅仅是中国人自己努力的结果。中国人一直很努力，包括在改革开放前。但是，为什么过去没有这么好的经济成长的成绩呢？这种“高位增长”有一个很大的坑，因为这是一个巨大的、全球化势能的释放。所以，这不完全是由于中国人自己的努力，而是“中国人的努力”放在“全球舞台”上评价所带来的。我们在过去很长时间内不做这种评价。关门、封闭、冷战，再加上底子薄，就导致了长期贫困。我们现在才理解，开放对于中国多么的重要。农民收入低，工人的收入也低，实际上就是成本低。关起门来却成本低，白白低了一回，关门就只是中国公司自己之间的竞争。而开放后，就成了全球评价，中国人、中国产品、中国工人、中国的工程师、中国的管理者、中国的企业，都在全球舞台上评价，这一评价释放了一个巨大的势能。

这是为什么呢？冷战以后，这个世界上有另外一个“海平面”。战后以工业化最发达的7个国家为代表，它们都不关门，互相投资、互相贸易。所以，在中国加入全球化之前，国际贸易主要是发达国家之间的贸易，国际投资主要也是发达国家之间的投资，它们打成一片。紧接着，战后的技术革命、和平环境，让这些国家升到一个很高的水平。而我们关起门来独立自主、自力更生，这都没错，错的是搞阶级斗争。人家没有搞这一套的，就上去了，其参照系就变了。

什么叫工人、蓝领？他们一年收入应该是多少？我们不知道。我们只知道我们的工人，多少年来都是一个月 50 元人民币。虽然全世界的工人、蓝领在名义上都是相同的，但这个世界就是这样，一开门我们才发现，同样是蓝领工人，同样是干活的，有人竟收入这么高。我们看过很多发达国家的公司，人家就生在发达国家，就是念完书以后到公司上班、买房买车，他们生产一个产品就是这个价格，这个价格里就含着工人收入，含着资本的回报。这完全是两个海平面，冷战造成的这两个海平面相差多少？拿中国的参数来看，他们人均收入是我们的 100 倍。1980 年，我们说要在 2000 年翻两番，达到人均 800 美元，没翻之前是 200 美元，一翻 400 美元，再一翻就 800 美元。在我们人均 200 美元的时候，美国是多少呢？美国是人均 13500 美元，这样算虽然不到 100 倍，但是别忘了还有收入分配。我们是穷国，要搞知识积累，所以我们落到工人、农民、知识分子口袋里的钱，要比美国收入分配落到个人口袋里的钱少很多。我们要挤出钱来、勒紧裤腰带搞国家积累、搞“两弹一星”。所以，在个人收入方面，不要说农民对农民，就是制造业工人对工人，也跟人家差 80~100 倍。

1979 年修建广州白天鹅宾馆，是由于改革开放引外资进来，不能请对方住招待所，一定要有标准的宾馆。宾馆里所有的硬件，甚至连水龙头都是进口的，厨师也是从香港请的。一个香港厨师来工作，工资相当于 100 多位内地员工薪水的总和。相差 100 倍的工资也得付，人家不来，我们就只能继续穷下去。世界就是这样的一个秩序。

邓小平的开放起了什么作用？他把两个海平面之间打了一个通道。当海平面不一样，中间不通，势能就不能释放出来，而一打通通道，实现对流，资本技术哗哗地就到中国来了。为什么资本会进来呢？这是边际生产率的变化。同样的资本，跟美国年薪几万美元的工人结合，或是到中国来，回报哪一个高？这就是外资逐渐地进入中国的一个基本经济道理。当然，在这个过程中，环境要改善，观念要改变，法律要修正，“批资本主义”要去掉。当时，我们这个地方只想来一点外资，跟我们劳动力结合；来一点技术，改变我们的落后，让中国发展快一点。谁也没有想到，中国会有这么多的产出可以出口。1980 年，中国这么一个出口额 99 亿美元的出口大国，出口产品主要以资源性产品为主，包括大庆油田开发的石油。当时石油在国内没有什么需求，像是抓一个大龙虾出口，中国人舍不得自己吃，而是用外汇来买设备。这是当年中国跟国际的来往方式。

外资、技术、商业模式、想法等一进来，再跟中国的工人、知识分子、企业家一结合，是会生产出这么多的东西的。上海洋山港现在是世界第一大港，我曾去访问过，那个老总 20 世纪 90 年代到鹿特丹学习的时候，简直就是吴下阿蒙，什么都看不懂。看到国外这么发达的港机，他跟我讲，他当时就在想什么时候中国的上海港也能有一台。现在你去洋山港看看，一两百台排成一条线，单位速度第一，总量世界第一，超过新加坡港。那用来运什么东西呢？中国制造。为什么中国会变成世界的工厂？ 13 亿人口中有 8 亿农民，这是中国国情。把农业变成制造业，变成多少亿产业工人，这个是开放的结果。

一开放，有现成的市场；一开放，有大量的资本进来；一开放，我们可以学到过去难以学到的东西，这是高位增长最重要的一个原因。其标志事件是：1999年，中美签了中国加入世贸组织的双边协议，2001年12月11日中国正式成为世贸组织的成员。20世纪80年代以来改革开放的所有成果，就在这个当口儿爆发。我们从多少年来的流量可怜的贸易国家，变成世界上最大的对外出口国家。在危机冲击之前，我们贸易顺差相当于GDP的11.7%，达到了最高。而创造外向型主导模式的，当年是日本，日本最高的时候顺差占其GDP的5%。

所以，高位增长是有一个由来的，是所有中国人努力的结果，但这个努力是放到了“全球评价、高海平面评价”上，才带来了高位增长。同样一个东西，美国工人做，是个什么价？这个其实我们自己算过，20年、30年来我们的增长速度很快，但没有把父辈的积累算进去，其实我们前一辈穷了很多年。月工资50元、60元拿了很多年，我们都没有算过。把这些一起算上，其实没有那个奇迹。

三种力量，促使中国经济高位下行

冷战、封闭让改革开放发生得很晚，到1980年才开放，而一开放就把战后形成的这个全球化的势能释放出来，这就是高位增长的主要原因。那为什么又下行了呢？

首先，高度依赖全球市场。这能不受全球需求的影响吗？我们好多的时候进出口相当于GDP的66%、67%，而大国没有这个数。这样，美国经济一旦出事，我们怎能不受影响？2006年、2007年，出口影响20%、30%，到2008年美国金融危机一来，出口贸易下跌20%，里外里50个百分点，这个是当年为什么4万亿元放到经济里面却没有见效的原因。因为美国进口一萎缩，我们的出口就萎缩，沿海、农民工、GDP、财政、稳定，全部都会有问题。再拖一拖，4万亿元加上 9 万亿元的信贷，一下就爬上去了。但是，我们的经济毕竟主要是靠出口的，而国际经济根本就没有好转。虽然美国政府的救市让美国没有陷入 1929 年到 1933 年那种大危机，因此我们就以为还“有戏”，但其实是欧债出了问题。出什么问题？政府出了问题。欧债对于全球信心打击非常大。市场出问题政府救，那政府出问题了谁救呢？只能熬，但这一熬就没有头了。所以，欧债危机对于全球投资经济发展的信心的冲击，比美国金融危机还大。中国作为一个后起的国家，全球化能够得到好处，但全球化受挫的时候，也会首当其冲。这是把经济拉下来的第一个原因。

第二个原因，大量行政手段进入经济体。由于经济连年的高速增长，我们就得调控。上一届政府忙了 10 年，基本上都是忙调控，房价、地价等。为什么呢？这有个宏观环境。美元进来了、顺差进来了、外国投资进来了。美元在中国不能花，花人民币要跟谁兑换？当然是跟商业银行换。商业银行都是变成了美元在手，这怎么在中国做生意？这就要在外汇市场，把美元都换成人民币。这个过程中，我们这个高度依赖出口的国家，就产生了一个政策目标——要求人民币兑美元汇率稳定。人民币在中国都是成本：雇工人、交税、交电费，都是用人民币，做出来的产品出口，要美元起价，人民币对于美元升一分钱，出口企业成本压力就上来了。2010 年，我跟任正非在达沃斯论坛聊过一次。他说他的企业已经有很大的收入来自国际市场，人民币兑美元的汇价是不得了的。由于华为的生产基地还是中国，成本是按人民币算的，产品是按美元计价，人民币相对美元一升值，中国政府、央行就要维持人民币兑美元汇率的稳定。维持这种稳定就有代价，什么代价？进来 1 美元，你说我汇率稳定，7 元对不对？那 7 元人民币就出去，你要变成 6 元出去就是升了。可是进来不是一美元，一天进来好几十亿美元，每天这样进。所以，我们大量的基础货币，跟商业银行去换汇，就变成了国家外汇储备。国家外汇储备一条线地往上升，看起来很好。20世纪90年代初，中国外汇储备只有180亿美元，后来搞汇率并轨，一年增加320亿美元，这就是500亿美元，后来很快就是5000亿、1万亿、2万亿、3万亿美元的外汇储备。这个机制是什么机制？主要都卖给央行。央行拿什么买？拿基础货币买。这样，基础货币就进入了市场，中国就进入不差钱的时代。货币太少了是不行的，太多了也是要出问题的。货币供应超过了商品、资本、服务的增长，物价就涨。这个热那个热，这个涨那个涨，这样就要调控。不调控，好多中国人就过不去，因为他们工资没有涨、消费没有增长，怎么受得了？而调控，在我们这个转型的体制，说是以法律和经济手段为主，实际上做不到，一定要用大量的行政手段。中国是个政府非常强势的经济体，你说好就是好，你说它是问题它就是问题。一调控，行政部门一起上，一个部委发文件不管用，五个部委联合发。增长太快出问题，就要遏制，要控制房价、控制地价等。我们这个行政控制就是要进入经济体，但这个东西是有很强的滞后性的。为什么呢？因为为了宏观稳定要加强调控，到了下面的部门，就需要各种审批，不要小看审批，这是会上瘾的。

这是我们国家高速增长中的一个代价：大量行政手段进入经济体。高速增长没关系，可一下行就发现：到处装着刹车、吸铁石，到处都在消磨企业家精神。由于过去穷，不办企业不可以，而现在生活都过得去，办企业太麻烦，企业家的斗志就下来了，企业家精神就衰减了。这是把经济拉下来的第二个原因。

第三个原因，中国是“债权经济”，而非“股权经济”。像中国这种经济，如今改革改了30多年，我们融资还是以银行为主，而银行就是一个债主。这个债权为主的经济，上去、下来都会放大。这是为什么呢？因为债务是一个杠杆。经济热的时候，大家都是对未来看好的，借贷需求非常旺，因为物价都是在涨。减掉物价上涨因素以后，真实利率是负的，谁借钱谁划算。借了钱买房，房价涨得都会超过利息，很多家庭都懂得这个道理。借钱买资产，资产涨得快，是很划算的。这个杠杆作用在好的时候会放大，而坏的时候，物价指数一下来，名义利率哪怕不变，真实利率就迅速转正。这是现在很多企业和地方困难的根本原因。股权为主的经济体就没有这个问题。股权这个东西，放进去不能退，好就分红，不好就一起赔，这是股权为主经济的特征。但我们是债权为主，好的时候会好上加好，而差的时候呢？最近很多的行业财务成本上升，所谓财务成本大部分就是还债。很多人为什么跳楼了，就是想不通自己怎么借了这么多的钱。他们忘记了好的时候借钱是很划算的，但市场一翻脸就发现借的钱成了累赘。因为曾经利率是负的，而现在利率转正了，很多的行业、企业都被顶得很难受。

我所讲的就是，以上这三个力量把中国经济拉下来了。

阻碍中国经济增长的“三块石头”

而中国经济一被拉下来，三大块石头就浮出水面了。这就是我在 2012 年 11 月所讲的判断：水落石出。

第一块是成本。成本就是企业的开支，问题是什么时候支出？钢铁产品什么时候买的？都是大家看好的时候买的。即使钢价、矿石价还在涨，也有人买。等到钢价一下跌，过去买的库存就能顶死企业。如果是借钱买的，那就死得更快，因为要还息。企业雇的人是什么时候雇的？大家抢人的时候雇的，价钱肯定好，价格不好，人就不会来。当你卖的产品价格下跌了，你能马上削减工资吗？这是很难的。因此，成本是第一块石头。

债务，是第二块石头。由于债权合约都是在好的时候签的，随着真实利率的转正，债务就成了第二块石头。

第三块，过剩产能。市场好的时候，就会出现抢货，你也上，我也上，国家也上，国务院开会都讲七大新兴战略行业。中国是一个大国，有个传导机制，怎么可以这样来定事情？聪明的农民，现在县长让他种什么他是不种的。可是，我们在大项目里面还是说上一起上，好产业都被做成了不好的。其实，是市场和政府两个力量一起推动了过剩产能，等到市场“一拉脸”，国外没有了订单，可钱已经变成社会的了，这时你是撤还是不撤？你是停还是不停？有的行业还有连续性，不能随便说“没订单就关门”，所以还要接着做，这是很难受的。

以上这三块石头，就把国民经济顶住了。

变被动为主动：消化资本、重组债务、消化过剩产能

那么，这个时候，宏观经济要怎么应对？

首先，就是要知道高位下行是由不得你的。虽然有一些因素我们可以通过审批制度改革来控制，这种变量是在中国内部。然而，外需不在我们的手里，是由不得我们的。欧债危机什么时候好转，现在还不知道，美国则是刚刚有一点起色。还有一个消息就是，美国在困难时期，其产业结构发生了很大变化，制造业逐渐发展起来。这是由于中国的相对成本变化让很多美国公司回到本土去了，这就是新的全球格局。

我们需要改革，但改革没有那么快。国务院已经很着急，开始

放松审批。但到企业一问，这对他们有影响吗？回答是没有影响。国务院已经宣布去掉了几千项，但这个不重要，重要的是还剩多少项。总的来说，改革不是那么快的。

放松审批，中央做了决定，国务院也推行，然而这样的大国要实现政策落地，还要有个过程。至于“真实利率”，这一把刀是很厉害的，这个需要大量研究。

至于通缩，通常市场一翻脸就由通胀变成了通缩。20 世纪 90 年代我们遇到过一次，通货膨胀达到 24%，国家大刀阔斧杀通货膨胀，在 1997 年突然开始出现通缩。这是什么道理？就是我们这个基本的金融结构里有一个麻烦：过度依赖银行债务。我们说要发展股权、发展资本市场，目标提出来了却没有落下来。现在，直接融资占整个社会总融资的比例没有比 20 年前增加多少。这个经济结构遇到波动，就会有派生的情况出现。所以，难受是肯定的。

有几种措施，可以把我们国家从这种情况下拉出来：第一，消化资本；第二，重组债务；第三，消化我们的过剩产能。

现在，很多人的经济预期都很有意思，一看情况不好，觉得什么都不行了，这种预期就会互相传染，悲观情绪就占主导地位。所以，现在很多企业很茫然，实际上是看错了时机，在不好的时候，反而是投资的时候。对此，要冷静地分析。

对外升级：新兴市场大有可为

全球化地考虑，发达国家的市场一时半会儿不会回到 2007 年以前去了，这个判断大概不会错。

但是，在危机之后，全球的总需求结构发生了重大的变化，新兴市场的份额大幅度地提高。最发达的 7 个国家与中国、印度、俄罗斯、巴西等7个最厉害的新兴市场国家放一起，总量哪一个大？当然是后一个大。然而，我们的外向型经济到目前为止，很大程度上还是习惯于最发达的那个市场，因为其购买力现成、出价高、基础设施完备、金融服务良好、物流非常顺畅。我们接单子生产，于是我们就成了世界的工厂。但很多新兴市场特点不是这样的，比如有购买力但市场不成熟，要买货但基础设施不够，电量不够、港口不够、铁道不够等。所以，中国现在提“一带一路”，组建亚洲基础设施投资银行，这个就是重大的战略。

新兴市场这个板块还是中空的，我们实际上铺了多少货在新兴市场？几年前我去印度看，很热，但没几家用空调的，这两年才好一点。面对印度这个空调的新兴市场，中国这样物美价廉的空调制造大国，却没有往印度打进去多少。而俄罗斯的市场都是欧洲货，日本、韩国货都少，就更不要说中国了。资源广大的新兴市场，大学毕业生，包括我们北大的毕业生都看不上，一讲就是美国、法国之类的地方。华为打世界怎么打？阿富汗怎么去的？那是要死人的，炸弹是会掉下来的。我们在这些市场上耕耘、开拓的真正的商人还是很少。大学生总说没有就业，2014年700万毕业生的签约率看了让人焦虑。我们为什么不走出去呢？我总说，下一个时代，是要小语种人才的时代。小语种的需求会极速升级，因为新兴市场有很大的空间，比如，印度尼西亚有两亿多人，这是很大的市场，可我们现在的年轻人都看不上。

因此，外需不是没有市场，国际上还是有很大的市场的。我们回想一下，1980年欧洲资本市场是怎么进中国的？中国当时什么也没有，欧洲为什么借钱给我们？要知道这并不是自由外汇，不是“中国借这个钱想买什么就买什么的”，而是全部用来买德国设备，这就是为什么今天工业设备都是德国设备的原因。今天我们的4万亿外汇储备，为什么就不能倒过来做呢？为什么不能做外方信贷？没有电为什么不能去建电站？没有铁路为什么不能修铁路？为什么不借钱给别的国家，倒过来做BOT（建设—经营—转让）？当年我们的铁路、高速公路，外资为什么跑到中国大陆来修？就是为了 20 年的收费权，20 年后再送给中国政府。我们现在要重新复习 20 世纪 80 年代初外国资本进中国的那些经验，并将它倒过来用，来开拓国际市场，等待欧美市场进一步复苏。总之，我的看法就是外需还是大有可为的。

对内升级：改变观念，在“冬天”投资

我们说的过剩，是大路货过剩，与进口货同样的东西，我们应该改进品质，这还有很大的市场。大家看看现在进口的情况：阿里巴巴网站上，很多东西都是进口的。为什么进口的东西多了？因为收入提高了以后，人们对于产品品质要求也高了。国庆节期间，我有一个朋友到德国去，回来带了一个双立人牌的指甲刀，那个指甲刀让我感叹：剪完以后怎么这么舒服？仔细看一下，它有两个弧度。这就是发达国家的产品品质。而我们的产业想要达到一个这样的品质，还早着呢。中国制造，尤其是精密制造，市场的发展空间非常大。我们为什么要买进口货？那些东西中国人都是可以造的，只是品质要差一点。就目前来看，中国的好企业，比如华为，按它手机业务的发展趋势，过几年，发达国家就麻烦了。

当然，现在可以改善的东西：一个是对外升级，一个是对内升级。对于国内市场，我们的空间布局还早着呢。今天，还是 65% 的总人口是农村户籍人口，其中 17% 已经到了城市长住。这样的空间布局里面，就有大量的投资机会，比如发展城市建设、城市管理等。

我们现在要学会的是“跑马征地”，比如也就是政府主导的这个“跑马征地”，真正让这些骨头挂上肉，变成现在的城市生活，有无数的事情可以做。

所以，我的看法是：越冷的时候，越是要调整预期。就是要在所有人都说不好的时候，把未来谋划清楚；就是要在很多人说不行的时候，勇敢地决定投资；就是要在很多人没有醒过来的时候，在“冬天”投资。等人们都醒过来的时候，买啥啥贵，也就没你什么事了。很多人上一个周期被咬了一口，被“三块石头”顶得难受，想要放弃。但若真的放弃，5 年以后一定会后悔。因为这两个海平面，从 100 倍缩减到现在，还是剩下 10 倍的。现在，很多人说“是人工把我们顶死了”，但发达国家怎么生产？苹果的工人什么收入？双立人是德国生产的产品，照样活下来了。所以，这个时候是一个观念的问题，要认清形势。当然，这一点国家也在进行部署，深化改革。然而，更重要的是什么呢？是产业界、企业界、第一线怎么认清现在这个形势，抓住这个战机。

所有优秀公司，都是在“冬天”谋划、布局、投资，然后准备下一步的。等到别人看见的时候，就是 5 年以后的成败得失，5 年以后的市场份额，5 年以后的风光云影。

（本文系作者在“2014 华夏基石十月管理高峰论坛”上的演讲）

中国经济新常态下的七个新机会

马蔚华（中国企业家俱乐部执行理事长、永隆银行董事长）

我们当下议论最多的一个话题就是经济的新常态，所谓“新常态”就应该对应“老常态”，“老常态”是过去中国30多年的时间里，GDP年平均增长是9.8%，这两年经济开始回落，2014年上半年是7.4%。按照市场的预测，2014年年底中国恐怕维持不了年经济增长率7.4%，还会继续下调。

经济放缓，这是中国经济新常态的一种表象，我理解的新常态绝对不仅仅是经济增速的放缓，在经济增速放缓的背后，还有经济结构的优化、增长动力的切换、制度环境的改变，这才叫新常态。

中国过去30多年，我们的经济增长得益于得天独厚的资源，得益于前所未有的制度红利，得益于中国独有的人口红利，还有我们中国东方特有的储蓄红利等等。但是今天这些支撑过去高速增长的因素都在消失或者减弱。比如说人口红利，中国临近了刘易斯拐点，这个在经济学上有争论，中国劳动力已经从绝对的无限供给变成了绝对数的下降。

中国是贸易全球化的最大受益者，过去30年，中国的出口总额增长了近90倍，而全球贸易量仅增长了6倍，但是2014年上半年贸易对GDP的贡献是负数。还有像能源、资源、土地、环境，中国现在都已经面临危机，如果继续高速增长，则难以为继。

这种情况下，中央政府和国务院在制订“十二五”规划的时候，就已经预计到了，把“十二五”期间的年平均增长速度定为7%，而且决定把工作重点从过去的重速度、重规模、开发重大项目，转到重结构、重质量、重效益、重民生上来，这就是所谓经济增长方式的转变，用今天的话来说就是结构优化、产业升级，打造中国经济的升级版。

但现在我们担心的不是经济放缓，而是经济在放缓的时候，政府能不能顶住压力，坚定不移地进行结构调整。我们经济放缓完全符合经济规律，纵观全球，包括发达国家和新兴市场国家，一般情况下在高速增长30年到40年以后增速都会回落。

日本在20世纪50年代之后有25年的时间，GDP增长达到9.8%，和中国差不多，后来就降到4%。从1992年到现在的经济增长速度是0.87%，被称为“失落的20年”。韩国和中国台湾也是一样，就是说全世界的经济增长规律显示，经济高速增长到第四个十年一般都会下降到4%以下，中国现在还是7%。

虽然中国经济的增长速度还很靓丽，但我们心里一定要认清这一点：GDP不仅是个数字的概念，不仅是个量的概念，决定GDP本质的东西是GDP的质量和技术含量，这是一个国家的竞争力。新加坡的一位副总理曾说了一句很不客气的话，他说你们中国过去30多年确实令世界瞩目，但你们没有什么竞争力。因为你们都是低端制造业，你们就凭借人口红利，牺牲环境，以人力和物力为代价发展的。

因此，我们必须要认识到，以后的GDP，年增长率7%的GDP是什么样的GDP，不应该都是钢铁、水泥、平板玻璃，应该是有更多技术含量的GDP。另外，从历史阶段来看，中国年人均GDP已经接近7000美元了，这个叫中等收入国家。中等收入国家有两个特点：一个是跟新兴市场比，已经没有廉价劳动力的优势了，而和发达国家比还暂时不具备先进的技术，这就是所谓的“不上不下”。但在这个阶段，由于人均收入提高了，这个社会的贫富差距拉大了，像中国，基尼系数连续十年超过了国际警戒线，必然意味着社会矛盾的加剧，人和人之间的矛盾加剧，人和自然的关系不协调。这样的情况，我们如果不正视的话，很可能会跌入中等收入陷阱。

所以，我们现在转型升级，适应中国经济的新常态，是每一个中国企业都应该深刻认识的，或者说应该正确认识的。当然，新常态会有很多的矛盾，因为这些矛盾，比如经济下行，会引起方方面面的矛盾。

具体地说，中国将面临一个增长动力的切换期、经济转型和经济结构调整的阵痛期，还有 4 万亿投资的消化期。这“三期”叠加，就会使原有的增长动力“三驾马车”发生变化，而新的增长动力还没有完全形成，这就是新旧动力的切换，老的不能再继续了，但新的增长动力还没有实现，这个阶段是比较痛苦的，这也是一个过程。

我们现在面临很多的矛盾，经济新常态本身是对过去很多经济政策、经济行为和习惯的一种改变，所以我们要适应。要思考在这个新常态下我们有没有机会。我的观点是，在这个经济转型过程中的机会要比过去平铺直叙的上升机会大得多。大家都懂得“弯道超车”的道理，也懂得“变动中才有机会”的道理，不变动就没有机会。所以我觉得在未来的 10 年或者更长一点的时间里，我们有非常多的机会，我总结有 7 个。

战略性新兴产业加快发展的机会

“十二五”初期，七大新兴产业占整个经济的比重只有 5%，当时计划到 2015 年，这个占比要提高到 8%，到“十三五”的时候要提到10%。这就意味着从“十二五”到下一个五年规划，这个新兴产业的增长速度要在20%~22%，如果GDP年平均增长率是7%的话，新兴产业的增长将远远超过7%。

这不仅仅是一个目标，还有非常多的措施配合。所以发展七大新兴产业对我们来说是非常重要的机遇。比如节能环保产业，未来5年内的投资需求，据统计超过3万亿元，其中仅固废处理投资就有望达到7000亿元，城市污水和垃圾处理投资超过8000亿元，而未来7年内，新能源的投资将达到5万亿元。

服务业的跨越性发展和机会

国家服务业占经济总量的比例，发达国家平均是在70%，美国在70%以上，全世界平均在60%，中国只有45%。

我们国家2013年服务业的增加值首次超过了工业的增加值，服务业成了中国第一大就业主体，吸纳的就业人数远远超过了制造业。在我们国家，服务业有非常广阔的想象空间，既有原来传统的衣食住行，更有很多基于新技术的服务业。

照这个趋势，未来几年第三产业占GDP的比重就要达到50%，就是说第三产业等于第一产业加上第二产业之和。2014年上半年，服务业对GDP的贡献超过了资本的贡献，净出口的贡献则是负数。我们在过去几年发生了很多变化，除了第三产业的发展，还有农村人均收入的增加，2014年已经超过了城镇人均收入的增幅；资本的输出已经超过了资本的流入，中国成了资本净输出国家。

城镇化的机会

中国的城镇化率按照 2013 年公布的数据是 53%，但那时候讲的是以往的城镇化，2013 年四季度，中央开了一个特别的会议——城镇化会议。提出了一个中国“新城镇化”的概念，所谓新城镇化就是“人的城镇化”，城镇化不仅仅是盖房子，不仅仅是把农民的房子盖得像城里一样。

所谓人的城镇化，以农民工为例，农民进城，不是过去农民工到城里打工，他本质上还是农民，到一定的时候还得回家种自己的自留地，这个不叫城镇化。真正的城镇化是现在已经在城里的 2.6 亿农民工，首先要变成城里人，户籍要改变，不能是二元结构了；其次，他们要和城里人一样享受教育、养老和各种服务，享受城里人享受的一切，这是一个非常大的、勇敢的设想。

2.6 亿农民工进城，这个巨大的变化会给我们带来非常多的机会，和我刚才说的服务业是有密切关联的。过去计算过，一个农民进城，国家至少要投入 10 万元的基础设施投资，算算 2.6 亿是多少？城里人的消费、农民的消费有着巨大的差别，城里人的消费是农民消费的 3.6 倍，这是过去的数字，不一定准确。

总之，城镇化会从两个方面扩大经济增长的动力：一个是投资方面，另一个就是消费。城镇化是我们未来二三十年经济增长的一个强有力的推动力。过去的 30 年，城镇化率每年增长将近 1%，这个速度也是世界各国历史上最快的。

中西部地区崛起的机会

中国现在叫中部崛起、西部大开发，现在看中央的这个政策已经起到了效果，尤其是金融危机以来，伴随劳动力人口红利的减少，中西部的发展机遇大了，这两年中西部的经济增长速度都是远超过沿海的。中西部和东部刚刚改革开放时的基础完全不一样了，它们已经有了非常好的基础设施，交通运输四通八达，更重要的是人们的思想观念发生了很大的变化，接受了改革开放。所以，今天中西部的崛起完全不必像东部沿海需要那么长的时间。

还有一个优势，就是《福布斯》算过的，叫“城市经营成本指数”，即在不同的城市办企业，经营成本是不一样的。如果把北京成本指数定义为1的话，上海、广州、深圳、宁波这些地方是0.87，西部只有0.67，比如武汉。也就是说你在中西部办企业，成本比北京节省30%多。当然这个优势不一定永远有，现在要到中西部办厂、办企业，你也不能眼睛光盯住劳动力比东部便宜这个优势，这个优势转瞬即逝，一开始就应该把眼光定高，将来要靠资本密集型和技术密集型来取得优势。

技术变革的机会

在中国，移动互联和大数据不仅给生产经营带来了巨大变化，也给人们的生活方式带来了巨大的变化，这一点大家都感受到了。现在中国的手机用量达到了13亿部，是全世界最多的，移动互联用户达到5亿，也是全世界任何一个国家都不能比的。

基于这方面，我们将来可以依托移动互联和大数据技术实现蓬勃发展。我这里有个数据，中国2015年移动支付的交易规模会超过1.5万亿，每年增长将近100%。加上现在的云计算、搜索引擎、移动终端、传感器的普及，一个大数据的时代扑面而来，会给我们的产业带来一次根本性的变革。

中国企业走出去的机会

中国这几年已经成为净资本输出的国家，即使在金融危机的时候，我们走出去的步伐也没有放慢。当然，我们走出去可能有很多的挑战，制度的、法律的挑战，贸易封锁的挑战，融资难的挑战，文化的挑战，等等，但从主流看，中国企业走出去，应该是一个好时机。

欧美国家现在主动招商引资，特别是美国。美国认为由次贷危机引发的金融危机这种事情是不允许再发生的，又开始再工业化的过程。另外，欧洲的国家也积极地欢迎中国企业到它们那里投资，有一些国家给予减税，甚至是免税的优惠。但中国不光要看到欧美市场，还需要到新兴市场去投资。

新兴市场业态的机会

按照过去统计局的行业划分已经远远不够了，统计局的指标体系要发生变化。现在有很多新的业态涌现出来，完全是和过去不一样的。这个背后就是互联网信息化和大数据的推动，比如，基于互联网技术的中介服务平台。

还有基于产业链、工业链的延伸和细分的业态，包括服务外包、服务配套、配件研发，商贸、物流类的企业，也是很好的机遇。

基于社交网络趋势的，像博客、微博、微信、交友、婚恋，即时通信类的，像上哪儿吃饭的、买什么东西的，太多了。人们的生活大多在互联网上进行，这些都是新的业态，都有非常广阔的想象空间。

（本文系作者在“中国绿公司联盟圆桌会”上的演讲）

中国经济新常态下的经济环境与战略

华生（燕京华侨大学校长）

“经济环境与战略”这个话题为什么有意义？我担心咱们不是从高速增长到中高速，甚至是中速，没准到低速，没准来一个大起大落，这是国际国内都关心的问题。如果出现那样的情况，就说明整个经济环境发生了剧烈变化。

比如像2008年美国的金融危机对全球的冲击，如果你在温州，赶上温州这几年，又赶上地产的冲击，尽管你经营得很好，但是担保方、交易方都垮了，跟你赖账那就麻烦了。所以最应该关心的是经济环境会不会出现大的波动，如果出现大的波动，政府就需要应对，如果应对得很好大家日子就好过，如果手忙脚乱应对错了，我们的麻烦就更大了。我想经济环境的核心恐怕在这方面。

中国经济已经增长了30多年，后面增长的前景，我个人总体上是比较乐观的。说到中国经济，我赞同林毅夫等经济学家所说的“有潜力”。但是潜力不是现实，潜力发挥不出来的太多了，印度经济也非常有潜力。有潜力的地方很多，但是最后能不能实现，取决于太多因素。应该说我们目前的挑战是非常尖锐的，因为这个挑战并非今天才存在，改革开放30多年一直都存在。改革开放第10个年头的时候，我就写过一篇文章，末尾就是中国面临三个前景：第一个是高速增长的前景，第二个是出现动乱的前景，第三个是长期停滞的前景。改革开放 30 年的时候我写了一篇文章，最主要的是分析过去支撑中国高速增长的因素已经发生了变化，原来的因素不仅支撑不了高速增长，恐怕也支撑不了中高速增长。

中国经济增长的四轮驱动

当时的分析是，中国过去经济几十年增长有四大因素在支撑，或者叫“四轮驱动”。第一是改革开放。我的观点就是对外开放对于中国的意义完全不亚于改革的意义。如果关起门来搞改革，我们今天恐怕还没走多远。中国一直处在大变革的时代，但外国人没认为有大变革，认为撒下一点面包渣你愿意怎么捡就怎么捡，捡了 30 年之后美国认为不一样了，现在某种意义上说，中国与美国在很多领域成了对手，大差距的好处在慢慢消失，反过来人家开始把中国作为竞争对手进行防范、博弈、围追堵截。我们过去主要靠开放，靠后发优势，尽管这点优势今天还有，但已经大大缩小了，而且负面的因素在不断增加。

第二是市场化。一方面通过双轨制，通过引进市场因素，逐步使得整个经济市场化了，另一方面发展民营经济，引进外资，对国企进行改造，产生了巨大的推动力。30 年以后，问题也大了，市场化的好处有了，市场化存在的问题也逐步暴露出来。企业改革这一块更是这样，我们的国企改革，经过了几十年，有很大的进展，但是应该说 30 年前提的第一步还没有迈出来。35 年前就说政企分开，现在国企（包括央企）并没有政企分开。

第三是靠农村。农村的联产承包责任制，也就是分田到户，提供了经济发展的第一支火箭式推动力，令农村焕发了活力，给中国领导人以信心。在那个信心的前提下进行城市的改革。乡村的发展，几亿农民到城里打工，这些因素带来的变化推动了我们后来的发展和增长，但这些因素的推动力正在消失，相关问题也在出现。每家两三亩地的种植显然是束缚了农业的规模经济，农民进城打工给中国成为世界工厂提供了最强有力的基础。但是现在问题也开始暴露出来了，就是经济发展了，各方面的成本上升了，但是中国劳动力、人力成本的提升非常有限。农村人普遍读到初中毕业就开始辍学了，在中国经济需要提升的时候，如果人的素质不提升，下面的增长就会遇到瓶颈。

第四，跟地方竞争有关系。中国国家大，靠财政承包和地方经济推动了经济发展。我觉得中国做企业的人可能都有一个体会，各个地方竞相用更优惠的政策吸引投资。这种做法，尽管中国人很不满意，但是别人看起来，比如说印度人觉得中国的投资环境已经是天堂了。现在地方政府竞争也开始走到另外一面，最明显的就是地方财政靠土地财政来维持，造成一系列扭曲。

经济增长靠结构变化

原来的推动力都开始衰减，中国要想继续增长靠什么？现在经常讲到靠技术进步，靠教育，靠创新，这些都不行了，这些只能保证一般的增长。技术创新中国比不上美国，中国的人力资本也比不上美国，中国要改革体制，我想一天两天也改不成美国那种有利于创新的体制。这些因素，美国每年增长2%就感觉很好了。如果中国把自己的目标定在2%~3%，刚才讲的那些因素就足够了。但是如果说中国新常态只不过从10%降到5%左右，这样一般化的因素是支撑不了的。中国经济在这个阶段，为什么还有比较高的潜在生产力？技术创新这些都是对的，但解决不了问题。在“金砖五国”里中国也是在最顶端，什么才能支撑这个？实际上只有靠中国在这个阶段的结构转换了。最大的结构就是农民从低产出的农业中走出来，到高产出的工业和第三产业。因为在土地上，现在农民的一般产值也就是年人均 1000 元人民币，他现在出来到城里当小工，马上就能收入好几万。所以我个人觉得，这个收益是支撑今后 20 年左右中国经济还能够在一个比较高水平上增长的主要原因。超过 5% 就比较高了，5% 以上的增长，光靠技术因素和一般的因素是支撑不了的。中国现在户籍人口城镇占 35% 左右，65% 是农村户口。农民工进来了两个多亿，但是基本上是候鸟式的，到 40 岁左右就开始回流。家属绝大部分还不在身边，还有几千万的儿童是留守的。

经济增速要达到 5% 以上，主要还是靠结构变化。这个结构是所有的发达国家都具备的潜力，所有的企业都是这样。在这个转换当中，除了正常的技术进步、创新，中国最大的优势是有大量的人口，总人口当中很大比例是从低产出的农业部门转向高产出的工业部门和服务业部门。农业经济规模小、聚集度比较低，而城市是高度聚集的，交流、沟通的成本降低，同样是互联网企业挤在一起，同样是金融企业在一条街上。这才是中国有可能继续维持高速增长的动力。

但是实现这个增长需要对中国的政策做出重大调整。中国已经提出城市化和新型城镇化，但采取的措施还远远不够。经济环境，最主要取决于我们的政府、我们的社会，怎么样来回应我们这个时代的挑战。

（本文原载于《经济观察报》，略有改动）

引领经济走向好的新常态

李佐军（国务院发展研究中心资源与环境政策研究所副所长、研究员）

2014 年底召开的中央经济工作会议强调，“认识新常态，适应新常态，引领新常态，是当前和今后一个时期我国经济发展的大逻辑”。“引领新常态”的提出，意味着对新常态认识的逐步深化。新常态需要引领，以走向好的方面。

正确理解新常态

从字面上看，新即有异于旧，常态是相对稳定的状态，新常态是不同以往、相对稳定的状态。它是一种趋势性、不可逆的发展状态，意味着中国经济已进入一个与过去 30 多年高速增长期有所不同的新阶段。

经济新常态是一个含义丰富、具有深意的重要表述。保持战略上的平常心态，最重要的是要对经济增速下滑不必过分惊慌，认清其必然性，在尊重规律中顺势而为，不要动辄进行过度干预。未来的政策不应频繁变动，而应保持相对稳定，给企业和社会以稳定的预期。也就是说，经济增速的适度放缓和合理波动，已被决策层所认可。政府的更多注意力将放在体制改革与结构调整上，而不再像以往那样动辄下猛药来维持高增长。

需要说明的是，西方也存在“新常态”，它被西方舆论普遍形容为危机之后经济缓慢而痛苦恢复的过程，反映了西方经济存在周期性波动乃至周期性危机的现实。而习近平总书记所说的“新常态”显然不是从危机角度来说的，而是从中国经济发展阶段的变化、经济结构的变化、经济制度环境的变化等角度来说的。

与新常态对应的旧常态

经济旧常态时期从何时开始算起？笔者认为有两种算法：一种是从 1978 年或改革开放启动时算起，另一种是从 2002 年开始算起，截止时间可以确定为 2012 年党的十八大召开之前。旧常态时期中国经济特点如下：

第一，经济高速增长。1978—2012 年，中国经济保持了年均 9.8%左右的高速增长，2003—2007 年更是达到了年均 11.6%以上的增长速度。这在世界经济增长史上并不多见，被称为“中国奇迹”。

第二，经济增长模式比较粗放。在此时期，中国经济主要依靠大规模资源能源投入来拉动增长，以致积累了比较严重的资源环境问题。经济增长主要依靠要素投入推动，据华冬芳等人采用索洛余值法估算，1979—2009 年全要素生产率对中国经济增长的贡献率仅为 28%，资本投入对经济增长的贡献率达到 63.24%，要素投入仍是经济增长的主要推动力。同时，投资效率较低，据史正富的研究，1978—2010 年中国的资本产出比为 3.92，美国 1965—2010 年的资本产出比为 5.29，日本 1980—2010 年的资本产出比为 14.69。

第三，产业结构以工业为主。1978 年以来，中国工业化快速推进，2000 年以来重化工业更是快速发展，工业特别是重化工业成为推动经济增长的主要力量，形成了以工业为主的产业结构，直至

2013年第三产业占GDP的比重才开始超过第二产业的占比。大规模建设工业园区、增加工业产值，成为各地的主要追求目标。

第四，经济体制为政府主导型。虽然经过30多年的改革开放，市场化改革取得了明显进展，经济的市场化程度大幅度提高。但政府主导经济的体制始终没有发生根本的变化，各级地方政府程度很深地直接参与了经济建设。中央政府对经济的干预也很频繁，政府与市场的关系一直没有完全理顺。

目前中国经济处于过渡态

既然有“新常态”和“旧常态”，它们中间就还有一个“过渡态”。经济过渡态时期从2012年到2016年或者2017年，估计约5年左右时间。过渡态时期持续多长时间取决于改革和转型的速度和顺利程度。

目前中国经济并非已处于新常态，而是处于向新常态过渡的过程中，或者说，目前中国经济正处于过渡态时期。目前更准确的阶段判断是处于经济增速换挡期、结构调整阵痛期、前期刺激政策消化期三期叠加的时期。只有当度过这一时期后，经济才真正进入新常态时期。经济增速大换挡、结构调整大变动，都不是一种稳定的常态。只有当三期叠加期走完之后，高房价问题、地方债和企业债问题、产能过剩问题、金融风险问题等解决后，新的经济制度环境形成后，经济才进入较稳定的新常态。

经济过渡态的内涵包括四个方面：第一，新旧形态掺杂，既有旧的形态，也有新的形态。第二，经济不太稳定。由于经济处于增速换挡过程中，总体表现不太稳定。第三，不可持续。既然经济不太稳定，我们就不希望它持续太长时间，而是希望它尽快进入新常态时期。第四，存在经济结构调整阵痛。因为过渡态时期也是经济结构调整的阵痛期，一些产能过剩行业、附加值较低的行业项目将被淘汰，必然伴随着部分企业破产的阵痛。

在过渡态时期我们面临着如下问题和挑战。

第一，多种问题碰头。不仅有经济方面的问题，还有政治、社会、文化和生态等方面的问题，不同问题交织在一起，错综复杂，考验着党和政府的调控智慧。同时，国内问题还与国际问题交织在一起。

第二，面临着诸多两难选择。比如稳增长与调结构、稳增长和控风险、稳增长与促改革、稳增长与保环境之间，都存在两难选择。许多人认为，改革一定有利于经济增长，其实不完全如此，原因有：一是改革的目的是多元的，包括经济增长和社会公平等，有时为了维护社会公平不得不牺牲一些经济增长，而且社会公平确已成为矛盾的主要方面；二是部分改革有可能震破泡沫，影响经济增长。同时，稳增长与保环境（或建生态）之间也存在两难，要想有好的环境，经济增长速度就不能太快。这些两难问题需要我们通过高超的宏观调控艺术去解决，需要像“走钢丝”一样去维持平衡。

第三，需要花较多的精力防范、控制和化解经济风险。过去十多年的超高速增长积累了一些风险和泡沫，化解这些风险和泡沫仅靠改革、转型和创新还不够，还需要运用其他一些特殊的手段，特别是挤泡沫和释放风险的手段。

经济新常态是由多种新常态构成的画卷

经济新常态时期是指 2016 年或者 2017 年往后的 5 年或 10 年甚至更长时期。经济新常态是我们要努力实现的目标状态。

经济新常态的内涵有三个方面。第一，新常态有很多新的表现形态，既与旧常态时期的形态不一样，也与过渡态时期的形态不完全一样，新形态集中体现于下述六大特征中。第二，新常态应是相对稳定的。用经济学的语言来说，应是均衡的。这也是常态的应有之义。如果经济还在急剧变动，还在增速换挡，还在调整阵痛，就还没有进入新常态时期。正因如此，真正的新常态是几年之后的事情。第三，新常态应是可持续的。因为既然是常态，那就不能很短暂，就应持续比较长的时间。

经济新常态有如下六个方面的特征。

第一，经济增长速度的新常态。即经济增长速度由过去 30 多年 9.8%左右的高速增长，转为今后 5 年左右 6%~8%的中高速增长，再往后可能是更低的中速增长或中低速增长，因为这是经济社会发展的规律性现象，当一个国家或地区工业化城镇化达到一定阶段后，经济增长速度就要下台阶。当 2030 年前后中国成为发达国家后，经济增长速度有可能进一步下降到当今西方发达国家 2%~4%左右的水平。

第二，经济结构的新常态。主要表现为消费结构、产业结构、区域结构和排放结构的新常态。其中，消费结构的新常态表现为“学乐康安美”（学习、快乐、健康、安全、美丽）的需求占比越来越高，“吃穿住行用”需求的占比相对下降；产业结构的新常态表现为服务业或者第三产业比重占主导地位，并越来越高，高新技术产业、先进制造业、绿色低碳产业比重进一步提高；区域结构的新常态表现为新型城镇化水平进一步提高，城乡差距和区域差距进一步缩小；排放结构的新常态表现为废水、废气、废渣、二氧化碳等的排放逐步减少，氧气、水蒸气的排放逐步增加。

第三，经济质量的新常态。主要表现为：经济效率（劳动力生产率、土地生产率等）进一步提高，经济效益进一步提高，整个经济的竞争力进一步提高。

第四，经济增长动力的新常态。主要表现为：由原来的要素驱动和投资驱动转为创新驱动；由主要依靠出口、投资、消费“三驾马车”拉动经济增长，转为主要依靠制度变革、结构优化和要素升级“三大发动机”（简单说即改革、转型、创新）拉动经济增长；需求动力结构内部，由主要依靠外需转为主要依靠内需拉动经济增长，由主要依靠投资转为主要依靠消费拉动经济增长，由主要依靠政府投资转为主要依靠社会投资拉动经济增长。

第五，财富分配的新常态。主要表现为：由主要实现国富转为主要实现民富，由少数垄断行业富裕转为各个行业共同富裕，由少数人暴富转为绝大多数人共同富裕。也就是说，要提高居民收入在整个收入分配中的比重，使收入财富分配更加公平合理，让广大老百姓分享改革和发展的成果。

第六，制度环境的新常态。主要表现为：由政府主导型经济体制转为市场主导型经济体制，政府则由权力型政府转为服务型政府、由经济型政府转为社会型政府，真正发挥市场在资源配置中的决定性作用，更好地发挥政府的作用。同时，按照依宪治国、依法执政的要求，由人治转向法治。

新常态并不会自动实现

新常态意味着一系列新的机遇。由于中国经济总量已很大，基数已很高，即使保持中高速增长，也将为全球经济创造很可观的增量，带来巨大的市场投资机会。随着中国经济结构的不断优化升级，第三产业、高新技术产业、装备制造业、绿色低碳产业将呈现越来越大的发展空间，中西部地区和一些新兴城镇、新兴农村地区将产生越来越多的机会。随着经济增长动力结构的多元化，中国经济的活力将进一步增强，效率将进一步提高，制度环境将进一步规范。随着财富分配更多惠及广大民众，中国内需潜力将进一步提高，民众创新创业的积极性和创造性将进一步迸发。

进入新常态并不会一帆风顺，一些潜在风险正渐渐浮出水面，新常态不会自动实现。经济发展模式存在惯性，企业、民众和政府对高速增长有路径依赖，当经济速度换挡、结构调整时，难免会出现阵痛，引发一些问题、矛盾和风险。特别是多年来积累的高房价、地方政府债务偏高、影子银行、产能过剩等，在进入新常态过程中会使一些潜在风险暴露出来。对此，必须高度重视，通过改革、转型、创新和科学的宏观调控予以防范和化解。

引领新常态的短期对策

从短期看，引领新常态、实现向新常态平稳过渡的对策有：

一是顺增长，控风险。顺增长也就是要尊重经济规律，顺应经济增长的态势，不要过度阻止经济速度的调整。在顺增长的过程中，可能会出现一定的经济风险，因此要做好防范、控制和化解风险的工作，将风险控制在一定范围内，避免经济的大起大落。控风险需要从两个方面着手：一方面是解决好存量风险，主要是锁定、释放和化解存量风险；另一方面是控制好增量风险，主要是减少增量风险。

二是去产能，挤泡沫。产能过剩问题不可能悄然化于无形，包括产能过剩、高房价、地方债务、影子银行等在内的经济泡沫不可能只通过改革、转型、创新就轻易解决，改革、转型、创新主要可解决培育新增长点的问题，至于淘汰产能过剩、化解经济泡沫还需要通过其他办法来解决。在去产能、挤泡沫的过程中，风险难以避免。有了风险怎么办？回避不是办法，往后拖延也不是办法，只有勇敢地面对，积极化解，才是正途。化解的一个重要办法是释放风险，而非捂住风险。释放风险需要技巧，并把握好力度和节奏。

三是守底线，稳社会。为了维护社会的基本稳定，在向新常态过渡的过程中，一定要有底线意识，要将最坏的情况想好，提前做好充分的应对准备，尽可能将各种矛盾和问题控制在一定范围内。

引领新常态的长期对策

第一，推进“五位一体”的全面改革。按照中共十八届三中全会决定的要求，推进经济、政治、文化、社会、生态“五位一体”的改革，当前比较紧迫而重要的改革是政府行政管理制度改革、财税制度改革、金融制度改革、国有企业改革、垄断行业改革、土地制度改革、司法制度改革、户籍制度改革等。推进这些改革要采取合理的改革方式，一方面要搞好顶层设计，另一方面也要充分调动基层各个方面的改革积极性和创造性。

第二，推进七大经济转型。一是生产要素投入结构的转型，即由原来主要依靠劳动力、资金、资源能源等一般性生产要素拉动经济增长，向今后主要依靠技术、人才、信息这些高级要素拉动经济增长转型。二是排放结构的转型，即增加氧气、水蒸气等好的排放，减少废水、废气、废渣、二氧化碳等不好的排放，途径是推进绿色发展、低碳发展、循环发展，建设生态文明。三是产业结构的转型，包括推进产业结构的高度化或高级化、产业高端化、产业特色化、产业集群化、产业品牌化、产业绿色低碳化、产业融合化、产业国际化、产业信息化等九个方面。四是区域结构的转型，包括推进新型城镇化、推进城乡一体化或缩小城乡差距、促进东中西部协调发展三个方面。五是经济增长动力结构的转型，涉及两个层面：一个是由原来主要依靠“三驾马车”来拉动经济增长，向主要依靠制度变革、结构优化、要素升级“三大发动机”来拉动经济增长转型；另一个是需求结构内部的转型，包括由原来主要依靠外需向主要依靠内需拉动经济增长转型，由原来主要依靠投资向主要依靠消费拉动经济增长转型，由原来主要依靠政府投资向主要依靠社会投资拉动经济增长转型。六是财富分配结构的转型，包括由原来主要强调国富向主要强调民富转型，由原来主要是少部分垄断行业致富向更多行业共同致富转型，由原来少部分人富裕向更多人共同富裕转型。七是发展目标结构的转型，包括由原来主要追求大国向主要追求强国转型（强国包括科技、文化、教育、军事、外交等的强大，而不仅是GDP的数量多），由原来主要追求物质财富的增长，向主要追求无形财富和有形财富的共同增长转型，由原来主要追求经济总量的增加，向主要追求经济效益和质量的提高转型。

第三，推进全面创新。全面创新包括观念创新、技术创新、管理创新(含服务创新)、模式创新等内容。观念创新主要解决思想的建设问题，培育全民的创新意识。技术创新必须落实到产品和工艺创新层面，而不是制造很多华而不实的“科研成果”。管理创新包括管理手段的创新、管理内容的创新和管理服务的创新等。模式创新主要指发展模式创新和商业模式创新等。总之，全面实施创新驱动，通过创新寻找新的经济增长动力，培育新的增长点。

长期对策主要是改革、转型、创新三个方面，它们对应着前述经济增长动力的“三大发动机”，也对应着本人提出的人本发展理论的三个方面：制度引导人、资源装备人、分工安置人。只有采取这些长期对策，同时结合短期对策，才能顺利实现经济向新常态的平稳过渡。

寻找向新常态过渡的“新动力”

我们先来分析一下经济增长客观上有哪些动力？

第一组动力：需求边动力。即出口、投资、消费“三驾马车”。过去多年来，很多人将其看作是经济增长的基本动力，外需不行了就扩大内需，投资不行了就增加消费。我们不能否认，这“三驾马车”确实是经济增长需求边的短期动力，但也要认清：它们仅仅是需求边的动力、短期的动力，而且是有许多副作用和后遗症的动力，是经济危机和经济下行非常时期的非常举措。

第二组动力：要素投入动力。即通过大规模要素投入也能带来经济增长。众所周知，在生产函数关系式中，等号左边是GDP或者产量，等号右边就是资金、劳动等生产要素。过去三十多年，我国就是通过大规模的生产要素投入，实现了经济的高速增长。

第三组动力：效率提高动力。在生产函数关系式中，不能被要素投入解释的经济增长部分，可以用全要素生产率来解释。也就是说，提高生产率或全要素生产率也能带来经济增长。那么，影响全要素生产率的因素又是什么呢？是制度变革、结构优化和要素升级这“三大发动机”。

其中，制度变革或改革通过调动经济主体的积极性和创造性、优化资源配置、改善消费者和投资者预期等途径释放生产力；工业化（含产业转型升级）、城镇化、区域经济一体化等结构优化，通过将人口和生产要素从低效率部门或区域向高效率部门或区域转移释放生产力；技术进步、人力资本增加和信息化等要素升级，通过直接提高要素生产率和国民经济运行效率释放生产力。

第四组动力：中国特色动力——“五驾制度马车”。前三组动力都是用经济学比较容易解释、世界各国都通行的动力，除了这些动力之外，中国经济的高速增长还有五个特色动力。

第一，“价格制度动力”。即通过价格管理部门的价格管制，将许多商品的价格，特别是生产要素的价格，人为地压低或扭曲，形成低成本竞争优势，促进出口，带来经济增长。其副作用是过度消耗了祖宗留下的资源，并把子孙后代的资源提前用了。

第二，“财税制度动力”。主要是通过财政支出安排偏向经济建设来促进经济增长，这与那些将社会福利保障支出优先安排的国家有所不同。

第三，“金融制度动力”。突出表现在货币制度设计上，在央行不独立的情况下，货币发行要重点满足经济增长的需要，而非主要维持币值稳定。

第四，“土地制度动力”。在城乡差别土地制度下，政府可以将农民和农民集体的土地低价买过来，经过整理后再高价卖出去，形成土地财政，再通过土地财政推动地方经济的高速增长。

第五，“考核制度动力”。长期以来，地方政府干部考核主要考核GDP、财政收入和工业增加值等指标，于是各地竞相追求GDP的高速增长，形成万马奔腾的局面。

这五大特色制度动力可以部分解释中国经济高速增长的现象。

问题是，当中国经济发展到今天这一步，上述哪些动力开始靠不住了，哪些动力是未来必须主要依靠的动力？笔者认为，未来必须依靠的主要动力只能是“三大发动机”，原因有两个方面：

一方面，另外三组动力越来越靠不住了。如“三驾马车”中的出口，随着国际经济形势的变化，明显下台阶了，从以往的年增长20%以上，降到了近几年的8%左右，2012年、2013年出口总额都只增长了 7.9%，2014 年前 10 个月只增长了不到 6%。投资的边际效益明显下降，且遇到了巨大债务压力。消费一直相对稳定，难以有大的改观。

通过大规模生产要素投入来拉动经济增长，则遇到了资源越来越短缺、环境污染压力日益加大、雾霾很严重的挑战。“五驾制度马车”在带来经济高速增长的同时，也带来了很多问题，它们正是中共十八届三中全会确定的全面改革要解决的问题。

另一方面，“三大发动机”既健康又富有潜力。制度变革、结构优化、要素升级“三大发动机”是通过提高生产率来促进经济增长，因而是健康、可持续的。中国目前的许多制度还不成熟、不合理，正因为不成熟、不合理，还可以通过改革来释放制度变革的生产力。中国的工业化、城镇化正处于中后期阶段和加速发展阶段，还有巨大的释放结构生产力的潜力。技术进步、人力资本增加和信息化等要素升级都还有很大的提升空间。

总之，在向新常态过渡时期，必须寻找经济增长的新动力，新动力只能是制度变革、结构优化、要素升级（或改革、转型、创新）这“三大发动机”。

（本文原载于《国家行政学院学报》）

中　篇
未来 30 年，经济大趋势

- 未来 30 年，充满着不确定性
- 丧失人口红利，中国经济如何保持增长?
- 国企改革的轨迹与正途
- 新常态下财政政策的思路与方向

我们正处在“新的 30 年”的开端，未来 30 年是好是坏，现在谁也不能确定，唯一可以确定的是，不管是好是坏，都和过去的 30 年是很不一样的，所以我们也要有新的眼光、新的思维。

第三章

未来 30 年，充满着不确定性

未来不取决于预测，而取决于行为，取决于我们的企业家怎么行动，取决于我们的政府怎么行动，取决于每个人怎么行动。今天做什么选择，做什么行动，就有什么样的未来。

中国将保持多快增长？

林毅夫（北京大学国家发展研究院名誉院长）

在市场经济改革以来的35年中，中国的年平均增长率高达9.8%——这是前所未有的爆炸式增长。但有迹象表明，中国奇迹正在走向终点——或者至少经济增长正在放缓。

自2010年第一季度以来，中国的增长率一直在下降。2014年第三季度，经济增长率降到了相对较低的7.3%。

从形势来看，中国的经济增长可能将继续面临强劲的逆风，至少与前几十年相比是如此。2015年，决策者将制订中国的“十三五”规划。他们将面临一个基本问题：增长目标定在多少？

在制定一国GDP目标时，首先要明白经济的潜在增长率，即假设内部和外部条件有利、未来增长的稳定性与可持续性不会受到威胁的情况下的最快扩张速度。亚当·斯密在《国富论》中论证了经济增长取决于劳动生产率的改善。而今天，劳动生产率的改善要么来自技术创新，要么来自产业升级（将产能重新配置给更高附加值的新部门）。

但位于创新前沿的发达国家处于劣势。要想从新技术中获益，它们就必须创造新技术。相反，发展中国家拥有后发优势，因为它们可以通过模仿、进口、综合和许可实现技术进步。结果，它们的成本和风险更低。过去150年中，发达经济体平均每年增长3%，而一些发展中国家在 20 年甚至更长的时间里保持着 7% 甚至更高的年增长率。

中国在经历了 35 年前所未有的经济增长之后，还剩下多少后发优势？我们需要考察其技术和产业发展水平与高收入国家的差距。考察这一差距的最佳办法是比较经购买力平价调整的人均收入。人均收入差距越大，后发优势和增长潜力也就越大。

2008 年，中国人均收入只有美国的 1/5 多一点。这一差距大致相当于 1951 年美国和日本之间的差距，在此之后的 20 年里，日本平均年增长率为 9.2%；这一差距也大致等于 1977 年美国和韩国之间的差距，在此后的 20 年里，韩国年增长率为 7.6%。1967 年的新加坡和 1975 年的中国台湾地区也有类似差距——此后也出现了类似的增长率。由此类推，在 2008 年后的 20 年里，中国的潜在年增长率应在 8% 左右。

但潜在增长率只是故事的一部分。它是否可以实现，取决于国内条件和国际环境。为了利用后发优势，中国必须深化改革，消除经济中残留的扭曲因素。与此同时，政府应该更主动地克服市场失灵——如外部性和协调问题——这些失灵是伴随技术创新和产业升级而来的不可避免的现象。

中国有潜力通过内需——不仅是家庭消费——保持“鲁棒”（Robust，健壮和强壮增长）。中国不缺少投资机会，有充分的产业升级空间和足够的潜力改善城市基础设施、公共住房和环境管理。

此外，中国的投资资源十分丰富。中央和地方政府债务总和还不到 GDP 的 50%——以国际标准衡量属于低水平。与此同时，中国的私人储蓄相当于 GDP 的近 50%，外汇储备高达 4 万亿美元。即使面临相对不利的外部条件，中国也可以在短期内依靠投资创造就业；而随着就业岗位数量的增加，消费也会水涨船高。

但是，外部环境会更加令人沮丧。尽管发达国家在2008年全球金融危机后进行了强力干预，启动了大规模财政和货币刺激手段，但很多发达国家的结构缺陷仍没有解决。日本的“安倍经济学”收效甚微，欧洲央行正在步美国和日本的后尘，试图用量化宽松提振需求。

美国的就业正在增加，但劳动力参与率仍然不高，经济也没有达到衰退后反弹通常可以达到的6%~7%。美国、欧洲和日本可能将经历持续低迷，从而抑制中国的出口增长。

因此，中国的增长可能会低于每年8%的潜在增长率。在为下一个五年制订计划时，决策者应该将年增长目标定在7%~7.5%，并在此范围内根据国际经济形势进行调整。这一增长目标有助于稳定就业、降低金融风险、实现2020年收入翻番的目标。

（本文原载于《观察者报》）

中国经济的第二次机会在哪里？

周其仁（北京大学国家发展研究院教授）

第一个问题：中国经济发展难度变大了，但机会也很大

一个大国的经济，怎么可以连续多年年增长 10% 以上？这跟全球格局有关，不完全是中国人自己努力的结果，很大程度是我们的开放，更准确地说是长期封闭，然后走向开放，释放了一个战后罕见的潜能。

战后全球有两个“海平面”：一个是发达国家组成的高海平面，一个是发展中国家形成的低海平面。高海平面的国家间互相投资，互相贸易，创造了一个很高的现代化生活、生产水平。但受冷战的影响，这个海平面在战后很长时间内跟中国、印度、苏联等发展中国家是不来往的，中国这些国家当时都相信一个理论，叫进口替代：不引进发达国家的产品，空出一块国内市场发展民族工业。

当时，我们国家 GDP 人均 200 美元，翻两番才 800 美元，而美国当年已经是 13500 美元。更甚的是，我们是高积累，真正落入工人、农民、知识分子口袋里的钱是很少的，这样一来，我们要比人家差了 80~100 倍呢。

中国不开放，经济水平就会下去；开放后，中国制造的车从一开

始的不像样，到后来慢慢像样，中国工人的工资也渐渐向发达国家的工人靠拢。现在，中国的人均GDP，跟发达国家相差大概是10倍。

所以，中国经济的基本前景还是很乐观的，中国人还肯学习，学习模式在改变，不光是模仿性的，我们现在已经拥有一种叫“组合性创新”的能力，这是我们的核心竞争力。再跳一步，进行原发性创新。我们的人工还有优势。站在全球舞台来看，两个海平面虽然靠近了，但还有一些潜力，可以再释放10年、20年，不过也滋生了一些新的挑战。

从低海平面往上走很开心，但高海平面的国家麻烦了，它们的资本都出去了，投到中国、印度去生产汽车等，发达国家很难受。

那么，再往后看5年、10年，会有什么问题？现在是三个“海平面”，我们升上来了，后面还有一个海平面起来了，越南的人工成本比我们低，印度人的工资比我们低，非洲的工资也比我们低。中国的投资也开始往外走了，中国很快就是净投资输出国，我们很多资本走了，人留下了，国内的收入分配问题会严重起来。跟过去15年比，我们经济发展的难度变大了。

中国的发展很快，开始进军有一定技术含量、资本含量的产品领域，中国开始造车造船了，设备也出口了。在未来的5年时间里，中国一方面可以继续享受低海平面往上升的好处，另一方面，跟其他一些发展中国家相比，我们已经升到一定的高位，当年我们怎么逼发达国家的，今天我们也将面临同样的压力。

第二个问题：提高空间“经济产能密度”，生产潜能会很快爆发

阿里巴巴融资以后，其中一个发展方向是，把互联网革命闹到

农村去，在全国建 10 万个淘宝村，通过互联网，把村庄这一级的生产、消费，跟整个国家、跟全球联到一起。

其实，农村积聚了一些县城的购买力（比如对绿色食品的需求），因为商业通路不够发达，这个购买力被抑制住了，人为地提高了储蓄率。农村是有消费力的，需要大家想办法把它释放出来。

什么叫城镇化？城镇化就是提高经济在空间分布的密度。用农业文明的空间观来看城市化，就是讲密度，即一平方公里装多少人，能够有效地生活在一起，能够有多少产出。

美国 85% 的 GDP 集中在城市，只占国土面积的 3%，而在我国，空间分布非常散，到处都是房子，积聚度不够，50% 的城市化率并不高，百分之十几的人没城镇户口，所以很难享受城里人才能享受的福利待遇，这对他们不公，会挫伤他们的积极性。

纽约一平方英里一年创造 16 亿美元 GDP，中国香港、新加坡一平方英里一年创造 4 亿~5 亿美元，而国内多数大中城市，一平方公里才创造不到 1 亿元人民币。这里隐含着机会。以前，我们只知道第一、第二、第三产业的分布，现在无论是企业家还是地方领导，都应建立起空间观。未来 5 年、10 年、15 年，空间摆布好了，一定空间的“经济产能密度”提高了，中国的生产潜能就会很快爆发出来。在我看来，这是中国未来第二个重大的机会，也是第二个重大的挑战。

第三个问题：品质问题，是我们最大的机会

我们的进口为什么这么猛？现在增长最快的是，从全世界弄货，然后卖给中国人，当然有人民币汇率升值、购买力提升的原因，但更重要的是我们的产品质量，粗看差不多，细看差一截。

我们的竞争，很大程度上还是价格竞争，没有往品质竞争这个方向逼的力量。当然，现在开始有好的苗头，华为公司最新的这款手机评价是很好的，拿这个尺度再看 5 年，我看苹果够呛。小米现在有一些东西做得很好，信奉的是学同仁堂这个 400 年老店，就是品质好。这种企业家开始有了，但是不够多。

华为现在主要收入来自全球，主要利润来自境外，不是靠低价，而是靠品质、靠想法，这是中国面临的一个巨大的机会。中国的很多产能，其实是不够的。我们现在过剩的很多东西，是品质不够好的，差那么一点点的，某种程度上真是对不起我们的消费者。

我们现在就是低品质、高速度，还破坏环境。我们的产品和服务的品质不够好，因为我们没有品质意识。德国人做任何东西都精益求精，日本人也是。我们还是悠久的农业文明的特点，大而化之，差不多就行了，这里头有大问题，也有大机会。如果这个品质意识提高一点点，不一定是高速度，但会是高品质的经济增长。这是我们面临的第三个大问题。当品质提高到一定程度，创新的问题就重要了。

创新，首先要从教育做起。创新，首先是想法的创新，中国这么多人为什么没有想法呢？我们的教育要好好反省。我自己在这个领域工作，我们以应试为重心的教育方式，如果不从现在就开始认真改，会把很多天才的想法扼杀掉。

我最近研究城市，去了爱丁堡（当年英国启蒙革命的所在地、经验主义的发源地）。你看这个苏格兰，那真叫穷山恶水，17 世纪之前那个地方很野蛮，就是几个脑袋改变了这个地方。亚当·斯密的老师从爱尔兰，把大陆的一些新想法带到了苏格兰，当地的市长、商人愿意用一些钱支持思想活动，就是这么一个条件。

当时爱丁堡 5 万人，整个苏格兰 100 万人，7.7 万平方公里，比我们今天的重庆市还要小，产生了多少东西！产生了多少思想家、创造家、发明家！我们熟悉的亚当·斯密在爱丁堡，机器革命、产业革命在爱丁堡。青霉素是爱丁堡人发明的，要是没有它，全人类的期望寿命值怎么会提高到今天的水平。取款机来自爱丁堡，指纹识别来自苏格兰人，大家都爱的高尔夫球也是苏格兰人发明的，听说是放羊的时候发明的。

我去了以后，感触很深。我们这么多的地方，为什么不能形成“产生创意”的地方？让创意层出不穷，这是更大的一个挑战，这个挑战做好了，我们的人才就没有问题了。

第四个问题：政商关系，是最重大的挑战

在我看来，政商关系是最重大的挑战。

你看这一波反腐，老百姓评价挺好的，我个人评价也是挺好的。可是，处理好政商关系真正要做的不是抓几个人，挽救几个人，要变成一套体制、一种文化，谈何容易！

你看现在，一个官出问题，一批企业家跟着出问题；一批企业家出问题，一批官员也出问题。其实，这些官员和企业家我们都认识，也不是都没有做过好事情，是体制错了、文化错了、氛围错了、风气错了。一个接一个就掉进去了，可是什么时候能够把这个东西放到一个恰当的位置上来呢？无数人讨论市场应该干什么，政府应该干什么，我的看法是：政府和市场不是两个东西，是一个东西。

问题就在，市场当中的政府，权力的边界怎么划，这对我们这个拥有几千年悠久文明的国家是很大的挑战。政府太弱是不行的，怎么来处理纠纷？谁都不听他的，他发个房产证你也可以作废，东到哪儿、西到哪儿，大家可以改，政府要这样，这个市场就垮了。政府要非常强才行，可是政府真要很强，谁管得了政府呢？这就是

市场里政府的麻烦，你怎么通过一套程序让政府非常强，同时又在轨道上运行，这个问题我们几千年来都没有解决得很好，两头摆。我们没有找到一个“既发挥政府的作用，同时又让这个权力不出轨”的边界。

中国为什么创新不足、产品质量不足？以我的观察，我们的企业家很多时间、精力没有放在产品上，没有放在技术上，没有放在市场上，过多的精力放在官场上。问题是，你不放在上头还真不行，你不放，你的对手放，你就要输。这是一场“每个人都不想要，但每个人都陷进去”的游戏。

党的十八大以后提出这个问题，中国人在这个关键问题上能不能往前走一步。有效的国家，同时受监督，有效的权力，同时受制衡，权力在笼子里头，不能放在笼子外头想咬谁咬谁，要有规矩，要有法治，这个问题讲起来很抽象，但跟我们所有的日常活动息息相关。

中国发展的潜力是巨大的，当然，每个人都可以开出一些问题的单子来，我开出的单子就是四个方面：

第一，中国在全球怎么定位？发展了 30 年，开放了 30 年，两个海平面变成了三个海平面、四个海平面，我们怎么定位？受其利，防其害。

第二，我们在空间资源、城市化、密度集聚等方面有巨大的潜力。

第三，我们产品质量的提高和科技创新有很大潜力。我们有过悠久的古代文明，跟欧洲一样，有过灿烂的古代文化，但是，我们跟欧洲比缺三个东西，没有文艺复兴，没有科学革命，没有近代启蒙运动，然后国家不行了。我们现在的社会风气也是有问题的，我们最了不得的是歌星，不是科学家。今天，科学家斗不斗得过歌星，卖张票就知道了，差太多了。

最后一条，就是我们的官民关系。市场发展少不了国家权力，没有这个中间第三方服务，市场的产权基础、市场的秩序、市场的竞争都是空想，完全不要政府的市场是空想的。可是，你让政府来，他弱了不管用，强了你吃不消。必须要承认，我们取得成就的同时也有巨大的问题，而这些问题如果好好解决，它是有可能构造我们的未来的。

好的发展前景取决于我们的行动

最后，我再讲讲这个新常态。我仔细读了习近平总书记的讲话，他讲"要适应新常态"。新常态是金融危机之后美国投资银行家先提的，意思是别急急忙忙以为可以回去，回不去了，就是零左右的增长。其实，这个估计到目前为止被证明是错的，美国现在都是3%~4%的增长，就业不太好，但是经济增长不错，为什么？两个海平面的效果。哪家公司真按当年0~1%的增长来做投资布局的话，会输得一塌糊涂。

习近平总书记讲的是"适应新常态"，是把心态先调过来。你这么调过来以后，将来什么叫新常态？我的看法是：新常态不取决于经济学家的预测，我们现在说将来增长率是4%、5%、6%、7%、8%，取决于行为，取决于我们的企业家怎么行动，取决于我们的政府怎么行动。今天做什么选择、做什么行动，就有什么样的未来。

从前景看，中国还有一个可能很好的发展前景，因为这个全球化的大势能没有完全释放，但是面对的挑战是非常严峻的。

最后我的结论是：这些都取决于我们的行动。

（本文原载于《经济观察报》）

未来30年，充满着不确定性

孙立平（清华大学社会学系教授）

中国改革开放已经过去30多年了，我认为，现在正处在一个关键时期，它意味着上一个时代的结束、新时代的开始。为什么这么说呢？

在党的十八大之前，大家也会对改革有所困惑，这个困惑就是：改革，还是不改革？每一届领导人上来，大家都在猜这个问题，经过一段时间，大家也都有了大概的答案。这就是原来所困惑的问题。

但是这一次明显不一样了，领导人做的第一件事就是表明态度：要改革。专门召开最高级别的中央全会，讨论通过了《中共中央关于全面深化改革若干重大问题的决定》。好了，老的困惑没有了，但是问号好像没有减少，而是越来越多了。

现在最大的困惑是什么呢？是新的改革会向哪里去的问题。

过去30多年我们是怎么走过来的呢？改革不外乎说：我们从一个起点，走向一个终点，起点是旧体制，终点是新体制，改革就是从旧体制走向新体制的过程。这样的改革会有什么结果呢？一开始我们的判断不外乎有两个：成功，或者失败。

但是我们想得简单了，过去30多年的改革，出现了第三个结果。它既没有到达终点获得成功，也没有遭遇失败又回到起点，而是停在中间不动了，而且有人把这种中间状态，我们曾经称为“过渡阶段”的状态，当作一个稳定的体制保留下来。

过去 30 多年改革开放的历史，可以分成两个阶段，中间有一个转折点，这个转折点就发生在 20 世纪 80 年代末 90 年代初。前面这十几年的时间，可以说是一个真正改革开放的时期，一个改革旧体制、走向新体制的时期。

后面这十几年呢，明显变化了，虽然在领导人的讲话中、文件中，改革还是一个经常提起的词汇，但是实际上的改革措施越来越少了，在事实上把中间过渡状态当成了一个相对稳定的体制，这个体制，就是权力和市场紧密结合在一起的体制。

所谓“权钱结合”，就是发生在这个时期。从这个时候开始，我们发现社会风气变得不一样了，越来越沉闷，有点越来越死气沉沉的感觉。甚至也就是在这个时期，好事都办成了坏事，比如说奥运会成功举办了，后来却给中国留下一个一天紧似一天的维稳体制；金融危机了，政府拉动内需变成了全面干预经济。

这样就形成了一个僵局，历史就像一辆车，既不往前走，也不后退，而是停在那里不动了，成了一段没有历史的时期。党的十八大之后最大的变化是什么？就是有人下车，开始鼓捣它了，收拾了半天，一拧钥匙，轰的一声，还真的发动起来。

这辆已经发动的车是要往前走，还是向后退，现在还不知道，但是不管怎么说，历史又重新开始了。

现在再谈中国的改革，其实是和过去不一样了，如果未来要改，它一定是一场“新”的改革。

为什么一定要强调“新”呢？过去 30 多年，我们要改革的是中华人民共和国成立几十年所形成的一个旧体制，经过 30 多年的改革，这个旧体制实际上还没有改完，新的所谓的稳定的“过渡体制”又产生了，所以下一轮改革，要面对的其实是两个体制：没改完的旧体制，再加上新情况。这就出现了新弊端——经过30多年的演练，新的权贵阶层和市场经济已经紧密地结合在一起。

大家都知道，西方有所谓的左派和右派，一方是强调市场的弊端，要求增强政府的权力；另一方是强调市场的优势，削弱政府的权力。看上去，市场和权力是两个水火不容的人，谁和谁都能结婚，就是他俩不能结婚，实在是不能在一起过日子。

中国的新弊端——权贵阶层就不是这样，它就是市场和权力结婚的结果。中国的左派和右派为此吵得不可开交，这个说你家丈夫人不错，怎么找了这么个坏老婆；另外一方说，老婆是好老婆，丈夫是个坏蛋。殊不知人家小两口过得和和美美呢，根本不管他们吵的是什么。

其实过去30多年来，中国经济最重要的机会和资源，都在权力和市场结合的部分产生，是和权贵阶层密切联系在一起的。很多民营企业说最近这些年机会不多，钱不好赚了，是有其内在背景的。

权贵阶层刚形成的时期，它是不太自信的，有些东西它也确实做不了，就要外包出去，在市场环境下完成，结果就是两类人发了财，一类是胆子大的，另一类是有专业技术的。他们有能力也有胆量把这些事接过来，获得了机会。后来就不一样了，权贵阶层开始变得越来越自信，原来他不敢做、也不能做的，变得敢做也能做了，不需要外包出去了，亲戚、朋友都开始具备了这样的能力，从此权力和市场就越发紧密地结合在一起。

所以对他们来说，这些年是中国五千年历史中最好的时期，要风得风、要雨得雨，权力做不了的放在市场里做，市场里没法完成的，权力又可以介入，积累起来的资产还可以转移到国外，历史上哪有这么好的时期?

权贵像一堵墙一样挡在改革面前，而且根深蒂固，要想启动

“新”的改革，首先要有触动、突破权贵的手段，推动社会继续向前，这堵墙只能打开、穿越，根本绕不过去。最近大家谈得最多的是反腐败，我个人的看法是，“反腐”是撬动这堵墙的唯一办法，但是“反腐”也要转向下一步，就是对权贵阶层形成系统性的遏制。

下一步是什么，法治是可以考虑推进的道路，有人质疑这件事，说可能吗？他们真的愿意往这个方向走吗？医生真的可以给自己动手术吗？我觉得看问题不要看得太死。

历史上由统治者来推动的改革是存在的，我还保留一丝希望，当下能够推动中国社会变化的，我觉得可能还不是老百姓，更现实的力量其实是掌权者，或者说，他们可以发挥更大的作用。

反腐进行到现在，已经突破了这样一个底线：退休就是安全着陆，现在看来是不可能了，退休也没有用。其实不仅是权贵阶层，权势者的各个层面，都是没有安全感的，有追求的也在为自己找一条好的出路，他们不仅要推动社会进步，也要考虑对自己未来的安排，这条路也是没有退路的，从这个角度看，我觉得是有机会发生奇迹的。

所以我有这样一个判断，我们正处在“新的 30 年”的开端，未来 30 年是好是坏，现在谁也不能确定，唯一可以确定的是，不管是好是坏，都和过去的 30 年很不一样了，所以我们也要有新的眼光、新的思维。

我们过去总说 60 年一个轮回，但是大家看看近代史，反而是 30 年一个阶段，这其实是一个很有意思的现象：1911 年辛亥革命到 1949 年中华人民共和国建立，38 年的时间；然后是“文革”前 17 年，加上“文革”共 27 年；改革开放到现在，又是 30 多年过去了。

未来的 30 年，充满着不确定性，如果把过去 30 年叫作改革开放的 30 年，未来的 30 年很可能是转型的 30 年。过去的 30 年基本上是一个自上而下的社会变革过程，未来 30 年，是各种社会力量交织在一起，最后促进一场社会变革的过程。

现在也有很多人正在担心，觉得现在的领导人的权力越来越大，甚至有人说正在形成一种新的集权主义，但是我要说，无论形成的是什么东西，未来的 30 年将是各种社会力量博弈、最后决定这个社会走向的 30 年。

（本文系作者在大午集团创业三十周年纪念庆典上的演讲）

哪些束缚改革的“红线”应该松绑？

管清友（民生证券研究院执行院长、首席宏观研究员）

旧常态之下，中国的改革是让市场发挥“基础性作用”，政府通过设定各种各样的“红线”来约束市场，决定资源配置。未来新常态之下，中国的改革需要让场发挥“决定性作用”，很多政府在旧常态下设定的“红线”已经无法适应新常态的要求，如果不尽快调整或废除，将会束缚改革的手脚。

对资本市场来说，这些红线可以视作观察改革和未来市场走势的关键窗口，如果红线松绑甚至废除，则意味着经济增长内生动力的增强和增长质量的提升，对资本市场将是利好，符合改革和转型方向的“新经济”最为受益。而如果红线迟迟不松绑，则意味着经济增长仍拘泥于传统的政府主导模式，改革和转型的进度将相对滞后，对资本市场来说将成为束缚牛市的镣铐。

经济增速红线：7.5%

一个经济体的发展就像一个人的成长。青春期（经济起飞期）一个劲儿地蹿个儿（潜在增速提升），很多时候营养跟不上（有效需求不足），尤其是气温骤降时（金融危机），必须吃点补品（财政货币扩张），有时甚至需要打激素（4 万亿元）。但是，一旦步入成年，个头不可能再一直长下去，如果还一味地奢望长大个儿，强行打激素，不仅没法长个儿，还会造成虚胖（滞胀）或者高危体质（产能过剩和债务风险）。

对于中国经济来说，现在就处于从青春期向成年期过渡的关键时期。随着内部人口红利和外部全球化红利的消退，经济增速不可能一直保持高速增长，向中高速换挡实属必然。如果过于强调增长速度的"红线"，再去持续搞刺激政策，不仅无法重回过去的高增长，反而会妨碍结构调整，让经济增长的质量越来越差。

原因在于刺激政策仍是一种政府主导的非市场化行为，会扭曲资源配置。一方面，刺激会延缓市场的自然出清和去杠杆化。而企业盈利能力的恢复必须以市场出清、去产能化、债务消化为前提，否则企业的自由现金流就会一步步被债务黑洞吞噬，无法形成可持续的盈利。另一方面，刺激政策往往以公共和国有部门为载体，导致金融资源向其倾斜，对私营部门产生"挤出效应"，造成"国进民退"，不利于结构转型。

"破旧"才能"立新"，政策应该顺势而为，从追求增长速度向提高增长质量转变，尽快破除年增长率 7.5% 的增长红线，制定更具弹性的增长目标。

存贷比红线：75%

存贷比是旧常态下的特殊产物，在新常态之下，已经不适合银行合理放贷、支持实体经济的需求。

首先，国际收支双顺差出现趋势性逆转，存款增长失去重要源头。过去 10 年，经常账户和资本账户双顺差之下，为稳定人民币汇率，央行被迫将投放外汇占款作为基础货币的主要渠道。外汇占款成为金融机构改善存贷比指标的关键因素，存贷比监管对金融机构过度投放信贷有约束作用。

世易时移，伴随着资本账户的开放，中国人口红利出现拐点，储蓄、投资差距收窄以及全球流动性盛宴终结等因素的发酵，双顺差格局正出现趋势性逆转，外汇占款对存款增长的贡献度也在减弱。在此背景之下，存贷比监管将限制银行的合理信贷投放。

其次，利率市场化加速推进，金融机构的一般性存款转化为同业存款，存贷比考核制约表内信贷正常增长。近年来，银行理财、货币基金等金融创新快速发展，深刻地改变了居民金融资产配置行为。但存贷比考核分母对应的是一般性存款，并不包括货币基金对应的非存款类金融机构同业存款，这导致分母被严重低估，无谓地加大了存贷比对信贷投放的限制。

第三，存贷比考核制造了非标等影子银行业务，放大了金融风险，抬高了全社会融资成本。国有企业和地方政府对利率不敏感，又因为稳增长的要求产生了旺盛的融资需求，不得不通过信托、券商资管等通道业务绕过存贷比监管，融资链条被人为拉长，不利于监管部门有效地控制资金流向，加剧了潜在的金融风险。此外，融资链条拉长使得全社会融资成本出现明显上升，民营企业融资难问题愈加严峻，信贷市场出现明显错配，经济结构进一步恶化。

耕地红线：18 亿亩

土地问题牵一发而动全身，其中最重要的“一发”就是“18 亿亩耕地红线”。18 亿亩红线在旧常态之下有其合理性。从 20 世纪末到 21 世纪初，中国的耕地面积、粮食总产量和人均粮食产量持续下滑，耕地面积从 1998 年的 19.45 亿亩下降到 2003 年的 18.51 亿亩，粮食总产量从 1998 年的 5.12 亿吨下降到 2003 年的 4.31 亿吨，人均粮食年产量从1998年的410公斤下降到2003年的333公斤。

民以食为天，出于粮食安全的考虑，中央开始严厉打击土地违法违规使用行为。2006年，“十一五”规划首次明确提出，“18亿亩耕地是未来五年一个具有法律效力的约束性指标，是不可逾越的一道红线”。2008年8月，《全国土地利用总体规划纲要（2006—2020年）》重申要坚守18亿亩耕地红线，并提出到2010年和2020年，全国耕地应分别保持在18.18亿亩和18.05亿亩。

新常态之下，18亿亩红线的局限性日益突出。首先，满足粮食需求的关键不在于耕地的数量，而在于粮食的数量。2001—2012年，尽管耕地面积下降了4.75%，中国人口增长6.09%，但由于粮食单产增长了18.39%，粮食总产量增长了30.25%，依旧保障了粮食安全。按照原有技术条件计算耕地红线显然不合理。

其次，中国目前正处于加速城镇化的阶段，而由于18亿亩耕地的红线要求过高，导致许多可以合理开发的土地无法形成有效供给，间接推高了土地价格，造成了诸如土地财政、强制拆迁、房价畸高等一系列乱象。

混合所有制红线：50%

混合所有制改革是新一轮国企改革的核心，而混合所有制的成败则取决于能否让公有资本和非公有资本真正平等。只有切实保障两者同样“不可侵犯”的地位，抹掉公有资本的行政化色彩、发挥非公有资本的市场化力量，才能真正提升国企经营效率。这一点在“管人管事管资产”的旧常态之下并没有完全落到实处。在相当多的情况下，公有资本不仅在控股比例上死守50%的红线，而且还在实际的经营中发挥了超过“50%”的力量，而与之“混合”的非公有资本并没有享受到与出资比例相对应的发言权。

新常态之下，国有资产管理体制要从“管人管事管资产”向“管资本为主”过渡，核心就是扭转公有资本与非公有资本的不平等地位。对于大部分可以市场化经营的竞争性领域，国有资本完全没有必要死守主导地位，可以让社会资本发挥更大力量。对于事关国民经济命脉、适合公有制为主导的垄断性领域，国有资本也没有必要死守 50%的绝对控股地位，可以借鉴黄金股等国际经验，在保留公有资本一票否决权的基础上充分发挥市场化力量。

汇率波动的红线：±2%

中国目前的汇率制度是“有管理”的浮动汇率制，政府管理的手段有两种，一种是“量”，即直接进行外汇干预，另一种是“价”，即设定中间价以及围绕中间价的波动区间。汇率波动区间的管理实际上与浮动汇率制的自动调节机制相矛盾，但在中国持续面临资本流入和人民币单边升值压力的旧常态之下，限定汇率波动区间有助于缓解人民币升值压力、避免国内流动性被动宽松，有一定的合理性。

新常态之下，随着双顺差逐步收窄，人民币单边升值压力明显缓解，汇率完全可以在市场决定下实现双向浮动。此外，在当前改革转型的背景下，货币政策应该尽量加强独立性，服务于国内的政策目标，而不是受困于汇率波动的红线而一味对冲外资波动，丧失货币政策的独立性。有人担心放宽汇率波动区间后可能会引发资本外逃，但实际上，中国并没有完全实现资本自由流动，而且拥有高外储、高增长、低外债等防火墙，不应因此束缚汇率市场化改革的手脚。

（本文原载于新浪财经）

中国人为何收入差距这么大?

厉以宁（北京大学光华管理学院名誉院长）

中等收入陷阱

中等收入陷阱是2006年由世界银行提出的。主要意思是讲，一些发展中国家当人均GDP达到4000~5000美元的时候，往往就徘徊不前了，这就叫掉入了中等收入陷阱。

世界银行所举的例子中包括一些拉丁美洲国家，也包括一些东南亚国家。它们之所以掉入中等收入陷阱，经济停滞不前，主要是因为改革不彻底。改革不彻底主要反映在国内收入两极分化，贫富差距越来越大。在贫富差距扩大的基础上，国内发生混乱，进一步改革就更难了。

中国经济学界许多人都认为中国不会落入中等收入陷阱，两个理由是最明显的。第一，因为中国的改革始终没有停止，在继续加快改革。第二，中国在加快调整结构，转变经济发展方式，发展在加快。所以中国不可能落入中等收入陷阱。

收入分配问题

陷入中等收入陷阱的一些国家在收入分配上出现了问题，那中国现在不是也有收入分配的问题吗，我们怎么来解决这个问题呢？中国为什么收入差距会这么大，理由何在？

我们知道，中国有一个问题没有很好地解决，就是产权的改革。原来计划体制有两个重要支柱，一个支柱是国有经济、国有企业，第二个支柱是城乡二元体。

现在讲中国的贫困问题，其中最大的问题就是农民没有产权。在农村虽然农民有承包土地，但这个土地他没有经营权，是集体经营权，农民个人没有。农民有一个可以盖房子的宅基地，但他没有权证。农民盖房子也没有产权，这个和城里人是不一样的。城里人祖传的房子有产权，新购买的商品房有产权，但是农村没有。

另一个问题是，国有企业虽然做了一些改革，但是最大的问题没有解决，就是企业没有自主经营权。所以中国的改革目标是让农民有产权，让国有企业真正成为市场经济的主体。

农村的确权

不久前，我带了全国政协的调查组在浙江嘉兴市进行调查，那里土地确权工作刚刚完成。

什么叫作土地确权呢？简单地归纳叫作三权三证。三权是：农民承包土地的经营权、农民宅基地的使用权、农民在宅基地之上自建住房的房产权；三证是：农民承包土地经营权证、农民宅基地使用权证、农民在宅基地之上自建住房的房产证。

三权三证确认完，土地就给了农民，农民之所以兴高采烈是因为放心了，今后再也没有人未经我的同意敢把我的土地给圈占了。我盖的房子不能拆掉，因为你侵犯我的产权了。所以农民的积极性很高，加大投资改良自己的承包地，大力发展种植业、养殖业。

农民把旧房子拆掉了，盖的都是四层的高楼。为什么盖四层，你住得下吗？农民说，我家里住两层就够了，其他的租给外来和本村的人。这样农民的收入就增加了。农民还可以把自己的土地转包出去，自己到城里做工。

根据嘉兴市的统计资料，在土地确权以前，城市人均收入和农村人均收入是3.1∶1，确权完以后是1.9∶1，农民收入大大提高。农民说，我们收入增加了，收入怎么增加的呢？第一，土地确权后，我安心在农村工作，发展种植业、养殖业。第二，我可以放心到外面打工，把土地租给别人收地租，然后再在城里找一份工作。还有房子盖大了出租一部分，每月都有房租收入，所以农民就不再贫穷了。

现在中国土地确权工作正在试点阶段，5年内将完成全国土地的确权，农民会富裕起来，到时中国将会以全新的面貌出现。

两种户口制度合二为一

中国从1958年开始实行两种户口制度，城镇的叫城市户口，农村的叫农村户口。这两种户口制度，使农民不知不觉地降到了“二等公民”的位置。两种户口是不能互相迁移的，农民进城做工，但是身份不变。所以中国近30年出现了“农民工”。大家可能奇怪，农民就是农民，怎么又是工人。这个就是中国两种户口制度下的现实状况。中国农民工大概有2亿多进城的，他们本人还是农民，职业是工人。他们的妻子、孩子带到了大城市，但是他们不能和城市融在一起，小孩上小学进不了学校，只有另外办农民工子弟学校，看病也不能享受和城市一样的保障待遇，所以它是不公平的。

问题是在上海首先爆发出来的，因为上海发展工业这么多年，工人来自周围或远地的农村，他们渐渐成为上海重要的技术骨干。上海这些技术工人都是农民工，这么多年不能融入上海社会，他们就不安了。浙江和江苏两省紧挨着上海，正在发展重工业，需要技术力量就到上海去挖人，跟他们许愿，你到我这里来马上全家转为城市户口，于是上海技术工人动摇了，这就给上海造成了很大压力。上海是个工业制造业很发达的大城市，不能让这些农民工技术骨干全走了。上海急得想办法找对策。什么办法呢，就是积分制。比如你的学历折成多少分，你的工龄折成多少分，荣誉奖状加多少分，技术贡献加多少分。你的分数加到一定数目，够了就转为上海户口，还差一点就安慰他，不要走，再等两天就够了。这样大部分的技术骨干就稳定在上海。

除了大城市采取积分制以外，还有广大的中小城市怎么办呢？还有些农村里的农民，他愿意进城的，他的户口怎么办？这就是采取分区推进的方式。什么叫分区推进呢？主要是根据各地的情况，农民现在在建设新农村，房子开始盖了，农民比较舒适，但是有四个方面还欠缺：第一，他新盖的房子周围应该是有园林的，光几栋楼不行，要园林化；第二，绿色经济化，要低碳；第三，公共服务到位；第四，城乡社会保障一体化。做到了这四点以后，成熟一个区改一个区，全改。也就是说，大城市采取积分制，中小城市和农村采取分区推进制，在 2020 年以前，把全国的户口变成一种户口。那个时候大家都凭身份证，就不再有城市和农村户口的区分了。这场改革将使中国的城市和农村完全以新的面貌出现。

农村前景展望

现在问一个问题，将来谁种田呢？不要着急，大有人在。中国现在土地确权，农民逐渐变成城市户口了，但是农业仍然会有人做的。首先，家庭农场主是一个新的提法，过去只有西欧、美国提到，中国现在第一次提出大力培育家庭农场主。农场主是要有一定资格的，农民把地租给农场主来种才放心。农民不再是一种身份而是一种职业，逐渐走规模经济的道路。其次是农业合作社，中国正在大力发展，由农民自下而上自愿组成合作社，成为致富的手段。最后，农业企业带资本下乡，带技术下乡，主要是可以租农民的土地，但是不改变土地使用的性质，就是原来是耕地，不能租来以后建房地产。

我举一个南方的例子、一个北方的例子，都是实地考察的例子。北方以山东烟台市龙口市的南山集团为例。南山集团是个大集团，它跟农民谈好了，农民全把土地入股到南山集团去，南山集团把农村的劳动力全组织起来，大量盖农民的宿舍，一家一栋，根据各人长处分配工作。有的在工厂做工，有的种葡萄，有的种蔬菜。这样的话农民就拥有一个新的南山集团的工人身份。当然，在这里他可以有自己的房子，有工资收入，有入股的收入和出租房子的收入。这是一种农业企业带资本、技术下乡的例子。

举一个南方的例子。我们带队在广东省湛江市徐闻县考察，那个地方很干旱，粮食产量很低，农民都很穷。企业就下乡跟他们谈，你一年能收多少钱？几百块。不用种地，你把土地租给我，我每年每月每亩地按多少租金付给你，你愿意出去打工就打工，你不愿意出去打工就在我企业中当一名合同工，每月发工资给你。企业就大量投资，推广国外引进的新品种，种的是菠萝。所以你到徐闻县去看，万亩地全是菠萝，因为它的气候适合，而且徐闻县的菠萝产量现在已经占到全国菠萝总产量的 1/3。企业竖了一块大牌子，连地名都改了，这块地叫“菠萝地海”。

国有企业改革

刚才费了很大的篇幅讲农村的问题，因为中国收入差别的缩小，主要看农民的收入是不是提高。国有企业改革的重要性和农业改革是一样的。

国有企业主要进行两个层次的改革，即高层次的国有资本体制的改革，和低层次的国有企业体制的改革。国资委不直接接管企业，而是下设公司，管理国有资本的配置。目的是将国有资本用活，产生更大的效益，提高资本利用效率。企业体制着重建立健全法人治理结构。董事会选出董事长，监事会要起作用，总经理从社会公开招聘。要真正做到国有企业和民营企业资本既有竞争也有合作，就要实行混合所有制，让企业真正成为自主经营的市场主体，目标是国有企业和民营企业的共赢。

《水浒传》中的经济问题

《水浒传》里，晁盖掠劫来的财产并不是寨中的每个人平均分配，而是分成两袋，众喽啰们分一袋，头头们分一袋。以前人们以为吃大锅饭就是平等了，实际并不是。人们分成大众、中众、小众和特众，不同的人吃不同锅里的饭。所以说平均主义并不是真能实现的。

《水浒传》里还有一个故事，和国有经济体制改革有关。林冲犯罪被发配到河北沧州，途中经过了富豪的庄上。富豪听说过林冲的大名，希望好好招待他，庄上另外一个武教头心里不高兴，提出比武。林冲起先不愿意，后听富豪说与洪教头并无交情才答应下来。打了一会儿后林冲认输，说自己是犯人，身上有枷锁，没办法打赢。庄主令人卸下林冲身上的枷锁，林冲几拳就打败了洪教头，令他羞惭而去。这个故事告诉我们，国有企业和民营企业的改革就是要简政放权，去掉它们的枷锁，让它们施展武艺。减少审批，只管该管的事情。可以预见，无论国有企业还是民营企业，都会有长足的发展。

（本文原载于一财网）

第四章

丧失人口红利，中国经济如何保持增长？

中国在丧失其支撑长期高速增长的人口红利以后，靠什么保持可持续的经济增长呢？转变经济发展方式，意味着中国经济越来越依靠全要素生产率的提高以保持长期增长。在成为这样的成熟经济体之前，或者在迈向高收入国家行列之前，中国将向深化改革要动力，或者说通过改革获得制度红利。

丧失人口红利，中国经济如何保持增长？

蔡昉（中国社会科学院人口与劳动经济研究所所长）

全世界无论是发达国家，还是发展中国家，或者新兴市场经济国家，都十分关心中国经济增长的可持续性，也热切关注中国经济发展方式的转变。如果直截了当地回答这些关注，我认为可以从中国进入第十二个五年规划之后出现的两个显著变化谈起。第一个重要的变化是，中国经济从 2012 年开始，不再保持甚至显著低于过去多年高达两位数的增长速度。与此相关的第二个重要变化则是，中国转变经济发展方式的进程已经加快并将继续加速。

转变经济发展方式的要求，早在 1990 年年中“九五”计划就提出来了，虽然具体的表达方式随后发生了多次变化。但是，在“九五”期间乃至“十五”期间，发展方式转变的效果并不明显，在“十一五”期间传统的发展方式甚至有所加强，形成了经济发展不平衡、不协调和不可持续的痼疾。在某种程度上，为了应对 2008—2009 年世界金融危机，中国出台了规模高达 4 万亿元的刺激措施，强化了经济增长对投资的依赖程度，客观上延误了发展方式转变的步伐，这在特殊的世界经济形势下，为了保持中国经济稳定，有其不得已而为之的性质。

然而，在国际经济界为中国经济的减速而担忧的时候，我们却应该看到，加快转变经济发展方式的条件越来越臻于成熟了。在中国，经济发展方式转变包含三项任务：从供给方来讲，是指从投入驱动型的经济增长模式转向生产率驱动型的经济增长模式；从需求方来讲，是指从过度依赖出口需求和投资需求的增长模式转向更多依靠居民消费拉动的经济增长模式；从产业结构角度，则是指从制造业比重过高转向服务业更快发展的增长模式。这几个方面都有了比较明显的进步，但是，实现根本转变仍然任重道远。

我将集中阐述三个与此相关的问题：第一，经济发展阶段与经济发展方式的关系，即发展阶段的变化如何推动发展方式转变的条件趋于成熟；第二，中国经济发展阶段发生了怎样的变化，其主要的表现和最重要的后果是什么；第三，面对变化了的发展阶段及其带来的新挑战，中国经济如何实现长期可持续增长。

人口红利的消失

为什么在提出转变经济发展方式之后，很长时间里效果并不明显？原因是，在人口红利仍然存在的发展阶段，驱动经济增长的传统动力仍然强劲，尚能够支撑较高的增长速度，所以，在一定时期内，转变经济发展方式的挑战还不是最关键的。过去30多年的高速增长，我们得益于优越的人口条件，获得了所谓的“人口红利”。劳动年龄人口不断增长、劳动力供给充足对经济增长做出了很大贡献，再加上中国通过普及九年制义务教育、高等教育扩招等办法提高了劳动力的受教育程度，因此人力资本也对经济增长做出了贡献。这固然是人口红利的表现，但还不是全部。

当然，中国的经济增长主要还是靠资本积累，其对经济增长的贡献比重达60%~70%。从经济学角度分析，人口因素也为物质资本积累创造了有利的条件。中国能否通过资本积累来促进经济的持续增长主要依赖两点：第一，能否实现高储蓄率并把经济增长中的剩余资本积累起来变成投资，变成真正的资本。如果社会负担重，上养老下抚小，这部分资本剩余比率就会很低。反之，中国长期人口抚养比呈下降趋势，负担轻，所以成就了中国几十年来全世界最高的储蓄率。第二，投资能否带来回报决定了高储蓄率能否转化为实际资本投资。西方国家资本富余，但为什么没有保持高速增长？因为虽然资本充裕，但如果劳动力短缺，即使不断投入资本，报酬还是递减的，不会带来高回报率。所以它们的经济增长都只能靠技术进步、靠生产率的提高。长期以来，中国的劳动力无限供给，不管积累了多少资本都会有对应的劳动力投入，生产要素投入比例合理，不会出现报酬递减现象，所以中国过去资本回报率一直非常高。

此外，促进经济发展的另一个要素是全要素生产率的提高。生产率提高有很大一部分是把劳动力的存量进行重新配置。最典型的是把农村人口从生产率低的部门转向生产率高的部门，即劳动力大规模的地区转移和产业转移，从而提高资源配置效率。可见，几乎整个经济增长过程都与人口密切相关，上述因素相加，就是人口红利。

然而，随着人口转变阶段的变化，这种人口红利终究要式微乃至消失。中国在很短的时间内完成了发达国家数百年经历的人口从高生育率到低生育率的转变。至少在过去的20年，中国生育率一直处在2.1的替代水平之下。最近这几年更低，一般认为中国的综合生育率是1.4。这低于世界平均水平（2.6），低于剔除最不发达国家之后的发展中国家平均水平（2.5），也低于发达国家的平均水平（1.6）。也就是说，中国是世界上生育率最低的国家之一。即使考虑到实行了单独二孩政策，生育率充其量也只能提高到1.6左右。这最终必然导致人口结构的变化。2010年，我国第6次人口普查数据一出来，我们就开始分析，结果发现 15~59 岁的劳动年龄人口在 2010 年达到最高峰，之后就下降了，2011 年绝对减少，2012 年一下子减少了 345 万，因此引起了官方的注意。今后将继续减少下去。

人口结构的变化产生了几个重要的影响。首先看到的是劳动力短缺现象。自 2004 年珠江三角州地区发生民工荒以来，劳动力短缺现象愈演愈烈，至今已经形成挥之不去的一个企业经营难题，即招工难。官方调查显示，岗位数与求职人数的比率，到 2013 年第四季度已经达到 1.10，即岗位数超过求职人数。劳动力供求关系的变化必然导致工资上涨。不仅农民工工资在 2004 年以后每年以 12%的实际水平提高，制造业、建筑业以及农业中工资都迅速提高。按照发展经济学的定义，这种现象标志着中国已经跨越了刘易斯拐点。关于我最初做出的这个判断，在中国内外一直都有争论，现在赞成我的人越来越多，不仅因为证据越来越明显，而且因为其政策含义也日益凸显。

潜在增长率的下降

既然以往的经济增长靠的是人口红利，当人口因素发生根本性变化的时候，就必然会导致经济增长的减速。不过，这个经济增长减速，靠传统的外推法是估计不出来的。以往预测经济增长速度时，通常是利用宏观经济计量模型，把过去的数据和可能发生的情况（主要是短期需求因素的冲击）输入模型中进行模拟，得出对预测年份增长率的判断。这个方法未能考虑到经济发展的阶段性变化，从而把必然发生的生产要素供给和生产率提高等因素的变化遗漏在外。所以，判断未来的经济增长趋势，需要估计潜在增长率。在发达经济体，一般将此称作趋势增长率，因为在那些成熟的经济体，不再发生发展阶段的重大变化了。而对中国来说，我们正在经历经济发展阶段的根本性变化，所以，我们不用趋势代替潜力，而需要根据对生产要素供给和生产率提高的判断进行增长能力测算。

我和同事实际测算了中国经济的潜在增长率，即中国过去和将来在各种资源得到最充分配置条件下，按照可能的生产要素供给和生产率提高趋势，所能达到的合理经济增长率。我们知道，经济发展速度要和潜在经济增长率相适应。根据我们的测算，1978—1994年，我国的潜在增长率是每年9.66%，跟实际增长率差不多；1995—2010年，潜在增长率是10.3%。2010年人口红利消失之后，劳动年龄人口绝对减少，中国经济的潜在增长率在“十二五”期间只有7.6%。再往后还会降，也就是说到“十三五”期间，潜在增长率要降到6.2%，这个变化幅度是相当大的。不过，我们应该相信这个结果，是因为它与人口年龄结构恰好经历的剧烈转折是一致的。

知道了潜在增长率的这个估计结果后，不仅能够对中国经济发展阶段做出正确判断，还有助于认识中国的宏观经济形势。过去两年中国GDP实际年增长率皆为7.7%，并不是遭受需求冲击的结果，而是供给方因素变化导致的自然减速。实际增长率与潜在增长率是相符的，因此也没有造成周期性失业现象。由于潜在增长率具有持续下降的趋势，例如，如果其他条件不变，2014年的GDP潜在增长率预计比2013年降低0.4个百分点，2015年比2014年降低0.34个百分点，而“十三五”期间平均将比“十二五”期间下降1.4个百分点，所以，只要在这个幅度内，实际增长率的下降并不是宏观经济的下行压力，而是结构性减速的结果。

怎样认识中国经济减速，或者说怎样判断中国当前的经济形势，决定了政策选择的恰当与否，也就决定了中国经济长期的命运。很多关心经济形势的人会问：“经济增长速度下来了，是不是很危险？”不一定。看经济形势要分长期视角和短期视角。长期就是看潜在增长率：经济的增长能力、劳动力有多少，土地有多少，资本积累可以达到多少，生产率提高和技术进步可以达到多少，这些是相对稳定的，是长期的趋势；短期是看需求形势，因为需求可以短期波动。比如，美国突然发生次贷危机，出现了西方乃至全世界的金融危机，西方国家增长就掉下来了，众多产品没有需求了，这时候我国有多大的潜在供给能力都没有用，因为别人不买你的产品。因此需求是短期的，是周期性的。那么长期和短期因素结合起来就可以分别形成四种情形：强供给和强需求结合成为第一种情形，强供给和弱需求结合成为第二种情形，弱供给和弱需求结合成为第三种情形，弱供给和强需求结合成为第四种情形。

先看第一种情形。所谓强供给，就是潜在增长率很高。与此同时，需求也很高。总体来说，2010 年中国经济就是强供给和强需求的结合。潜在增长率就是这个水平，实际增长率也是这个水平。因为那个时候，我国有人口红利，与此同时，人均收入水平提高，提高了消费内需，要建设基础设施，要增进城镇化，需要大量的投资。加入世贸组织以后，中国的产品走向全世界。这些加起来就形成了非常强劲的需求，无论是投资需求还是消费需求。因此合起来，就形成了 9.8% 的平均增长率，这就是 2010 年之前的常态。

再看第二种情形。在 2010 年之前的经济增长常态中，也有一些特殊的情形。那就是，当实际增长率明显低于潜在增长率的时候，是因为受到了短期需求的冲击，虽然经济的增长能力还在，但是需求受到影响了。例如 20 世纪 90 年代初中国宏观经济的不景气、90 年代末中国遭遇亚洲金融危机的影响，都出现了大规模的失业、下岗现象；2008 年和 2009 年的世界金融危机导致农民工大规模返乡。这几个时期都受到需求短期因素的影响。在这种情况下，中国潜在增长率比较高，而实际增长率下降了，结果大量的生产能力利用不足。资本的利用不足就是资本过剩，劳动力的利用不足就是失业下岗。

还有第三种情况，就是人口红利消失了，潜在增长率降下来了。恰好需求因素也不强，实际的增长率也就降下来了，但这时需求因素不是导致增长率下降的原因，只是与供给方的潜在增长率下降恰好相符了。2012 年和 2013 年我国增长率预期目标都是 7.5%，分别实现了 7.7% 的增长速度，与潜在增长率是相符的，看上去我国的增长速度降下来很多，但是没有发生所担心的失业问题。与以往不同，新一届政府没有出台短期刺激政策，为什么？因为潜在增长率已经降低。潜在增长率低就意味着没有那么多人需要就业岗位，经济增长率不需要“保八”就能够满足他们的就业。到目前为止，我国的实际增长速度和潜在增长率是一致的，所以没有周期性失业现象的发生。

还有第四种情形，是比较糟糕的情形，就是弱供给（潜在增长率下降）与人为刺激出的强需求的结合。中国还没有出现这个结果，但是可以看一看当年的日本。日本在 1990 年失去人口红利之后，朝野上下的主流认识是需求不足导致增长乏力，所以多年实施带有刺激性的货币政策和财政政策，并且把这种政策倾向体现在产业政策和区域政策之中，造成泡沫经济、“僵尸企业”和“僵尸银行”，生产率提高速度缓慢，导致其“失去的二十年”。所谓的“安倍经济学”，由于没有摆脱这个政策误区，拉动需求的政策箭头可以在一时得以落实，但改变潜在增长率的改革措施迟迟不能到位，所以终究挽救不了日本经济。

通过改革获得制度红利

鉴于中国作为世界第二大经济体以及对许多国家经济的影响，

国外政界和经济学界都很关心中国未来将以怎样的速度实现经济增长。是不是中国经济从此一路减速，将其作为世界经济引擎的作用让位于人口更加年轻的经济体，例如“薄荷四国”（奥尼尔按照潜在人口红利挑选的四个值得关注的国家——墨西哥、印度尼西亚、尼日利亚和土耳其）呢？我认为做这样的判断还为时过早。那么，中国在丧失其支撑长期高速增长的人口红利以后，靠什么保持可持续的经济增长呢？转变经济发展方式，意味着中国经济越来越依靠全要素生产率的提高以保持长期增长。在成为这样的成熟经济体之前，或者在迈向高收入国家行列之前，中国将向深化改革要动力，或者说通过改革获得制度红利。

用刺激需求的手段试图超越潜在增长率固然不可取，从供给的角度入手提高潜在增长率却是可行的，而且是势在必行的选择。国际经济学家、观察家和媒体报道对中国的改革有些误解，容易产生对公众和投资者的误导。这类观点认为，中国的改革任务与经济增长速度之间存在一种替代关系，为了推动改革必然要牺牲增长速度。有的媒体上甚至称中国的改革是“抑制增长型”的。诚然，在当前全面改革正在积极推进的同时，中国GDP增长率出现较大的下行趋势，与长期以来10%左右的增长率相比不啻为大幅度降低。不过，中国长期可持续增长，可以通过改革获得新的增长动力和源泉。改革并不必然抑制经济增长，反而应该成为提高潜在增长率的新源泉。外国朋友不要寄希望于大规模的刺激方案，而应该学会适应适度放缓的中国经济增长，更应该从中国经济发展方式转变中抓住自己的投资和贸易机会。

2013年秋季，中国共产党召开了十八届三中全会，部署了全面深化改革的任务。在2020年主要领域改革任务完成之前，中国经济中仍然存在着诸多制度性障碍，制约着劳动力供给潜力的挖掘（如户籍制度）、投资效率的改进（如投融资体制）和全要素生产率的提高（如对中小企业和民营经济的歧视性待遇）。通过推进改革拆除这些制度障碍，可以立竿见影地提高潜在增长率，收获改革红利。例如，我和同事进行的测算表明，如果在2011—2020年，每年把劳动参与率提高一个百分点，可以把潜在增长率提高0.88个百分点，如果每年全要素生产率增长速度提高一个百分点，可以把潜在增长率提高0.99个百分点。而通过生育政策调整把综合生育率提高到接近1.8的水平，则可以在2030年之后显示效果，潜在增长率可以提高大约10%~15%。

2014年国务院总理李克强所做的《政府工作报告》指出，全面深化改革要从群众最期盼的领域和制约经济社会发展最突出的问题改起，旨在破除制约市场主体活力和要素优化配置的障碍。前述能够显著提高潜在增长率的领域，恰好就是这样一些具有优先序、需要实现重点突破的改革领域。例如户籍制度的改革，目标便是通过推动农民工的市民化，建立实现基本公共服务均等化的体制和机制。由于目前农民工就业已经占到城市总就业的35%，这项改革可以大幅度提高农民工的劳动参与率，进而增加整体劳动力供给，提高劳动者的技能，达到延长人口红利的效果。又如，通过发展混合所有制和下放审批权等改革方式，鼓励更多非公有企业进入竞争性行业，通过建立公平竞争和优胜劣汰机制，提高全要素生产率。此外，通过教育体制改革和完善职工培训制度，保持人力资本持续提高，为未来日益加速的产业结构调整准备必要的技能型工人。所有这些领域的改革，无疑都能够创造实实在在的制度红利，显著提高中国近期、中期和长期的潜在增长率。

（本文原载于《文汇报》）

户籍改革释放二次人口红利

邵宇（东方证券首席经济学家）

管他什么城里人、乡下人，从今以后，中国只有市民和公民，这必定是一个伟大时代的开端。2014年7月，国务院印发《关于进一步推进户籍制度改革的意见》（下文称《改革意见》），明确了户籍制度改革的时间表和具体目标，并对改革路径和操作方法做了系统性的顶层设计，这标志着户籍制度的新一轮深度改革开始进入全面实施阶段。

城乡户口，后会无期

建立城乡统一的户口登记制度，取消农业户口与非农业户口性质区分成为《改革意见》中最重要的亮点。城市与农村居民身份标识从此统一，城乡之间的藩篱就此打破。

中国城乡二元分割体制在制度上严重阻碍了城镇化的自然发展，其中首要的障碍是户籍制度，其本质是限制农村人口向城镇转移。在建国初期，为了集中力量进行工业化改造，国家采取农业补贴工业的方式，以极低的粮食价格补贴工业的发展。为了保证粮食的供应，国家通过户籍制度把农民稳定在土地上。然而随着改革开放和市场经济的不断发展，这种身份限制越来越成为城镇化发展的最大阻力之一。它在城乡之间建立起一种基于政治、经济、文化、社会、教育等基础上的全方位不平等，农业人口也因此沦为“二等公民”。

在 1954 年新中国的第一部《中华人民共和国宪法》中，把“迁徙自由”列为公民的一项基本权利。随后 1954—1956 年成为我国历史上户口迁移最频繁的时期，大量的农民进城居住并获得工作。但是，农村人口过度频繁地流出给政府管理和经济秩序带来了巨大的管理问题。因此，在 1955 年后政府先后发布各种政策性文件限制农民进城。1958 年的《中华人民共和国户口登记条例》更是规定：“公民由农村迁往城市，必须持有城市劳动部门的录用证明、学校的录取证明，或者城市户口登记机关的准予迁入证明，向常住地户口登记机关申请办理迁出手续。”1964 年，国务院转批公安部户口迁移相关规定的基本要点时提出两个“严加限制”：对从农村迁往城市、集镇的要严加限制；对从集镇迁往城市的要严加限制。最后，在 1975 年的修宪中，“迁徙自由”被正式删除。此后公安部具体规定了“农转非”的内部控制指标，即每年从农村迁入市镇的“农转非”人数不得超过现有非农业人口的 1.5%。在严格的户籍管理制度下，城市与农村以及城市之间处于一种“隔离”状态。出生在农村的孩子如果想进入城市，只有考学、参军（提干）、招工（或者顶替在城市工作的父辈）、婚嫁等非常有限的几种“鲤鱼跳龙（农）门”的具体途径。

第二次放开农民迁徙自由权利发生在 1984 年。80 年代第 3 个中央 1 号文件《关于一九八四年农村工作的通知》中包含一条不引人注目的通知：“1984 年，各省、自治区、直辖市可选若干集镇进行试点，允许务工、经商、办服务业的农民自理口粮到集镇落户。”尽管户籍制度仍然存在，但是这个通知实质上赋予了农民进城打工的权利，中国的城市化进程由此才开始真正发展，也由此产生了中国特有的“农民工”的概念。90 年代初是第一次农民外出务工的高峰，近十年的外出务工的发展则是又一次农民迁移高峰。农民的迁移成本在一直下降，但是一直无法获得城镇户口的捆绑福利，在制度上仍然是不被重视的群体。正如有学者所言，“中国经济奇迹的终极因素就是两个：圈地运动、农民工。如果没有这两条，就无法想象爆炸性的城市化和世界工厂地位”。这种特殊的城乡二元分割体制牵涉的城镇福利、社会保障和土地利益等，使得捆绑在农业户口上的农民工不得不作为城市的临时公民，“暂住”在自己的国家里，同时为这个国家的经济发展提供廉价的劳力。

《改革意见》的出台意味着在我国实行了半个多世纪的农业和非农业二元户籍管理模式将正式退出历史舞台。户口的统一将带来身份的认同感，也预示着未来的深度城市化将成为一个农民工市民化、农民市民化和市民公民化的过程——这是建立有质量现代社会的前提。

这也是为什么我们更愿意把“新型城镇化”称为“深度城市化”的原因，即新型城镇化必须回归“人口城镇化”。户籍制度改革的关注核心在于关注“半城市化”农民工的市民化：即市民工作生活消费模式、社会福利和公共服务均等化。土地改革的核心理念在于保障农民合法的土地财产收益权，实现城乡土地同权同价。土地和户籍等制度改革将充分盘活劳动、土地、资本、技术四大要素，实现要素自由流动，从而破解二元结构失衡，推动经济社会转型升级。

这一过程不仅仅要清偿历史所亏欠他们（农民和农民工）的债务，还原经济发展的人本导向，还将生成一个更有效率也更具可持续性的资源利用格局和增长模式，在实现现代化生活方式的同时，提供更多人平等的发展机会，逐步消除贫困和两极分化，并培养出一个日益壮大的中产阶层。

分层次推进，减轻改革的内部阻力

统一户籍只是取消制度障碍，开放了要素自由流动的闸门，但外来人口要获得当地城市的公共资源，仍需要通过合理的制度设计来实现有效配置。《改革意见》为此明确了各地因地制宜地实行差别化落户政策。

实现进城农民的身份转换是第一步，更重要的是让新增的城市居民获得均等的城镇基本公共服务。然而，不同城市之间，尤其是规模、级别不同的城市之间，附着在户籍上的养老、医疗、教育、文化、就业等公共服务差别巨大。大量农民落户城市会给当地公共服务造成巨大冲击，对当地原住市民而言，移民的到来显著影响了自己的利益，教育、医疗等资源将会被部分挤占。来自城市内部的阻力也正源于此。以郑州 2001 年户籍改革为例，政策实施一年内共新增人口 15 万。2004 年郑州市政府决定进一步放开，实行按固定住所落户、放开直系亲属投靠的限制。到当年秋季新生入学时，郑州发现市内各学校凭户口入学的儿童暴增，学校人满为患，严重超过承载力上限，给未来几年的财政支出也带了较大压力。而北京市通州区外地家长抗议排外的教育政策以及上海市民反对开放异地高考等事件，无一不凸显了户籍改革的难点与焦点。

我认为，基本公共服务均等化包含三个层次：第一个层次，区域之间相对平衡。“十二五”规划纲要提出，逐步实现不同区域基本公共服务均等化，重点是提高相对落后地区的基本公共服务质量。第二个层次，城乡之间相对平衡，重点是提高农村地区的基本公共服务水平。第三个层次，城镇户籍居民与非城镇户籍居民之间的相对平衡，重点是非城镇户籍居民合理分享当地城镇的基本公共服务。

《改革意见》也明确了不同等级城市的户籍改革路径，全面放开了建制镇和小城市落户限制，基于常住人口规模，对于中等城市、大城市以及特大城市确定了不同的落户政策。分层次推进，有助于减轻改革的内部阻力，同时有助于稳定外来人口的发展预期。

户籍改革是一种反哺，一开始肯定是个分蛋糕的过程，它不大可能完全由市场自发地进行，需要高度的政府主动性强制措施才能操作。推进基本公共服务均等化面临的核心问题，是地方政府的财政负担和城镇户籍居民与非城镇户籍居民的利益分割问题。不同地区、不同级别的地方政府的财政收入差别巨大，其负担的财政支出压力与其收入并不对应，完全取决于当地的经济实力和人口规模。解决问题的关键之一在于中央政府转移支付的机制设计，转移支付（还有新增建设用地指标等）应当依据当地的常住人口而非户籍人口规模进行分配，这将在很大程度上缓解地方政府在纯公共财政支出方面的压力，也有利于缓解原住民与新增居民之间的利益冲突。这需要结合财税体制改革配套进行。当然，如何科学地衡量当地常住人口规模需要深入的研究，从而确保公共资源获得合理有效的分配。

《改革意见》同时明确提出，以居住证为载体，建立健全与居住年限等条件挂钩的基本公共服务提供机制。居住证持有人享有与当地户籍人口同等的劳动就业、基本公共教育、基本医疗卫生服务、计划生育服务、公共文化服务、证照办理服务等权利。这是在逐渐弱化户籍的福利属性，推动基本公共服务的全面、均等覆盖。

从另一个层面来说，外来人口要获得当地城市的公共资源，必须通过自身努力实现，像美国的投资移民、技术移民，亦需要证明自身的价值，积分入户应该是一种现实的手段。广东的积分入户政策和上海的居住证改革作为先前的范例，为未来的方案做出了有益的尝试，虽然两者具体条款还有待完善。积分制度的优势，一是适用面广，既能适用于本地农村居民，又能用于外地城乡移民；二是可量化，操作上较公开透明。未来特大城市的积分制度可以通过积分阶梯管理改变原来的“门槛式”管理模式，通过这种模式可以对不同积分阶梯的人提供不同层面的公共服务保障。从阶梯式管理给予的公共服务保障上看，越是基础的权利越应该优先被保障，达到最高要求后，经过一定时间的居住，就可以在特大城市落户，可以享受与当地户籍人口一样的福利待遇。这种模式的好处在于既考虑到城市的承载力问题，又可以兼顾外来人员分享城市公共服务的权利，同时，打分管理类似于西方国家的绿卡制度，能够保持对人才的吸引力。所以，未来相当长的一段时间内，还会有上海人、北京人，大城市人和小城市人，对这种不完美性暂且妥协，也是操作性上的无奈，但只要方向正确，时间最终会解决一切。

整体性改革，不只是换一个户口本

《改革意见》提出，将农业转移人口及其他常住人口纳入社区卫生和计划生育服务体系，提供基本医疗卫生服务；把进城落户农民完全纳入城镇社会保障体系，把他们在农村参加的养老保险和医疗保险规范接入城镇社会保障体系，完善并落实医疗保险关系转移接续办法和异地就医结算办法，整合城乡居民基本医疗保险制度，加快实施统一的城乡医疗救助制度。

我们不可忽略户籍制度改革是复杂和艰难的，改革必将是个系统性的工程，涉及土地改革、财税体制改革、城市规模与布局等。过去十多年来，虽然政府的政策在户籍领域逐步放开，也取得了一定效果，但到当下来看，推进的难度越来越大，瓶颈已经从户籍制度本身扩展到各领域，需要以更大的力度从更高的高度推进全面的改革。

户籍制度改革和基本公共服务均等化，要求地方政府提高基本公共服务的财政支出以满足新增居民的公共需求，包括廉租房建设、基础设施建设、养老金支付、义务教育支出、公共卫生和公共安全支出等。从一个简单而并不十分准确的测算来看，对于政府投资支出而言，市民化本质上还是要解决与户口相关的基本公共服务，主要包括三大块：以城市最低生活保障为基础包括医保在内的社保体系，城市公平教育保障，以经济适用房和廉租房实物或租金补贴为主的政府补贴性住房安排。如果看远点，未来用 20 年时间新增 6 亿市民，平均每年 2500 万，人均投资 8 万~10 万元，一旦成为市民，那么，政府每年的新增城镇化投资将达到 2 万亿元以上。在不考虑自然增长并只计算每年新增一次性支出的前提下，初步匡算如下：城乡低保保障标准一般是城镇居民人均可支配收入的 20% 和农村居民人均纯收入的 25% 以上（数据显示，全年城镇居民人均总收入 26959 元，农村居民人均纯收入 7917 元），全部转为市民后，人均多支出 3400 元，假设入城市户籍后一次性买断 20 年，累计人均支出 7 万元；在教育方面，随着义务教育均衡发展的推进，城乡教育支出差距在缩小，主要是地区间差异较大，初步估算每年用于增加接受农民工随迁子女的城市义务教育阶段学校补充公用经费和改善办学条件等的财政支出约 2000 亿元（约占 2012 年国家财政性教育经费支出 2.2 万亿元的 10%），人均一次性投入 0.8 万元；而医疗方面，城镇居民基本医疗保险和新型农村合作医疗补助标准相同，进行财政转移支付即可，暂不计算新增医院等基础设施建设支出；保障性住房建设方面，按照每年 600 万套的规模计算，财政支出约 3000 亿元，人均一次性支出 1.2 万元，暂不考虑折旧、更新等。如此计算，20 年的新城镇化投资差不多在 40 万亿元的水平。

户籍制度改革的推进必然增大地方政府的资金压力，因此需要通过财税体制改革，促使地方政府的财政收入与财政支出相匹配。首先，必须明确区分中央和地方在推进户籍制度改革中的财政责任。针对不同的公共服务强度，基于我国国情，地方政府应为社会保障和最低生活保障等生活救助项目中补贴部分承担基本责任和地区差异化的责任，而中央政府承担全部各级义务教育责任、大部分基本城乡医疗和养老保障责任。这样，也可以同时解决长期存在的义务教育、医疗、养老在地区之间和城乡之间的不均衡问题。中央要对基本公共服务的内涵和外延做出明确界定，据此重新划分中央和地方责任，使事权和财权处于平衡状态。现在地方收入少、责任重，缺乏激励，富裕地区尚好，而西部地区需要持续性的补贴，因此解决问题的关键在于中央政府进行财政体制改革，重建转移支付的机制设计，建立扁平化的财政层级框架，合理划分中央、省、市（县）三级事权和支出责任，增强地方政府支出责任与财力的匹配度，实现中央和地方的激励相容和区域平衡。

结合土地改革，一方面要切实保障农民的土地财产收益权，另一方面也要结合公共服务均等化，地方政府的土地出让收入一部分用于进城务工农民的社会公共福利提升，而在基础设施建设的资金渠道上要创新投融资方式，不能单纯依赖土地出让收入和土地抵押贷款。可以通过深化投融资体制改革，引入民间资金，创新地方政府融资方式等方法缓解资金压力，促进经济的良性循环。

此外，为了增加地方财力，解决城镇化的资金问题，我们预期未来会开征财产税，包括房地产税和遗产税。随着经济的发展和市场机制的不断完善，作为财产税类主体税种的房地产税的收入或将迅速增加。从长期看，房地产税的推广有助于地方政府缓解城镇化过程中面临的财政支出压力，这也是海外通行的地方政府管理和运营城市的资金的主流来源。

而在国企大力推进混合所有制改革的同时，应强化国资收益的社会保障和财政支撑功能，发挥更多社会性作用。例如，以货币形式存在的国企分红和退出得到的资本应全部划至全国社保管理机构以充实养老基金，再以财务投资形式重新回笼到资本市场进行保值增值，为消化未来国民养老的隐性负债提供支持，即实现国有资本积累成果的全民共享，这一点就类似于资本市场的强制分红，这也将提供社会保障均等化的重要支撑。

户籍制度改革的红利

户籍制度改革的核心内容包括，有序放开二线、一线及特大城市周边卫星城镇户籍，确认已经转移至城镇的农民工及其直系亲属的市民身份；初步实现全国范围内的公共服务均等化，特别是开放关键的城乡统一的养老保险、农民工职业培训、子女教育和基本住房保障。

户籍制度改革红利体现在对经济的直接拉动和人口红利两方面。从我们对户籍改革对经济影响的测算结果看，如果 2014 年开始推进深入改革，那么 2014—2020 年户籍改革红利对 GDP 增速的拉动作用在平均每年 1% 左右，户籍改革红利对 GDP 总体的贡献率将达到 5%。

过去中国的城镇化主要体现在投资的迅猛增长上，但我们认为，未来的城镇化将更多体现在消费和服务的增加上——即城市发展水平的提升、公共服务的均等化、社会发展的再平衡。《改革意见》明确提出，“努力实现 1 亿左右农业转移人口和其他常住人口在城镇落户”“不断提高高校毕业生、技术工人、职业院校毕业生、留学回国人员等常住人口的城镇落户率”。过去特殊的城乡二元分割体制牵涉的城镇福利、社会保障和土地利益等，导致过去 30 多年进城务工的农民在生活习惯、消费模式上都未能真正转变为市民模式。因此，关键在于实现这1亿农业转移人口和其他常住人口的市民公共服务和消费模式转换，实现进城务工农民与城镇生活方式的真正融合。其中不仅包括务工者本人，还包括其家属。务工者主要是生产者，而家庭则带来消费，这种生活模式才能促成一个良性的、可持续的经济循环。如果再把约8个百分点的新增城镇人口加进来，那将进一步释放出达3亿左右人口的消费潜力！

从新人口红利方面看，户籍制度改革可以明显缓解劳动力紧张问题，改革将从非农劳动倾向、平均工作时间以及工作效率提升几个方面拉长人口红利。首先，户籍制度的改革将影响农村劳动力的非农劳动倾向。根据我们对整体就业倾向的分析看，户籍改革能够提升未来整体非农劳动就业倾向，在一定程度上缓冲劳动力储备下降带来的负面影响。假设劳动参与率不变的话，我们预测在2020年农民工总数将达到3.05亿。其次，户籍制度改革有助于从工作时间长度弥补劳动力不足的问题，从每年的工作时间长度来看，统计局统计的数据是农民工平均工作时间为9.8个月，在城市定居的农民工每年在城市工作的时间将会延长至12个月，从平均在城市打工的年数上看，平均为8~9年，而一旦解决户籍和社保瓶颈，则有非常大的提升空间，这对他们自身发展和城市进步都有很大帮助。此外，在理顺农民工落户城市的道路后，政府在培训技术配套上也可能进行一定的投入，工作效率的提升也将是未来红利释放的重要突破点。无数的例子证明，人到了城市就会变得善于学习，并不断增加对自身的人力资本的投入，这会大幅提升有效劳动时间和劳动生产率。这会使得仅仅考虑计算适龄劳动力绝对数量的所谓刘易斯拐点在中国成为一个伪命题，这也提醒我们各种舶来品理论一定要经过中国的实践检验。

更为关键的是，摆脱了户口的束缚，如此巨大的人口先后来到城市，能够提供的不仅仅是曾经极度“廉价”的劳动力，更多的是智慧、创造力和公民能力。他们需要的也不仅仅是面包、住房和家电，更是平等的机会、更丰富的社会生活和全面的公民参与。各种配套的平权改革会赋予他们更多的财富增长，进而成为中产阶层的机会，而一个巨大中产阶层就意味着一切，他们相对稳定、开放、理性和包容。而这就意味着民智开发、思想解放，追求幸福和民主共识，他们将更为积极地参与社会、社区、城市和国家的建设过程。这是一个农民市民化、农民工市民化和市民公民化的过程，这将全面重塑中国的增长、经济、社会、生活、文化和政治。

（本文原载于《上海证券报》）

农民工市民化，立竿见影的改革红利

蔡昉（中国社会科学院人口与劳动经济研究所所长）

激励是改革的有效“推进器”，无论实施者是地方政府还是其他的当事人，否则这项改革便是激励不相容的，没有办法有效推进。户籍制度改革以及农民工市民化已经讨论了很多年，但成效并不明显。虽然我们预期在党的十八大和十八届三中全会部署之后，改革能有实质性的推动，但是，目前仍然有很多观念上的障碍需要突破。比如说，我们听到更多的地方和研究者在测算农民工的市民化要花多少钱，但是我们没有看到有人计算推进这项改革到底能够带来多少收益，也没有看到关于这个改革收益如何分摊的估算。

虽然社会各界原则上承认改革具有更长远的收益，但是这种说法比较笼统，没有被量化。从全世界的角度，业界在相关方面做了很多测算，例如，迈克尔·克莱门斯曾估算，如果全世界范围内劳动力流动的障碍可以打破，产生的收益竟可以大幅度超过全世界GDP的总和。当然谁也不会相信这个制度性的障碍会被打破。另外，我们可以看到，美国在争论移民法案时，也认真地算了账，看如果未登记移民变成公民可以带来多少收益，至少大家承认，这项改革在联邦政府这一层次，通过税收的增加可以实现收益大于成本。我们面对的农民工市民化问题，更必须看到收益，尤其是我们所面对的这些要成为市民的人，本身就是中华人民共和国的公民。

进行改革的成本收益分析有两个目的。首先，了解了改革真实的收益和成本，才可能形成尽可能广泛的关于改革的共识。有一种观点认为，中国的改革任务与经济增长速度之间存在一种替代关系，为了推动改革必然要牺牲增长速度。国外有的媒体甚至称中国的改革是“增长抑制型”的。国内舆论也有类似倾向，夸大改革成本而低估改革收益。这样的观点不符合事实，类似的舆论也不利于形成改革共识，缩小了改革方式的选择空间，还会误导投资者。

其次，正确认识改革能够带来的收益，还能够增加改革方式和策略的选项，强化改革的动力。改革尽管能够获得净收益，但是，成本和收益却是不对称地在当事人之间进行分摊的。为了最大限度地使改革具有激励相容的性质，通常有两种方式可供选择，一是所谓“帕累托改进”，即这种改革可以在不伤害任何既得利益的前提下予以推进；二是所谓“卡尔多改进”，虽然有利益群体会因改革而受损，但是由于改革带来较大的净收益，可以拿出其中一部分对受损者进行补偿。当前面临的改革任务，已经很少具有帕累托改进的性质，但是，如果我们能够认识到并且把握住改革的收益，就可以适当地运用卡尔多改进的方式，以减小改革阻力。

中央政府提出要探索农业转移人口市民化的成本分担机制，强调的是把改革成本在企业、居民、政府之间分担。其实还有很重要的一点，就是要在各级政府之间分担农民工市民化的成本，来源便是改革带来的总体净收益。这是一种推进改革的有效方式，有利于实现改革的激励相容。

2004 年之后沿海地区出现劳动力短缺，至今已经转化为全面的招工难问题。2010 年之后，15~59 岁劳动年龄人口开始绝对减少，意味着中国正在丧失其人口红利，相应导致经济增长速度的下滑。过去两年我国经济增长速度都是 7.7%，已经不再是两位数的增长。这不是由于外部需求的冲击造成的，而是因为人口红利丧失造成的。根据我们的测算，GDP的潜在增长率，即生产要素供给和生产率提高速度可以维持的正常增长速度，正在从1995—2010年这15年10.3%的平均年增长率，下降到“十二五”时期的7.6%，到“十三五”时期还会继续下降到6.2%。应该说这是一种自然的减速。然而，潜在增长率的自然减速也是可以改变的，也就是说，如果通过增加劳动力的供给延长人口红利，如果生产率改善的速度可以加快，都可以使潜在增长率得以提高。这些都有赖于全面深化改革，因此我们要尝试去赢得改革红利。

那么，农民工市民化这项改革究竟从哪些方面带来收益呢？当然，我们推进农民工的市民化首先是以人为本的要求，由此可以大幅度提高基本公共服务的均等化。特别是社会保障方面的包容性，不仅有助于显著缩小当前存在的收入差距，更重要的是从制度上切断贫困的代际传递。自2004年出现民工荒并且农民工工资持续上涨以来，城乡收入差距已经出现缩小的趋势，全国的基尼系数也开始降低。但是，如果不能根本解决基本公共服务均等化问题，农村居民或者农民工的子女就仍然要保持农民工的身份，也不能获得同等质量的教育，未来可能成为新的脆弱群体和边缘人群。

从有利于经济增长的角度来看，农民工市民化有利于以改善基本公共服务的方式，代替工资的持续快速上涨，保持农业劳动力转移的速度。过去10年中，农民工工资的实际提高速度高达12%，并呈继续攀升的趋势。而GDP的增长率已经不再能够保持两位数。这意味着农民工工资上涨速度已经超过了劳动生产率的提高速度。这样，企业不能获得足够的时间去进行必要的调整和应对，中国经济的技术结构和产业结构升级会牺牲经济增长速度，产生过大的损失，反而会在不久的将来容易使劳动者陷入困难的境地。

因此，借助农民工市民化这一改革增加劳动力供给、提高生产率，从而达到提高潜在增长率的效果，是最大的改革收益或改革红利。我们设想一下，增加劳动力供给可能有什么方式呢？显然，延缓退休目前还不是可行的办法。因为平均来说，临近退休的职工受教育程度和身体状况都不处在最佳状态，例如，与 20 岁左右的劳动年龄人口相比，年近 60 岁的人群平均受教育年限将从 10 年下降为 6 年，使得他们学习新技能的过程十分困难，无法适应产业结构升级的要求，在劳动力市场上陷入困境。增加劳动力供给，最大的部分是靠拉动农村劳动力转移。

有学者研究表明，农民工在进城以后的大约 20 年之内，他们的工资即劳动力市场回报可以持续得到提高，意味着他们非常具有生产性。然而，农民工在城里待的时间平均只有 9 年，这意味着他们作为具有生产性的劳动力供给，没有得到充分开发和利用，即人力资源的浪费。从理论上说，农民工一般每年春节都要做一次决策：春节之后还要不要回到城里？对于年轻人来说，答案是肯定的，但是一般过了 40 岁，考虑到上有老下有小，他们往往就决定不再进城打工了，意味着退出劳动力市场。显然，如果我们打破这个僵局，通过实现农民工的市民化，继续推动农村劳动力转移，第一是增加劳动力供给，就是让农民工成为真正的城市居民可以稳定干到退休年龄；第二是给予他们更好的激励，如更充分和更均等的公共服务，使其能够继续从剩余状态中转移出来，从生产率低的部门转到生产率高的部门，提高中国经济的生产率水平。

本文作者曾经与合作者进行过一项模拟，分别是关于劳动参与率提高后对经济增长速度的影响，以及生产率提高后对经济增长速度的影响。首先，假设今后 10 年中每年把非农产业的劳动参与率提高一个百分点，就能够使 GDP 的潜在增长率提高 0.88 个百分点，是可以看到立竿见影的效果的。其次，我们还可以假设，如果在今后10年中生产率的增长率增加一个百分点，它所对应的提高GDP潜在增长率的效果更高达0.99个百分点，几乎是1∶1的对应程度。因此这两项改革效果加总起来，理论上可以带来两个百分点的GDP额外增长速度。

当人口红利消失以后，在没有获得改革红利之前，中国的潜在增长率将逐年下降，10年乃至数十年之后，潜在增长率将下降到远低于改革开放35年的平均水平之下，而更加接近于目前发达国家的稳定水平。因此，通过改革获得制度红利，即使增加1%~2%，也将大大帮助中国尽快实现中等偏上收入阶段到高收入阶段的转变，实现中华民族伟大复兴的中国梦。

不仅如此，农民工市民化也是根本改变农业生产方式的唯一出路。在农村剩余劳动力逐渐减少的情况下，农业机械化和生产方式转变将越来越成为农业发展的引擎。换句话说，中国农业的根本出路是通过扩大经营规模、加快技术进步，实现生产方式的转变。目前农村人口与耕地之间的配置状况是，近一个亿的本乡镇就业农民工，同时是兼业农民，他们的承包地是不会转包出去的；1.7亿外出的农村家庭成员，因其家里还有留守的成员，也是不愿意转包承包地的；即使3000多万举家迁移的农民工，因为不能获得城市居民的同等待遇，为了保险起见也不愿意彻底放弃承包地，造成土地不能集中，农业机械化进程受阻，务农劳动力日益老龄化。

当我们知道改革收益大于成本的时候，我们就可以去设计在中央和地方政府之间来分担改革的成本，使得改革得以真正推进，进入改革带来收益、收益进一步推进改革的良性循环。另一项改革正在重新界定中央政府和地方政府的事权和支出责任，对于改革成本的分担，也同样适用于这项改革的理念。例如，义务教育在农民工市民化过程中增加的地方政府成本，就应该在中央和地方政府之间进行重新分配，具体而言，中央政府应该承担这项增量支出责任。这样，不仅可以加快推进以农民工市民化为核心的户籍制度改革，同时解决长期以来义务教育在城乡之间、地区之间分布不均衡的老大难问题。

（本文原载于《中国党政干部论坛》）

中国新城镇化应走出当前改革误区

陶然（中国人民大学经济学院教授、人民大学国家发展与战略研究院副院长）

本届政府希望推动经济、社会可持续发展的一个主攻方向，是通过户籍、土地、财政体制改革，从以“土地城镇化”为主导的传统模式转向更多注重“人口城镇化”的新型城镇化模式，让数以亿计、主要来自农村的流动人口在城市里获得均等化公共服务，实现家庭式、永久性迁移，最终完全市民化。

当前中国工业化与城镇化模式是以“土地财政”“土地金融”为依托，通过扭曲工业、商、住用地相对价格和城市土地利用结构而进行的。地方政府一方面压低工业地价，并以开发区为主体进行大规模制造业招商引资，另一方面又通过限量、高价供应商、住用地获取垄断利润，乃至过度抵押未出让商、住用地储备进行借债，并不断吹大开发区、新城区建设泡沫。这个模式虽然短期可以带来较快的增长与就业，但从长期看确实不具备经济、社会和环境的可持续性。

也正是意识到既有模式不可持续，中央政府开始努力做出一些政策面的重要调整。党的十八届三中全会通过的《中共中央关于全面深化改革若干重大问题的决定》指出，“加快户籍制度改革，全面放开建制镇和小城市落户限制，有序放开中等城市落户限制，合理确定大城市落户条件，严格控制特大城市人口规模”。2014 年 3 月，国务院印发《国家新型城镇化规划（2014—2020年）》，提出走新型城镇化道路并将其上升为国家战略。2014年7月30日，国务院还印发《关于进一步推进户籍制度改革的意见》，提出“要进一步调整户口迁移政策，统一城乡户口登记制度，全面实施居住证制度”。

应该说，新型城镇化是一项系统工程，涉及户籍、土地、财政等多方面配套改革，关系到地方政府、城市居民、城乡接合部农民、城市外来流动人口以及农村留驻人口等多个主体的复杂利益分配与博弈。如何有效摆脱对“土地财政”“土地金融”的依赖，公平分配城市化过程中的土地增值收益，并利用这些收益来有效解决城市化进程中基础设施建设的资金问题，同时化解地方债务，也为迁移人口提供可支付住房与公共服务，是新型城镇化将面对的主要挑战。

当前户籍改革的几个误区

在我们看来，在这一领域，2014年已出台的《新型城镇化规划》和《关于进一步推进户籍制度改革的意见》，对建立新型城镇化模式这个重大战略目标的实现，还难以起到足够的支撑作用。

首先，城乡户口登记制度统一并不意味着原来城乡户口背后的公共服务差异的消失。实际上，不少省份早就开始推动城乡统一户口登记，但基本上都是名义上的改革。早在2004年，山东省就宣称启动了重大户籍制度改革，在全省范围内取消农业、非农业户口性质的划分，而改为按照居住地登记为山东省居民户口，但这只是将农业、非农户口换成了农村、城市户口而已。

实际上，无论是学界还是政府部门，仍需要对现阶段的城市户口到底包含哪些公共服务、成本与收益到底是多少有更加清晰的认识。由于缺乏明确的认识，各类研究往往倾向于夸大给农民工入城定居提供公共服务所需成本，这也必然会影响到中央对推进户籍改革的决心。有些人口净迁入的地方政府，故意夸大城市户籍对应的福利以及相应的公共支出成本，实质是想拖延实质性的户籍改革。甚至有言论说，现在农村能给的福利，包括农地、宅基地，以及计划生育指标，都比城市要更好，大部分农民不愿意进城定居。但这部分农民主要是富裕地区以及城郊的农民，而不是那些来自欠发达地区的大量农民工。

就目前所看到的测算，农民工市民化成本大概在从 8 万元到几十万元不等。比如国务院发展研究中心所做的农民工市民化的成本测算研究，根据对重庆、武汉、郑州和嘉兴四个城市的实地调研，提出一个典型农民工市民化（包括相应抚养人口）所需的公共支出成本约 8 万元，其中远期养老保险补贴平均约为 3.5 万元，住房和义务教育等一次性成本约为 2.4 万元，每年的民政救助等社会保障及公共管理成本平均约为 560 元。

即使是以上相对保守的测算，仍然值得商榷。测算农民工市民化成本，首先，必须澄清一些基本概念来防止误算。其次，地方政府所需支付成本到底会多高，也取决于解决户籍问题的配套改革措施到底是什么。最后，其实也是最重要的，对于任何一项改革举措，不能光测算成本，更需要去计算收益。成本即使较高，如果收益更大、更快，那么“改革只能渐进”这个理由就不充分。目前已经出台的、包括中央和地方的各类户籍改革措施之所以让人感觉进展缓慢，就是在上述成本估计、配套政策选择、收益评估等方面没有到位。

对户籍改革成本错误高估

目前，中国几乎所有的生活消费品都已市场化。而随着就业市场化和非国有企业成为城市就业的主要创造者，就业也逐渐与城市户口脱钩。即使是一些城市政府提供的就业岗位，比如环保、卫生之类的低端职位，也开始招纳外地人口。城市户口与就业的逐渐脱钩，也就意味着户口与就业相关的社会保险（即“五险一金”）基本脱钩，这些保险是由企业和个人（单独或共同）缴纳，并不是政府从社会一般纳税人那里获得的其他收入所垫付的。

当然，目前城市中还有不少没有社会保险的流动人口，比如大约占城市流动人口20%左右的自我雇用劳动力，以及相当部分没有缴纳社保的制造业、服务业雇用劳动力。事实上，他们早就已经通过自身的储蓄为未来养老、医疗等潜在支出进行了一些准备。未来政府也会通过扩大社会保险覆盖面以将这些人口逐步纳入社保体系，而社保体系改革趋势也一定是在全国范围内进行统筹。换句话说，社保缴费主要来自直接缴纳社保的劳动者及其雇主，而中央政府未来将承担更大的统筹责任。

从这个意义上讲，地方政府如果把社保成本也算成未来给农民工提供户口所对应的公共服务成本，实际上可能只是不希望让大批流动人口定居城市故意夸大成本。当然，随着中国人口的老龄化，当前社保，尤其是养老保险的“现收现付制”可能在未来将存在较大缺口，但这个缺口未来不仅将随社保全国统筹后成为中央责任，而且也应该通过变现国有资产、提高退休年龄等多种方法来解决问题，不能计算为地方政府户籍改革的成本。

排除了就业与社保之后，虽然城市户籍所对应的公共服务总数似乎不少，但仔细考察，当前阶段与城市户口挂钩、真正影响流动人口在城市定居的主要是具有排他性的三项公共服务：以城市最低生活保障为主的社会救助服务，以经济适用房和廉租房实物或租金补贴为主的政府补贴性住房安排，以及迁移人口子女在城市公立学校平等就学的机会。

考虑到中国经济超强的中低端就业创造能力，绝大部分进入城市的农村流动人口都已经在城市实现较为稳定的就业，解决户口问题带来的城市低保支出基本可以忽略不计。这样，农民工在城市的住房问题，其子女在城市公立学校平等就学权问题，就构成了流动人口举家迁移并实现市民化的两个互补性的基础条件。这是因为举家迁移不仅要求在城里有居住功能相对齐备的住房，而且还要求孩子能够顺利在流入地就学、升学。如果城市房价太高，而保障性住房又不提供给外来移民，加上子女就学和升学的困难，那么以单身、临时性迁移为主体的人口流动模式必然难以避免。中国的农村女性流动人口，之所以很多在30多岁后选择回乡，就是因为子女无法在九年制义务教育阶段的城市公立学校顺利就学、升学，所以不得不选择回去照顾孩子上学。而很多农村男性劳动力在城市工作到40~50岁后，也因城市定居与购房无望而不得不退出城市劳动力市场。

反过来看，如果中国城市不因为土地制度扭曲而制造如此高的房价泡沫，也没有户口制度来阻止流动人口子女在城市公立学校平等就学，那些在城市里打工的农村劳动力本来完全可以在城市一直工作到退休。这也就是为什么当前中国虽然城乡生产力差距在3倍以上、农村还存在不少剩余劳动力的情况下，城市中低端劳动力工资近年来却已经开始迅速攀升、出现劳动力短缺现象的关键所在。

解决农民工住房问题的一个思路，是由政府建设保障性住房。但考虑到中国城市房地产已经进入下行周期，未来土地出让金预期收入也将下降，加之地方政府近年来债务高企（已经接近并可能迅速超过20万亿），地方政府既没有动力也没有财力为外来流动人口提供如此大规模的保障性住房。

而且，中国目前也没有建立起一个良好的分配机制与管理体制去运营大规模的保障性住房体系。近年来，尽管中央不断施加压力，大部分流动人口迁入地城市依然缺乏建设保障性住房的积极性。其中的道理非常简单，一旦大规模建设保障性住房，地方政府不仅商、住用地出让金收入会显著下降，而且还需要直接增加建房和维护支出。

对大城市人口吸纳能力严重低估

再回到目前的户籍制度改革措施，特别需要进一步考察2014年出台的《国家新型城镇化规划（2014—2020年）》和国务院颁布的《关于进一步推进户籍制度改革的意见》。其中有两点值得深入讨论。一是进一步调整户口迁移政策，“全面放开建制镇和小城市落户限制，有序放开中等城市落户限制，合理确定大城市落户条件，严格控制特大城市人口规模，有效解决户口迁移中的重点问题”；二是“三个一亿人”计划：2020年，通过实施户籍制度改革方案，使大约一亿具备条件、也有意愿的农业转移人口落户各类城市和城镇；通过加大棚户区、城中村的改造力度，使大约一亿生活在棚户区和城中村的常住人口改善居住条件；通过加快中西部地区发展和城镇化进程，引导约1亿人在中西部地区实现就近城镇化。

上述两点都值得进一步的学术讨论和公共政策辩论。首先是关于特大以及大城市人口规模是否应该控制以及能不能控制得住的问题，学术界和决策部门一直存在巨大争议：中国既往城市化政策一直严格控制大城市、特大城市规模，但无论是中国改革开放以来的实践，还是国际城市发展的主要经验都清晰表明，控制大城市、特大城市人口规模，不仅难度很大，而且带来的经济、社会成本也非常高。尤其是近几十年来的国际经验，更进一步展示了大城市、特大城市，如果可以通过好的管理体制和定价机制来实现有效的水、土资源利用、环境保护以及交通流量管理，将能够充分地发挥大城市与特大城市的规模经济与集聚效益，甚至全面推动国家的产业升级和技术进步。管理得好，这些特大城市，不仅比中小城市更有经济活力，甚至还更有利于节能减排和土地集约利用。

实际上，包括美国、英国在内的绝大部分发达国家，即使进入后工业化社会后，也仍然出现了人口不断向大城市、特大城市进一步集聚的现象。对此，美国哈佛大学经济学家爱德华·格莱泽在其产生重大影响的著作《城市的胜利》中做了非常具有说服力的描述和解释。

从中国大城市与特大城市的现状来看，北、上、广、深四个特大城市都已经有接近或超过1000万的外来流动人口长期生活与工作，而此次《国家新型城镇化规划（2014—2020年）》虽然大幅度提高了特大城市标准（城区常住人口500万以上），但中国的特大城市与超大城市（1000万以上）仍有16个。简单统计一下就可以看到，这些特大、超大城市的外来流动人口甚至占到中国跨区外来流动人口的绝大部分。如果是这样，特大城市“严格限制外来流动人口”的政策是否意味着这些已经定居、就业的外来人口所需的与户籍对应的公共服务将难以得到有效解决，甚至还面临被各种“经济、社会手段”逐步挤出这些城市的风险？这两年，从北京、上海等特大城市的系列政策和动作来看，这种情况正在发生。这个现象，无论是中央还是地方的决策者，都需要深思和反思。

2014年出台的《国家新型城镇化规划（2014—2020年）》还提出，全面放开建制镇和小城市（50万人以下）落户限制，有序放开中等城市（50万~100万人口）落户限制，合理放开100万~300万人口城市落户限制”。如果对这些文件的措辞有一个基本合理的理解，就是至少在中等城市和大城市，户籍改革的主动权将主要交到人口流入地的地方政府手上，而这些地方政府恰恰最缺乏给外来人口解决户籍及其相关公共服务的积极性。

打破户籍藩篱不能寄望于地方政府

打破户籍藩篱，必然是中央政府的责任，中央当然也不能回避这种责任。即使对于那些被要求“全面放开”落户限制的建制镇和小城市，比如沿海广大地区和内地少数可以创造就业，也吸引了不少外来人口的建制镇和小城市，其实早在这次中央政策颁布之前就开始实施对外来人口具有很强歧视性的积分制。积分制不管条件如何逐步放宽，都具有很大的歧视性。而且即使“积分入户”后，地方政府也往往可以以学位不足、保障性住房建设需要更多时间、经费等各种理由拖延相应公共服务的提供。

如果情况是这样，那么中央户改政策就应该去清理这些歧视性的积分制，而不是进一步推广积分制。迄今为止，我们还没有看到任何中央有关部门采取任何有力措施去清理这些具有歧视性、排外性的积分制。如果中国的户籍改革，只是出台一些对地方政府没有约束力的文件，那么就很难谈得上比过去有多大的进步。

正因主导和实施主体的问题仍没有得到有效解决，户籍制度改革依然裹足不前。也正因改革主导权基本还在市、县一级，地方政府或有意误设改革对象，或根本就无所作为，有些地方还以改革为名设定了过高入户门槛。

仔细观察我国近年来不少地方的户籍改革试验，本质上都是以给城市户口为名进行的土地财政行动。实际上，很多发达地区或城市郊区的农民，其土地本身就比较值钱，自己非农就业收入也不低，子女也可以在本地公立学校就学，获得所在地城市的户口对他们意义不大。地方政府之所以有积极性为这些人解决户口，无非在于他们的土地。另外一些户籍改革试点地区，瞄准的对象也是来自本辖区范围内的农村人口，其实也意在这些农民的宅基地，因为后者可以被复垦并用来换取城市发展所需的建设用地指标。而对于那些无法提供可征土地或建设用地指标的外地农民工，地方政府则几乎没有积极性为他们解决户口问题，哪怕他们在就业地所在城市定居的意愿非常强烈。

《国家新型城镇化规划（2014—2020年）》中“三个一亿人”计划也值得讨论，特别是通过实施户籍改革方案，使大约一亿具备条件也有意愿的农业转移人口落户各类城市和城镇，同时引导约一亿人在中西部地区实现就近城镇化这两个措施。目前，中国城市流动人口已经超过2.6亿，来自农村的流动人口也在2亿以上，这些流动人口在过去十多年间逐步累积起来，很多人已经长年累月忍受缺乏可支付的体面住房、家庭团聚少、没有未来发展稳定预期的痛苦。如果中国的户籍改革到2020年都不能解决上述已有流动人口存量中大部分人的户籍与相关公共服务问题，那么未来每年新进入城市的上千万流动人口问题的解决就更是遥遥无期。

引导一亿人在中西部地区实现就地城镇化的前景也未必乐观。尤其考虑到2009年之后，很多中西部地区推进的大规模工业化、城镇化建设，不仅招商引资效果不太理想，而且不少地方还因此背上了巨额债务，未来出现“鬼城”的概率日益增大。无论从就业创造能力、还是公共服务提供的财力上，很多内地中、小城市的发展前景堪忧。实际上，要建立新型城镇化模式，就是要消除过去那种开发区、新城区遍地开花的局面，就是要防止内地大部分地区再次重复沿海地区那种不可持续的工业化与城镇化模式。但是，从近年来很多内地城市开发区、新城区建设的力度，以及这些地区招商引资、实现产业与更严重的人气集聚的实际效果来看，他们正在以更低效率、更大资金与更严重的资源浪费去重复昨天的故事，并可能给未来中国金融和经济的可持续发展带来不小的麻烦。

总体看，目前中央与地方已经出台的户籍方案，仍然没有对户籍改革成本、收益进行准确评估，更没有对配套的方案进行备择性考察。如此制定改革政策所导致的结果，一方面使得改革的目标设定（三个一亿人）相对于百姓的需要而言显得过于保守；另一方面，缺乏有效配套改革措施又将使这些即使看上去过于保守的改革目标也难以实现。

当前城市土地改革的误区

实际上，户籍改革的关键，不在于为流动人口大规模建设保障性住房，甚至也不在于中央给地方施加压力去降低入户条件，而在于从中央层面开始启动有效的土地制度改革，全面降低农民工举家迁移并顺利在城市定居所需支付的成本。

只要开拓改革的思路，不仅可以大大降低户籍改革成本，还能有效提升户籍改革的收益。由于土地制度是户籍改革的关键，在提出户籍—土地—财政配套制度改革的具体政策建议之前，有必要先讨论一下目前已有的关于建设城乡统一建设用地市场和城市存量建设用地利用方面的改革举措。

集体建设用地入市进展有限

党的十八届三中全会通过的《中共中央关于全面深化改革若干重大问题的决定》指出，要“建立城乡统一的建设用地市场。在符合规划和用途管制前提下，允许农林集体经营建设用地出让、租赁、入股，实行与国有土地同等入市、同权同价。缩小征地范围，规范征地程序，完善对被征地农民合理、规范、多元保障机制。扩大国有土地有偿使用范围，减少非公益性用地划拨。建立兼顾国家、集体、个人的土地增值收益分配机制，合理提高个人收益。完善土地租赁、转让、抵押二级市场”。

2014 年，与建立新型城镇化模式最相关的、已经或即将出台的土地制度改革，主要包括农村集体建设用地入市改革，以及对现有城市存量建设用地结构调整与集约利用改革。2014 年 12 月 2 日，中央全面深化改革领导小组已审议通过了《关于农村土地征收、集体经营性建设用地入市、宅基地制度改革试点工作的意见》，预计在 2015 年安排试点。

据媒体披露的相关信息，农村集体建设用地改革主要涉及集体经营性建设用地入市和宅基地。首先是在符合规划和用途管制的前提下，农村集体经营性建设用地入市将成为可能。换句话说，在符合规划和用途管制的前提下，农村集体经营性建设用地使用权可以不经国家征收为国有建设用地，直接流转入市从事土地开发经营。

这里需要解释一下农村集体经营性用地的概念，它是指具有生产经营性质的农村建设用地。农村集体经济组织使用乡（镇）土地利用总体规划确定的建设用地兴办企业或者与其他单位、个人以土地使用权入股、联营等形式共同创办企业所使用的农村集体建设用地，如过去的乡镇企业用地，其主要包括面积大约 0.5 亿亩的乡镇企业用地。上述政策表明，集体建设用地基本只能用于工业，而用于城市商住用地的可能性基本被排除。

对于农村宅基地制度的改革，城市人口赴农村购买“小产权房”的红线基本不会突破。换句话说，无论是纯农区还是城乡接合部的宅基地，都不会放开在村集体范围之外的买卖。但是，退出宅基地可由集体经济组织按照市场价格回购，预留一定面积用于宅基地再分配，其余可以调整为集体经营性建设用地，也就是工业用地使用。

城市存量建设用地节约集约利用措施无法实现关键突破

另外一个土地改革的重点，是既有城市存量建设用地的节约集约利用。这也是国土资源部近年来力推的重点，且已形成多项文件，主要涉及建设用地总量控制、低效用地开发、产业用地结构调整等。在产业用地中，国家扶持的健康和养老服务业、文化产业、旅游业、设施农业、生产性服务业发展用地等将获得政策支持。

如何看待上述集体建设用地入市的改革和城市存量土地节约集约利用的改革。客观说，相对于既有政策对集体建设用地入市的限制和城市存量土地，尤其是工业仓储用地低效率、浪费性使用的现实，这些改革都比以前有所进步，至少多少代表了对现实发展的部分承认。

实际上，虽然政府政策一直是限制性态度，但集体建设用地入市，包括进入商住用地市场，在中国不少地区的发展现实中早就被村集体和农民突破了。如果去中国的珠三角走一走，就可以看到城中村、城郊村的村委会利用集体土地搞工业用地出租，也可以看到大批村民在自己的宅基地上建设并主要出租给流动人口使用的各类“小产权房”和“违规、违章建筑”，还可以看到这些建设对推动当地经济发展、容纳城市流动人口发挥的积极作用，更可以看到珠江三角洲地方政府为了解决这些违规、违章建筑所进行的各种政策调整、利益妥协与改革努力。其中，最为典型的例子是近年来广东推动的“三旧改造”与深圳推动的“城市更新”。

再来看城市存量土地利用集约化问题的地方改革实践。十几年来，由于地方政府人为压低地价进行招商引资，工业用地效率十分低下。最近几年，受制于越来越紧张的建设用地指标，一些发达地区的地方政府已经开始了工业用地集约利用的探索尝试。比如浙江上虞，近年来大力推行工业标准厂房用地公开出让和标准厂房建设，探索集约节约用地的方法。当地政府规定，凡用地 10 亩以下、投资 1000 万元以下的项目不再单独供地，全部用标准厂房解决，通过优先办理标准厂房项目，对标准厂房建设企业给予奖励和补助、对入住企业给予奖励和补助等措施，使得规划建设的标准厂房建筑物均在 4 层以上，容积率在 1.3 以上，建筑密度在 35%以上，投资强度达每亩 135 万元以上，绿地率控制在 15%以内，行政办公和生活设施占地比例控制在 7%以内，行政办公和生活设施建筑面积控制在 15%以内。

然而，这里需要追问的问题是，目前中央政府推动的前述两方面的土地改革，是否可以扭转目前不可持续的土地城镇化模式？是否有助于加速新型城镇化模式的建立？对这些问题的回答，取决于这些改革是否可以逐步扭转目前各区域制造业用地杀价竞争导致城市工业用地比例过高，而地方政府垄断工业导致商、住用地比例过低的局面。以这样的评判标准来看，回答可能是否定的。

如前所述，中国的城市土地利用结构很不合理，工业用地所占比例在 40%左右。最近 10 年来每年新增供地中有 40%~50%的土地用于工业，而其他发展中国家工业用地一般只占新增用地的

10%~15%，一半左右的新增建设用地用于居住。而在中国，由于制造业投资不仅可以给政府带来直接的增值税收入，而且可以因制造业带动本地服务业发展给地方政府带来高额商住用地出让金和服务业的营业税收入，在中国独有的征地、出让体制下，地方政府不惜低价出让工业用地，进行区域间的招商引资竞争。人为压低工业用地出让价格必然带来工业用地过度扩张、用地效率低下问题。

也正是因为如此，集体经营性用地入市改革到底有多大意义，就非常值得讨论。前面提到集体经营性用地一般是指原来集体工业用地，特别是原乡镇企业用地。但在各地地方政府推动的低价工业用地供应模式压力之下，即使允许这类集体经营性用地入市，也基本无法跟政府开发区中那些基础设施更完备、价格更低廉的工业用地形成竞争。因此，如果集体经营性用地不能转换为商住用途，那么除了在少数大城市的郊区以外，就很难有需求。

如是，此项改革意义就会非常有限，也完全打破不了地方政府对商住用地的垄断，更难以为城市低收入人群和进城务工人口提供居住、生活用地。

类似的，虽然对存量城市工业、仓储用地集约利用是一件好事情，但如果集约利用只是工业改工业，那么其意义也就大打折扣。实际上，去看看中国包括特大城市在内的各级城市，工业用地比例都不小，容积率也都偏低。所以，工业用地集约利用要解决的问题，主要应该是逐步将集约后腾出的土地转化为商住用地的问题。也只有这样，才能在为地方政府补充因征地改革后出让金收入损失的同时，为城市发展，为流动人口提供更多住宅、生活、商业用地。

人口流入地城乡接合部土地改革才是关键突破口

前面对现有城市户籍与土地改革政策进行了一些讨论。有破更应该有立。

我们认为，当前要有效推动户籍改革、加快从传统城镇化模式向新型城镇化模式的转轨，关键在于从中央层面全面启动有效土地制度改革，尤其是人口净迁入城市城乡接合部的土地制度改革，通过允许在一定条件下城郊农民给包括外来农民工在内的流动人口建设出租房，来全面降低城市流动人口举家迁移并顺利在城市定居的成本。

换句话说，土地制度改革要取得切实进展，就必须突破目前政府给集体建设用地入市所画的框框，要允许集体建设用地进入住宅用地市场。但与此同时，又要采取合理的措施避免大规模集体建设用地入市对商品房市场的过度冲击；作为配套改革措施，还需要调整目前城市存量土地节约集约利用的政策，打开既有城市存量工业、仓储用地逐步转化为商、住用地的口子，让地方政府逐步淡出当前不可持续的土地财政模式，但在此过程中又能为持续获得稳定的补充性财源创造条件，以此换取其对有效土地制度改革的支持。

他山之石，可以攻玉。源于德国，在日本、韩国得到广泛运用的一种土地开发模式，即“区段征收”模式，完全可以在中国进行创造性地运用，以推动中国的户籍—土地—财政配套改革。在这种模式下，政府与原土地权利人合作开发土地，政府获得了城市发展所需的公共设施用地以及相应建设融资，而原土地权利人领回固定比例低价地，共享城镇化发展成果，同时可以减少社会矛盾。无论是外来流动人口住房问题，还是流动人口子女教育问题，都可以运用上述思路来实现。

改革的要旨，就是要赋予城郊村、城中村村民和村集体一定的土地开发权利，让他们能在符合城市规划和基础设施要求的前提下，合法地为外来流动人口建设短期只能用于出租的住房。

在具体操作中，结合中国的特有国情，特别是农村土地集体所有这个特有国情，在城郊村和城中村，以土地国有化为前提，并要求作为原土地权利人的村集体和村民上缴部分公益事业用地和基础设施融资用地后，剩余部分土地使用权用于市场化的出租房建设开发。在有效改造城中村、城郊村基础设施，全面提升公共服务的基础上，让这些城中村、城郊村地段为低收入阶层和流动人口提供市场化定价的廉价、体面住房，最终建立包括政府、村民与村集体、原土地权利人、外来流动人口及其子女在内的多方利益均衡。如是，政府不仅不用额外投入对这些地段的基础设施进行改造，而且可在改造中抽取相关开发税费，改造完成后政府可通过征收出租屋租金收入所得税进一步实现对土地增值收益的捕获，并用于农民工子女教育。

上述模式可通过以下简例说明：假设某城中村、城郊村有 100 亩土地，其中有 200 户原住村民，每户有一处宅基地。城市外扩时政府可直接与村民进行谈判，在明确开发增值前景与利益分配方式后，要求村民无偿向政府缴纳部分土地（如 50 亩）以支持整个开发项目。在政府拿走的 50 亩土地中，30~35 亩土地用作整个地段的基础设施建设，剩下 15~20 亩公开拍卖以支付基础设施费用。而村民虽无偿放弃了 50 亩土地，却获得了剩余 50 亩，且拥有了国有土地的相应开发权。由于基础设施改善及政府给予的一定容积率奖励，这 50 亩土地的开发价值会远远高于未改造前 100 亩土地的价值，那么村民就可以用自己集资或使用国有土地使用权证作为抵押来贷款建设安置房和出租屋。接下来，政府可以明确通过这种方式建设的住房在 10~15 年内只有有限产权，即只能用于出租，不可上市销售，但达到规定年限后，则可以给予其完全产权，允许上市流转。

一旦这种开发模式在流动人口集中的城中村、城郊村推广，中国主要人口流入地的城市出租房供给就会大幅增加，而租金也可降到绝大部分流动人口可支付水平。这种赋予城郊村村民一定土地开发权，并为外来流动人口建设出租房的“区段征收”改革，可以全面迅速调动城中村、城郊村村民建房的积极性。

初步推算，未来5年甚至更短时间内，中国人口主要流入地城市的城郊村、城中村村民完全可以很快建设起50亿平方米住宅，并基本解决城市现有流动人口及其留守农村家庭成员迁移到城市后的居住问题。按照上述建设速度，未来5年年均房屋出租面积可达25亿平方米，年均房租按每平方米一年100元计算，总租金可达2500亿元。而出租屋建设按每平方米2000元产值计算，每年总产值可达到2万亿元，加上相关地段基础设施建设、房屋装修、家具、家电购买等，将非常有效地拉动短期乃至中长期经济全面地增长。

从短期来看，只要措施得力，上述改革将极大激发中国城中村、城郊村村民、村集体大规模改造与建设的积极性，这些改造与建设也能迅速提升目前国内产能严重过剩的钢铁、水泥、能源、家电、家具等产品需求，迅速提升与建筑和房地产相关服务如装修服务的需求。如是，地方政府也就根本无须大规模建设廉租房或公租房。10~15年后，相当部分城市流动人口将有购买所租住房的能力，逐渐从租房者变为住房所有者，而那时转出租房为商品房也就顺理成章了。

上述改革的中长期效应，是流动人口家庭迁移和在就业地实现定居，增加城市中低端劳动力供给，一方面，降低城市中低端劳动力工资过快上涨的压力，另一方面，原来作为留守人群的劳动力

（如为照顾孩子回乡上学而不得不在农村留守的母亲）也可加入城市劳动力大军，反而提高了家庭收入。

通过上述改革方案，还可推进流动人口子女就学问题的解决。比如，对以出租房为主，容纳外来人口的城中村、城郊村地段，政府可以考虑利用免费获得的公益用地建设公立学校并接收外来人口子女入学。而学校的日常运营费用，则可以部分来自对本地村民所建出租屋征收的所得税，部分来自地方政府财政，甚至还有部分可以中央转移支付。光每年租金所得税可以达到 250 亿元（按租金 10% 抽取，每平方米年均租金 100 元，5 年共建 50 亿平方米，平均每年出租 25 亿平方米），可覆盖相当部分农民工子弟进入城市公立学校的教育运营支出。

上述改革措施，本质上是一种双轨制、渐进式的土地制度改革方案。上述方案中，之所以要对本地农民所建住房加以短期内“只能出租、不能出售”的限制，就是因为目前城市的房地产市场已经存在较为严重的泡沫。如果不加任何限制，村民就一定会倾向于盖商品房。这样将不仅无助于解决流动人口居住问题，而且还可能马上对现有商品房市场造成巨大冲击，极端情况下甚至引发房地产市场崩盘。

而通过上述双轨制改革方案，就可以一方面避免对现有商品房市场造成巨大冲击，但同时也对炒房者形成威慑，然后政府就可以马上全面取消包括特大城市在内的所有房地产调控政策，降低其对商品房市场和增长的负面效应。

用低效工业用地再开发补充土地出让金

当然，仅仅采用前述改革措施，仍然很难说服目前对土地财政依赖过高的地方政府去支持上述以城中村和城郊村土地制度改革为突破口的土地制度改革。这是因为地方政府还有很多城市基础设施建设已在进行或将要进行，手上还有大量存量债务也要偿还。对地方政府而言，上述土地制度改革可能会被地方政府认为有损其财政利益并反对。

虽然从长远看，我国地方税制改革的一个方向，是用物业税替代土地出让金，但短期乃至中期来看，这个目标还很难达到。比如，物业税如果只对第二套（或一定面积）以上住房征收，由于城市里有二套以上住房的居民大约在20%左右，所征收物业税将非常有限，在目前房地产形势并不乐观的情况下，贸然启动甚至可能导致房地产抛售以及房地产、商住用地出让价格大幅度下降，对地方政府带来的财政损失甚至会超过其直接收益。而要对包括第一套住房在内的所有城市存量住房征收物业税，则很难获得民众广泛支持，尚不具备全面开征条件。关于物业税和地方税基的建立，在未来对于财税体制改革的讨论中还将进一步讨论，此处不再赘述。如果物业税并不是短期内改革的选项，那么更为现实的解决方案是什么？

如前所述，即使城市不再按照传统方式征地，地方政府手中仍握有包括大量工业用地在内的存量土地，甚至还有大量的储备商住用地，即使对于绝大多数用地紧张的大城市、特大城市而言，情况也是如此。因此，如果进行更集约化利用和存量结构调整，完全可以在未来5~10年乃至更长的过渡期内为地方政府提供有保障的财源。其中的一个关键措施，就是对存量工业用地和开发区重整，同时腾出空余土地逐渐转化为商住用地。这一措施不仅可以增加住宅用地供给、逐步化解现有城市房地产泡沫，而且可为地方政府筹集数额可观的土地出让金和各类房地产开发税收，并用于地方建设融资和巨额存量债务偿还。

由于目前中国工业园区与工业开发区用地效率非常低下。只要政策合理，通过工业园区土地重划，平均容积率提高一倍以上完全可以做到。需要指出，这些工业用地已被征收，并且支付了全部或大部分征地成本，多是地方低价出让的。因此，完全可以考虑采取包括空地闲置税、规划调整、政府与厂商合作开发等各种手段，推动政府与原工业用地者重新谈判。比如，政府可以直接投资或引导投资者选择开发区的合适地段兴建多层厂房，让既有工业用地者实现无成本转移，这样既有工业区面积就可大幅度缩小。然后政府就可以运用规划手段将节约土地分年转化为商住用地并收取出让金。从一些发达地区的情况来看，许多工业用地也在悄悄改变用途，以工业厂房名义实质行使办公及总部基地等用途。部分制造业企业也正在积极和政府沟通，试图盘活企业闲置存量用地，进行商业、住宅业开发。与其如此，不如规范化操作，政府与企业分享收益。

当然，实际操作中地方政府需和原土地权利人进行充分谈判，在分享收益的前提下实现上述用地结构调整。为此，中央则需在关于商住用地必须招、拍、挂出让的政策上进行相应调整，允许地方政府与原土地权利人（那些已获低价工业用地的制造业投资者）之间建立一个合理的收益分配谈判机制。

其中一种思路，是地方政府可能给原制造业企业留用一定比例商住用地后，再根据规划统一变更宗地性质后把政府所获得土地通过招、拍、挂等公开出让方式推向市场。另外一种思路，是地方政府考虑以一定溢价将闲置工业用地或者低效率利用的工业用地收回，再由土地储备中心统一收储，然后通过招、拍、挂出让。但上述两种方式，都仍然无法从根本上改变地方政府作为城市单一商住用地供地主体，从而必然会限量少供以最大化商住用地土地出让金的局面，而这恰恰是目前中国城市房地产泡沫形成的一个关键性的体制基础。

考虑到各线城市房地产泡沫都比较严重，虽然短期内可以采取上述两个方法来缓解问题，但中长期的改革，则应该是只要符合城市规划要求，在修改规划用地性质的基础上，允许原工业用地厂商直接与商住用地开发商进行土地交易，政府通过累进土地增值税（或补交商住用地出让金方式）来获得相关土地改变使用性质所带来的增值收益。这种做法，在中国以前划拨用地入市的操作中早有经验，因此并不难推动。

当然，要实现上述改革，中央政府首先要严禁工业开发区，包括欠发达地区的开发区进一步扩张。只有这样，地方政府才会开始从存量用地集约利用这个方面去做文章，并制定分年度的整体土地利用结构调整方案。因此，上述用地结构调整的前提，就是地方政府不仅不能再像过去那样低价征地，然后以更低的价格出让工业用地去新建开发区，而且还要逐渐收缩既有开发区和工业用地规模，把中国工业用地比重过高、商住用地比重过低的局面逐步扭转过来。由于中国目前制造业产能已经全面过剩，存在开发区过度建设、工业用地占地比重过高的问题，中央必须要下决心全面叫停内地新一轮建设工业开发区狂潮，严禁地方政府零地价、负地价招商引资，否则不仅会进一步增加征地所致社会矛盾，还会把地方政府、国有银行，最后是中央政府进一步拖入巨额不良资产的陷阱。

调整工业用地结构给地方政府带来的财政收入潜力，不仅包括工业用地逐年转商住后获取的土地出让金收入，还包括这些土地被释放入市后商住用房地产建设为地方产生的各种预算内税收。2003—2013 年，我国工业用地大约增加了 2400 万亩，如果这些新增工业园区平均容积率能够提高一倍，达到 0.6~0.8 的基本标准，就可以节约 1200 万亩用地，相当于每个县增加 4000 多亩用地（约 2.7 平方公里）。即使每年工业转化为商住用地出让只有 50 万亩，以 2013

年平均每亩商住用地 300 万元的平均价格计算，未来通过对低效工业用地的重整也可以筹措每年 1.5 万亿的土地出让金纯收入。即使这个过程中让利给企业一半，地方政府每年也可获得 7000~8000 亿元左右的土地出让金纯收入或土地增值税收入。此外，如果上述 50 万亩土地中 1/3 用于基础设施与公益事业用地，剩余 2/3 用于住宅和商业开发（约为 33.4 万亩，容积率 1.5），每年还可以开发 3 亿~3.5 亿平方米住宅，按照每平方米 5000 元单价计算，总产值大约 1.5 万亿~1.85 万亿元，新增增加值 6000 亿~7000 亿元，还可以新增各类房地产开发有关税收 2000 亿元以上。

综上，政府可以通过工业用地结构调整，获得大约每年接近一万亿元的各类财税与土地出让金收入，基本可以补足目前模式下政府土地出让金的纯收益。最关键的，是这个措施和前面提到的城郊村居民为外来农民工盖房子的改革措施结合起来，可以直接消化目前我国严重过剩的钢铁、建材等房地产相关行业的产能，救助这些行业存在生存危机的大量国企和民营企业，并有助于化解地方政府的巨额存量债务，在防止房地产泡沫崩盘的情况下逐步消除这些泡沫，让城市居民有更多的非住房消费，让城市流动人口有买得起的住房并逐步市民化，从而最终建立更具有可持续性的新型城镇化模式。

也正是从这个意义上说，我们这里所提出的系统性的土地改革，不仅是中长期有助于中国经济模式转换的一个关键所在，也是短期内救经济、保增长的关键改革举措。特别是人口流入地各级别城市城中村、城郊村的出租房建设，可以全面调动社会的积极性，为有切实住房需求的大批城市流动人口提供可购买的体面住宅，因此更需要政府早下决心，尽快推动。

（本文原载于FT中文网）

第五章

国企改革的轨迹与正途

如果混合所有制的“新政”只是让国有企业多了种从社会获得资本金的渠道，却没有在公司治理上实现根本的变革，这种新政策就是不可持续的。改革国企必须从如何达成一个更为公平的竞争环境入手。

改革的前提是政府要放权

姚洋（北京大学国家发展研究院院长）

20世纪90年代朱镕基总理推动过一轮改革，主要是缩减规模、简政放权。当下的改革如果还走简政放权的路线是远远不够的。党的十八届三中全会提出了混合所有制改革，描绘的蓝图非常宏大、非常理想，但真正推行下去阻力会非常大。政府不改革，要实现改革目标，是有相当难度的。

为了保证未来10年经济改革能顺利推行，政府改革应该有新的方向。怎么改？国有企业搞混合所有制改革。我个人不反对混合所有制，毕竟这是进步的。

过去30年改革成功的经验，就是让地方政府参与经济竞争，但是今天这条路走不通了。在基础设施、公益事业等领域强化了政府的控制地位，导致问题不断出现。我认为，重要的是剥离政府的经济功能，政府做政府的事，企业做企业的事。无法剥离的原因在于，过去的改革并没有戳中关键。

混合所有制改革的核心是，实现真正的现代企业管理制度。如果民营资本进去了，没有发言权，根本就改变不了国企现状。你要知道现在的大国企，规模太大了，想想看得多少民间资金进去才能稀释。民企进去，也只能是小股东。

在我看来，国有企业的运作很难说符合市场原则，特别是大型垄断企业。这些企业的目标不是以盈利为目的，政府强加很多政策目标、社会目标，使得企业行为发生扭曲。如果政府掌握控股权，控制企业，民营企业家是不愿意把钱给国有企业、自己做小股东任人宰割的。而且国企分红又很少，基本不分红，民营企业进入也不会获利多少。

所以，实行混合所有制，国家或者政府可以是出资人角色，按照现代企业制度操作，而不能让政府有超权力，一切都应该在公司法范围内运作。

混合所有制改革的另一个关键就是去行政化。央企的领导人能不能在市场上招聘，而不是中组部任命？如果市场来决定，哪怕企业是完全国有，也是可以的。领导是由市场原则决定，干得不好的话，就被市场淘汰掉。当下的困难在于，政府不会放权。现在政府对国有企业是越管越严，老总拿多少钱，下面部门拿多少钱，都是有规定的。如果不改变现行治理模式，只推进股权改革，改革是很难成功的。

现在的国企干部不仅有行政级别，而且还是高工资，谁都想去当领导。又是部级干部，还能年收入几百万、上千万元。所以，现在等于有一个不成文的合约，因为国企领导人是局级的、副部级的，甚至有的是正部级的，收入就应该少一点。因为有行政级别，退休之后还可以享受级别待遇。

如果混合所有制改革最终的结果是企业由政府来控制，还是由国资委任命董事长、总经理，甚至是组织部来任命，这种改革是毫无意义的。

特别要强调，政府应该更多地退出市场。所谓将政府能动性落到实处，却没有抓手。我们应该从基础设施开始动手，政府不要到市场上融资，该发债就发债，以税收做担保。地方政府也可以下死命令，不能再新建企业，不能再直接或间接地参股企业，包括融资平台，甚至是混合所有制，都应该一刀两断。

地方政府通过融资平台，直接或间接控制大量的资源。有学者和官员认为，地方政府债务改革的方向，就是发行更多的城投债，直接由市场来管。他们的观点是政府管不了，就给市场去处理。但是，我认为风险太大，毕竟融资平台不是真正的市场主体。简单说，不计成本地到市场上融资，结果发现回报率远远高于市场应给的。这其中，就挤出了企业债，支撑非正规的利率市场化过程，推高利率，把中国经济运行带入危险境地。

当下，中国的现状是政府占据资源过多。简单地算一笔账，中国政府预算内收入占GDP的22%左右，如果把其他收入按全口径收入计算，把社保、卖地纳入其中，政府收入则会占GDP的1/3。而国有企业增加值占GDP的1/3，仅仅这两项，占整个国民经济的2/3。所以，政府在经济中占据的资源过于庞大。这种情况下，给民营企业、民间力量留下的空间就非常小。

所以，经济改革要想成功，还是要推进政府改革。只有政府放权，把市场的交给市场，才能换得混合所有制的成功。

（本文原载于新浪财经）

中国国企改革的轨迹与正途

陶然（中国人民大学经济学院教授、人民大学国家发展与战略研究院副院长）

明确提出发展混合所有制经济，是党的十八届三中全会的一个主要改革决策。2014年以来，中央和地方国企改革都有所动作。六家央企被国资委纳入了改革试点，主要推行交叉持股的混合所有制，以改善企业管理、进行资产重组与加强问责；而到目前为止，25个地方版的国企改革“路线图”也已经出炉。

目前地方与国资委已推动的国企改革措施，仍与党的十八届三中全会要求的现代市场体系建设有重大差距。尤其是具有行政性垄断性质的央企改革，其中的一些举措甚至与建立现代市场经济体制的最终目标南辕北辙。

国企改革的逻辑：从计划经济的两类低效率谈起

中国的国企从计划经济时期开始逐步建立。如林毅夫教授所言，计划经济本质上是重化工业优先发展战略，这种战略首先在一个劳动力丰富的国家带来第一类“资源误配低效率”，即把稀缺资本配置到资本密集，但只能带来很少就业的重化工部门，尤其是装备工业部门，而能发挥劳动力比较优势的轻工业特别是消费品工业，却被人为抑制。

为实现重化工优先发展战略，政府不得不推动“三位一体”的计划经济模式：包括扭曲性的宏观价格体系、计划配置资源的方式，以及在农村与城市分别建立人民公社与国企微观运营机制。但也正是这种微观运营机制，带来计划经济中普遍存在的由大锅饭、企业软预算约束等导致的第二类“工作激励低效率”。

区分这两类低效率之所以重要，是因为转型经济学的大部分既有研究对传统计划经济本质上是一种重化工业优先发展战略缺乏足够的认识，从而忽视了第一类低效率，而过分强调计划经济的第二类低效率，这不仅可能让学术研究有所失焦，而且也难以理解为什么中国改革开放早期包括国企与乡镇企业在内的公有制企业不仅没有衰落，而且在相当长一段时间内还获得了较大发展。

一般认为，中国与前苏东（原苏联及东欧社会主义国家）转轨模式的重大差别，是前者更为“渐进式”。比如，在农村土地和国企改革上，中国都没有迅速推动私有化，却利用双轨制实现了体制外的市场化突破。通过做大市场轨，也就相应缩小了计划轨，逐步迈向配置效率与激励效率更高的市场经济。上述理解，在一定程度上有助于解释为什么前苏东大部分国家在转轨初期经济快速下滑，而中国在开始转轨后却一直保持高速增长。

但上述理解并不彻底。事后来看，中国之所以能实现上述渐进式改革，不仅要有一定的初始条件（比如城乡都存在大量剩余劳动力并可迅速发展轻工业），而且也是不自觉地，甚至在某种程度上迫于形势对前述计划经济两种低效率分别处理，并逐步实现两种效率依次改进并良性叠加的结果。

比如，中国的改革从农村联产承包责任制开始，它有效地解决了人民公社中的第二类低工作激励效率问题。

但联产承包改革的效果却不止于此：它不仅解放了很多农村剩

余劳动力，为乡镇企业提供了廉价劳动力，更通过农业产出的增加创造出了新财富，从而对乡镇企业所生产的消费品形成了购买力；而乡镇企业雇工并支付工资，又进一步增加了消费品购买力。换句话说，解决第二类工作激励低效率的联产承包改革，通过对乡镇企业产品从供给、需求双方向的同时推动，带来了轻工业的大发展，从而又改善了计划经济中第一类资源误配低效率，结果是效率改进上形成了良性叠加。而这种叠加又是在乡镇企业可采取相对灵活的用工与激励制度下进行的。乡镇企业从成立开始，就比计划经济下的传统国企建立了更有效的激励机制，去激发管理层和工人的劳动积极性。

虽然也从农村改革中得到借鉴，但20世纪80年代以来的城市改革，尤其是国企改革的逻辑，却有所不同：一旦不再坚持主要资源都投入重化工业乃至国防建设，而同时回城知青与城市新增劳动力开始带来巨大就业压力后，政府就不得不逐步放开轻工业的行业进入管制。地方政府一方面依托原来的轻工业国企，一方面还会建立更多的新国企去生产各类消费品。城市轻工业进入管制的放松直接促进了城市中第一类资源误配低效率的改善，并带来了相应的企业利润。这样，作为企业所有者的地方政府就可通过利润留成等方式去激励国企管理层和工人努力工作，从而又改善了计划经济中国企的第二类工作激励低效率，这又是一个效率改进上的良性叠加。

不管是农村还是城市，上述分开且依次改善计划经济两类低效率的渐进式改革，其实对理解中国经济转轨早期的经济绩效至关重要。这种改革模式不仅使中国开始发挥轻工消费品生产的比较优势，同时也通过消费品生产创造了大量就业机会和劳动收入，提升了消费品的需求与供给，改善了人民生活。更重要的是，在此基础上，国企和乡镇企业的各种内部经营机制改革，包括利润留成、绩效工资、企业承包责任制等措施，都给公有制企业的管理层和工人带来了较为有效的工作激励。由此，中国也就逐步实现了对传统重化工业优先发展战略及其伴随计划经济模式的逐步突围。

更重要的，消费品轻工业的发展还带动了计划经济时代被过度投资的重化工业产品需求，让其过剩产能可被充分利用起来。这一点，与苏联、东欧那些进行休克疗法的经济体形成了鲜明对比：后者基本上是同步解除了上下游行业的进入管制，并较快地推动了企业私有化。但在这些经济体中，由于下游消费品工业在短时间内无法充分发展起来并进一步对上游重化工业产生需求，其重化工业产能，包括能源、原材料产品的需求，从一开始就出现急速下跌。而中国的情况正好相反，甚至还因为轻工业对能源、原材料需求过旺，而不得不推行价格双轨制。

从这个意义上看，价格双轨制内生于中国改革所选择的路径，更大意义上是中国所选取改革路径的一个结果，而非中国转轨成功的主要制度基础。更进一步来看，甚至中国改革路径本身也是在当时城乡经济严峻形势下政府被动选择，而非主动设计的结果。

也正因如此，与苏联、东欧大部分经济体在改革初期经济出现的快速下滑相比，中国的改革从一开始就通过农业带动轻工业、轻工业带动上游重化工业的良性叠加与累积循环效应，实现了经济持续增长、就业增加与人民生活的稳步提升，这也为后来进一步的改革提供了强大的物质基础和政治支持。

再回到国企改革和乡镇企业上来。20 世纪 80 年代中国的企业改革，不仅原有公有制企业没有被私有化，相反，各级地方政府，尤其是市、县地方政府还大大扩张了原有国企的产能，甚至新建了更多的国企和乡镇企业。不难发现，那时中国各地建立的乡镇企业，基本上都是“苏南模式”类的企业，换句话说，绝大部分是真正的公有制企业，只不过它们是县级以下政府组织（乡政府和具有准政府组织性质的村集体）主办的公有制企业，而那时所谓“戴红帽子”（假公有，实民营）的乡镇企业，总体来看不仅是少数，而且也主要集中于温州等少数地区。而温州等地之所以大批出现“戴红帽子”的民营企业，更有其特定的历史基础和地方政治结构因素。

国企民营化的转型：并非越快越好

至此，一个有意思的问题是，为什么公有制企业在中国经济转轨开始后相当长一段时期内带来了经济的持续成长？为什么在中国转轨早期，经济学一般认为的民营企业更有利于提升效率和经济表现的规律并不适用？

要对上述问题做出有效的回答，还是要回到前述计划经济中的两类低效率上来：首先是优先发展重化工业带来的第一类资源误配低效率，其次是建立国企与人民公社带来的第二类劳动者工作激励低效率。无论是中国的农村改革先改善第一类低效率、后改善第二类低效率，还是中国的城市改革反其道而行之，都是以一类效率改善为另一类效率改善创造有利条件，并以此为基础构造一个良性叠加的机制来持续推动增长。而出现这种良性叠加机制的初始条件，其实是计划经济时代消费品的极端匮乏和人民生活水平的极端低下。当然，计划经济时代的消费品短缺并不意味着当时百姓有足够购买力却无法买到所需消费品。但一旦中国通过有效改革（如联产承包责任制、城乡逐步放松对轻工业的行业进入管制）开始释放生产力后，就可以极大增加消费品供给，同时也创造包括农业、非农收入在内的新增财富，并最终提升对消费品的有效需求。

事实上，直到 20 世纪 80 年代末期，中国绝大部分轻工消费品，乃至能源、原材料甚至是部分重化工业装备产品，都处于供不应求的状态。产品供不应求，实际上就意味着只要有办法组织起新增产能，基本上无论搞什么产权性质的企业都可以盈利。也正因如此，包括国有企业和乡镇企业在内的各类公有制企业，只要采用某些可以和利润挂钩的绩效激励，就可以较好地调动经营层和工人的劳动积极性。

在这种情况下，公有制企业只要找对了市场需求，充分利用经济中充沛的劳动力组织生产，就可以改善计划经济中第一类资源误配低效率。而作为企业所有者的各级政府，也只需要通过承包制、利润留成等企业经营机制改革（而非所有制改革），去激励企业管理层和工人努力工作，有效地改善计划经济中第二类工作激励低效率。如是，这一阶段的公有制企业发展就不是一个太大问题。而相比于民营企业，公有制企业甚至因其可容忍一定程度的冗员而可能更有利于转型初期的社会稳定。

显然，制造业产能不足、产品供不应求只是经济转轨中的一个过渡阶段，它不是也不可能是市场经济的常态。实际上，对于一般的市场经济而言，只要没有人为设置的过高行业准入管制，产能就会很快扩张，并迅速出现行业平均利润趋近于零的常态。

正是从 90 年代初期开始，随着各地国企与乡镇企业不断扩建、新建，中国消费品乃至于能源原材料的短缺局面开始得到根本扭转，制造业全行业平均利润也从早期的 30%~40%，较快地下降到接近于零的水平。原来那种生产什么都能赚钱的好日子结束了。这时，要激励公有制企业的经营层与工人努力工作，政府就必须不断提高企业利润留成的比例。实际情况也恰恰如此。当这些竞争性行业平均利润趋近于零时，承包合同中企业利润留成比例趋近于 100%。

一旦赚钱变得日益困难，公有制企业不可避免存在的预算软约束、“负盈不负亏”、所有者缺位等基本矛盾就开始凸显。当时，地方政府、企业与银行之间存在特殊的关联，地方为保税收、就业往往会为企业担保从银行贷款，这样，地方的国企、乡镇企业开始给金融系统带来了日渐增加的坏账。到 90 年代中期，当中央政府意识到其中蕴含的重大金融风险并逐步采取措施断奶后，地方政府通过破产、改制乃至直接民营化“甩包袱”的行动就自然展开了。

回顾 90 年代中后期国企的“抓大放小”改革，那些地方政府兴办的、以轻工业为主体的各种国企与乡镇企业，其实很多在中央出台相关政策之前就已经开始了大规模破产与改制。而破产、改制动作比较缓慢，甚至最后还有所保留的，一般都是较高级政府，特别是中央政府所有的、具有一定规模经济的上游重化工、能源、原材料行业国企，还有一些高端服务业部门，如交通、电信、电网等。由于当时下游的消费品工业出现了严重产能过剩，这些被保留的少数上游大型国企在经营上也非常困难，也有一些进行了民营化改造，但这样的政府特殊支持还是让关键部门的一些大型国企继续存活了下来。

前述讨论要说明的关键一点，是一个健全的市场经济体系与人为设定的行业进入管制不相容。一旦去除这些管制，行业平均利润率必然趋近于零，而这种情况下，一般而言，民营企业是最有效率的产权安排。但是，从计划向市场经济转型的初期，政府并不一定要马上、全面推动私有化，完全可以在产能不足的转型早期，通过放松行业进入管制来改善计划经济第一类资源配置低效率，而这也将创造资源推动国企经营机制改革，并改善第二类工作激励低效率。只有当经济中出现产能过剩引致公有制企业软预算约束等劣势凸显时，地方政府才会推动公有制企业改造，但到此时，经济已持续增长一段时间，各级政府也已经有了较为雄厚的资源来为下岗职工埋单，甚至为破产企业处理坏账。同时，民营企业也开始逐步壮大，并为下岗职工的就业转换提供有效的减震。

国企“抓大放小”改革遗留的问题

20世纪末中国国企改革的“抓大放小”改革，不仅有巨大成就，也遗留了不少问题。

必须承认，90年代的大规模国企、乡镇企业破产、改制、重组，为21世纪初中国经济高增长创造了非常有利的条件。正是因为能迅速“放小”，让民营经济真正焕发了活力，也就助推了中国在2002年后逐步摆脱困境，甚至变成中低端消费品生产的“世界工厂”；而与国企改革同步推动的住房体制改革，更促进了21世纪以来城市商品房市场的蓬勃发展。

出口产业与房地产业的大发展，构造了中国2002—2008年超高速增长时代的强力双引擎，为20世纪末21世纪初陷入重大困境的重化工业、能源原材料产业提供了超强支撑，同时也极大增加了对金融、电信、交通等中高端服务的服务需求，壮大了当时所抓的“大”。

但无论是国企改革的“放小”，还是“抓大”，囿于历史条件和决策机制不完善，还是存在相当的局限，并给后来中国进一步的国企改革乃至经济的整体发展带来了不可忽略的负面后果。

从“放小”来看，90年代中后期的国企与乡镇企业改制确实存在不可忽视的公有资产流失问题，也存在政府工作不到位、下岗职工未被妥善安置的问题。正是这些问题的出现，让2003年后政府在进一步国企改革，尤其是推动企业破产和民营化方面变得日益谨慎。相当一段时间以来，国企即使效率不高、业绩很差，各级政府也倾向于选择“不抛弃、不放弃”，于是，国企预算软约束问题又不可避免地成为经济发展的魔咒。

“抓大”带来的问题更为严峻。尤其是中央国资委所管理的100多家央企，在金融、能源、电信、交通、石油、石化等领域基本上持续占据垄断地位，在钢铁、煤炭、建筑、汽车等竞争性行业也继续存在，大部分还在2002—2008年黄金增长期内迅速壮大了实力。垄断性央企甚至不少还在一些新出现的高利润行业，如房地产业攻城略地，以至于这些行业甚至还出现了所谓的“国进民退”现象。

在2009年政府为应对金融危机实施了强力刺激政策后，上述趋势日益明显：在超级宽松货币政策与廉价信贷的支持下，在要求国企通过投资支持经济的指令下达之后，很多国企，尤其是资源、能源、交通运输行业的央企开始了大干快上。如今，这些当初过度扩大产能与投资的不利后果开始凸显，也给金融体系带来了日益增加的压力。

21世纪出现的新问题：地方投融资平台类国企

自21世纪以来，一类新的地方国企，即地方政府投融资平台开始大规模涌现。随着上一轮地方制造业国企逐步改制，在竞争性制造业部门中所剩地方国企数目已较少，在政府公用事业、服务业中还有一定数目的国企。但围绕城镇化与工业化浪潮，地方政府逐步开始依托“土地财政”“土地金融”，大规模建设工业开发区、新城区。于是，一类新的地方投融资平台类国企建立起来，并成为城市基础建设筹资的主要载体。这些国企包括城市基础设施建设、各类开发区和园区平台、交通运输类融资平台、公用事业类融资平台、土地储备中心、国有资产管理中心等。实际操作中，地方政府一般是把土地、国有公司股权、规费、国债收入等资产划拨注入这些企业，然后从银行取得贷款或发行城投债，或通过融资租赁、项目融资、信托私募等方式来融资。其中，抵押土地资产获得贷款收入是目前这些平台最常见的融资方法。地方政府以尚未出让的商住用地为抵押品融资，而未来土地出让金则构成了偿债的基础。

作为地方突破财力限制的体制创新，投融资平台类国企是地方“以小财政撬动大城建”的关键所在。但由于缺乏清晰的法规约束和风控机制，往往会投资过度。加上近年来房地产市场下行，限制了土地出让金持续增加的空间。随着债务逐渐到期，地方融资平台类国企的风险日益加大。

在相当长的一段时期内，之所以中国的地方债务问题没有那么突出，主要还是房地产市场持续繁荣，使得地方政府能获取巨额土地出让金并按时还本付息。但如果未来房地产市场继续下行，投融资平台类国企给地方财政乃至整体金融体系带来的风险就不容忽视。

不利的苗头恰恰在这几年开始出现。2009 年中国大规模的信贷刺激政策实施后，在金融体制仍被严格管制、利率也未市场化条件下，大量廉价贷款被配给到地方政府所建立的投融资平台类国企，以及具有一定垄断地位的中央、省级国企。前者运用贷款新建、扩建工业开发区和城市新区，改善包括地铁、城市道路等在内的基础设施，而后者除运用这些贷款到国内外收购各类资源和资产外，还有部分投入城市的土地炒作，进一步加剧了各线城市房地产的全面泡沫化。

与 20 世纪 80 年代日元升值后日本采取大规模信贷刺激并带来房地产泡沫相比，中国当前面临的挑战可能更为严重。日元快速升值带来了日本制造业企业的大规模外迁，但中国地方政府，特别是内地不少地方政府，却通过投融资平台建设了更多的工业开发区，加上新旧城区的各类基础设施建设，地方债务余额在 2008—2010 年就翻倍超过 10 万亿元，到 2014 年底更接近 20 万亿元。

无论是 2009 年后各类央企进行的资源、能源、土地购买投资，还是地方政府依托投融资平台类国企所推动的大规模城市基础设施投资，在当前制造业产能已全面过剩，而外需又不可能持续高增长，房地产行业预期也开始变化的情况下，投资回报率的下降不可避免。以地方投融资平台为例，由于近年来土地出让金增速下滑，但支出刚性递增，一些地方已无法按期偿还贷款，银监会不得不允许地方投融资平台贷款延期偿还，但这种展期本身就会强化道德风险。如果未来经济不能保持高增长，地方债务偿还最终还是会出问题。

也正是在上述背景下，党的十八届三中全会提出的国企混合所有制改革给地方国企和央企带来了非常不同的反应。对很多地方政府来说，由于投融资平台类国企的沉重债务负担和土地出让金下滑，混合所有制改革被认为有助于突破政府 2003 年以来对国企改革与相关资产变现的谨慎态度，这就为地方变卖手上仍掌握的国有资产并还债提供了可能性。但对很多央企而言，迄今为止，混合所有制改革还基本没有成为打破国企行政性垄断的推动力，一旦走错反而可能会为继续维持这种垄断提供借口。

混合经济与混合所有制：国际经验

到此，需进一步澄清相关概念。经典经济学教科书里通常谈到的“混合经济”概念，是指在一般竞争性部门完全由私营企业主导，但在需要较大初始投资、有一定规模经济或自然垄断特性的产业领域，如电网、电信、各类城市公用事业，或在一些特殊资源采集领域，如石油、煤炭采矿业，以及少数私人不愿意投资的部门，如原子能、宇航工业等新兴军工部门，可以考虑（但不必然）建立国企来实现政府特定的社会、经济乃至军事目标。以法国为例，从1945年起，法国开展了大规模的国有化运动，将煤矿、汽车、航空以及银行等部门中的大企业收归国有，国企在这些部门实际掌握了控制权。

上述私企主导竞争性部门，国企主导非竞争性部门，就是所谓的“混合经济”。从含义上看，它与中国目前语境下私人和国有、国有与国有，乃至私人与私人相互参股的混合所有制差别很大。当然，即使在发达经济体中，也出现了一些企业内私人与国家相互参股的情况，但这基本上是个案，而非常例。比如，挪威北海石油公司在20世纪90年代初按法律规定由国家百分之百控股，后来修改法律向社会转让出40%的股份。

在发达经济体中，法国因政府有较强的干预经济传统而显得相对特殊：该国国有企业的总数较高，但也只有1143家，绝大数是国有参股企业，而其中国家独资或控股的也是少数（法国规定国有股达30%以上即算为国企）。法国国家控股管理局（APE）主要管理全资国有企业和25家控股企业，其中全资国企包括法国国营铁路公司、巴黎自治港、国家印刷局等，控股企业有法国电力公司（84.4%）、国家邮政公司（77.1%）、法国博彩公司（72%）等。需要指出，如果考察各主要发达经济体中最近几十年的表现，法国如果不是最差的，也是最差的之一。

当然，完全可以结合中国既有的实践，去找到一些案例说明，某些国企如何通过交叉持股的混合所有制改革提高了效率，并实现国有资产的保值增值，但这未必表示这种模式能有效地推广至现有大部分国企改革中去，并成为国企改革的最终模式。相反，如果方向走错，尤其是在一些具有行政性垄断性质的行业引入少数民营股权的“混合所有制改革”，很可能成为一些国企回避反垄断改革的挡箭牌。

进一步来看，即使是前述混合经济模式，最近几十年来在那些曾大行其道的发达经济体中也逐步式微。在这些自然垄断行业与城市公用事业领域，各国国企都不可避免地面临着预算软约束、所有者缺位、成本过高、效率低下、创新不足的问题。因此，进入 20 世纪 80 年代之后，伴随着这些传统自然垄断行业的技术创新，在这些行业引入竞争已逐步成为可能。那些传统上被认为由国企来经营更符合社会目标的部门也逐步开始了民营化，放松行业进入管制，通过再管制来强化竞争的过程。

从国际经验来看，随着技术进步，在那些原来被认为有自然垄断及公共服务性质的行业，如电信、电网、交通、地方公用事业等，各国已逐步发展出一套被证明为比较有效的制度安排与监管机制，让民企进入后也可逐步建立有效的竞争性市场结构。具体而言，一些技术进步带来了企业固定资本投入的大幅度降低，从而让行业竞争成为可能，比如互联网通信对移动乃至固话的竞争。另一些技术进步则开始进行行业的自然垄断环节与非自然垄断环节之间的业务分割，比如移动铁塔与移动通信服务之间、铁路路网建设与客货运输服务之间、电网建设与输配电服务之间。然后在分割出来的非垄断业务环节可以直接引入民企参与的市场化竞争，甚至在那些自然垄断环节，如城市公用事业的基础建设部分、移动基站乃至电网基础设施建设部分，也完全可以通过特许经营权等方式来引入竞争，最终实现效率的提升。

现代经济学的一些重大学术研究突破，也为在这些传统自然垄断部门引入民企投资、强化竞争、抑制垄断提供了强大的理论基础。2014 年诺贝尔经济学奖获得者让·梯若尔教授的一个重要贡献，就是创建了对这些行业实施激励性管制的一般分析框架。相比于基于服务成本定价的传统管制方法，梯若尔教授提出的解决方案可以让政府在信息不对称的情况下对被管制企业提供更有效的激励。

一个例子是在公用事业行业，监管机构可以让企业在成本附加和固定价格两种监管与补贴合同之间进行自由选择。此时，高效率企业通常会选择固定价格型补贴，这是因为它更有能力降低成本，从而可以在固定补贴合同下获利；而低效率企业则通常会选择成本附加型的补贴，即在企业自身成本基础上政府再给一定补贴才能获利。而一旦监管机构借这种机制设计掌握了企业效率信息后，就可以制定针对性的监管政策，最后将合同签给高效率的企业。目前，欧盟竞争委员会等机构已经开始采用这些经济学的重要研究成果来推动相关行业的市场化改革。

总体来看，全球各个行业的新技术突破，以及各国为应对这些突破而推动的各种制度与理论创新，让那些传统上被认为难以竞争，所以由国企来运营的行业或业务环节，都开始引入了民企竞争。这也就是20世纪80年代以来全球在电信、电力、铁路、煤气、自来水等自然垄断产业掀起的管制改革浪潮。目前，放松管制、引入竞争、产权私有，从垄断走向竞争已成为全球垄断行业市场化改革的主导趋势。其中不乏成功的经验，更有失败的教训，甚至还出现了管制机构被新进入的私营企业所捕获的情况，都值得中国在未来国企改革中充分学习和借鉴。

混合所有制到底要实现什么目标?

反观中国目前一些具有行政性垄断地位的央企所推动的混合所有制改革，不仅与相关行业领域的国际技术革新与制度变革大潮南辕北辙，而且还与中国产业升级、持续经济增长，乃至社会大众对这些产业的期待相距甚远。

在石油、石化、电信、交通、电网领域，乃至医疗、教育产业中的非公益性部分，如果混合所有制的改革只是在其中一些非关键业务环节，甚至在关键业务环节引入少数私有股权，那么就基本不能达到打破垄断、强化竞争、增加就业的目的，更无法让国企改革在带动中国产业升级与经济持续增长中发挥应有的作用。

实际上，在上述行业的改革中，必须真正引入民营经济作为直接参与竞争的主体，同时也要建立有效的反垄断监管框架。这不仅将是中国未来经济实现持续增长并最终迈入发达经济体的关键性改革，也是降低政府既有债务与金融体系风险、补充社保账户潜在缺口的关键性改革，甚至还是解决大批大学生就业、保持社会稳定的关键性改革。

顺便说一句，中国目前出现大学生就业困难问题的根本原因，并不主要在于中国大学生的供给过剩，而恰恰是因为能解决这些大学生就业的高端服务业、制造业部门的发展严重受限于国有企事业单位的行政性垄断。

国企改革方案的主导权配置

总体来看，21 世纪以来中国的国企改革缺乏实质性进展。央企的五朵金花——电力、铁路、电信、石油、电网改革一直没有取得实质性突破，此外，还存在着诸如努力多年也没有造好自主车的各大国有汽车企业，重复建设和亏损严重的国有钢铁企业，以及一些在竞争领域里依靠多元化交叉补贴生存的一些国企。国企改革的缓慢进展表明，因重大利益交织与意识形态束缚，改革的阻力很大。

据媒体报道，2014 年 10 月国务院成立了国有企业改革领导小组，负责落实国企改革的工作部署，并统筹研究和协调改革中的重大问题和难点问题，但由于利益胶着，加上对国有资产流失的担心，在一些关键问题上相关机构仍未达成共识。迄今为止，中央层面的改革总文件尚未出台。

应该说，国务院国企改革领导小组的成立，肯定有利于跳出部门视角与摆脱本位主义，是未来中国国企改革的一个良好起点。有理由期待，国资改革领导小组会超越以前的一些只顾国有资产保值增值，却不利于社会财富最大化、不利于增长与就业，甚至强化央企行政性垄断、破坏全社会利益的改革。更有理由期待，由更高层级统领的国企改革，能杜绝垄断性国企自提改革方案流于表面文章，甚至滑向自利式行动的情况。

由于在国企改革最终目标设定这个主要问题上，决策层内部、决策层与学术界之间，乃至学术界内部仍然在很大程度上缺乏共识，加上大批国企在不同行业分布，并为不同级别政府所有，这里很难给出非常具体的改革方案。本文不可能也无意为国企改革提供具体的可操作方案，只是提出在国企改革整体方案设计上，政府应特别注意处理好几个关键问题。

地方债务化解与竞争性行业地方国企完全退出

地方政府投融资平台类国企的财务风险化解，实际上也就是地方债务的化解，应与地方政府其他类国企改革及相应的资产变现、国企逐步全面退出竞争性部门的改革结合起来。随着当前城市房地产市场下行，未来地方土地出让金收入增速下降，乃至出让金水平绝对下降的情况都可能出现，投融资平台类国企用于抵押的土地价值难以覆盖其对应贷款的可能性日益加大。

对未来经济进一步下行可能带来的地方预算内外收入大幅度下降，未来各类公共服务、社保支出刚性增加，以及由此导致的地方政府债务缺口，中央和地方政府都应有充分的认识和准备。目前，一些地方政府已开始着手处置手上的各类国有企业资产，为未来的偿债和补缺做准备。

为此，中央政府应该为地方国企改革制定一个原则性的指导方针：即在全面摸清地方政府资产负债表的基础上，明确那些仍存留在竞争性行业（包括服务业与制造业）的地方国企应该逐步完全退出，而相关资产处置后的变现收入应该优先偿还以银行贷款为主体的地方存量债务，而不能用于进一步铺摊子的资本建设乃至地方经常性支出。中央更应该制定出原则性的政策，一方面要防止出现因措施不到位而导致的国资流失，另一方面又让地方政府解除不应有的顾虑，推动地方国企在一般竞争性行业逐步并最终完全地撤出。这显然是一个难度很高的平衡。

中国超过 10 万家的地方国企大致可分为三类，一类是投融资平台类国企，大约上万家；第二类是一般竞争性行业国企；第三类是地方公用事业部门国企。我认为，地方国企改革的主要目标应明确为：首先，逐步实现竞争性行业国企的完全民营化和资本变现，为地方投融资平台类国企相关债务的偿还、为地方社保与公共服务资金的充实创造条件；其次，在那些传统上有自然垄断特性，但现已可以引入竞争的地方公用事业领域，切实引入民资并加强竞争，全面提升地方政府公共服务提供的效率。

关于地方政府是否应该在一般竞争性行业实现国企完全的退出，必然存在不同的意见。之所以我认为要把目标设定为最终完全退出，一方面是让利于民，推动社会资本投入到有回报的实业部门，而不是到资本市场或房地产市场去继续吹大泡沫，甚至直接流出国门；

另一方面，也是要通过国资变现去偿还地方债务并补齐投融资平台类国企可能带来的巨量坏账，甚至用于提升公共服务，补齐社保支出的潜在缺口。

也正是从这个意义上讲，在地方国企改革的过程中，对竞争性行业仍存在的那些国企，逐步吸收私营股权进入的“混合所有制”改革，可能是实现上述“最终完全退出”目标的一种过渡形式，而不应该是最终形式。

现代经济学和各国经济发展的经验表明，在那些竞争性较强的行业，混合所有制，尤其是国企和民企相互长期参股，可能带来的问题要比解决的问题更多，尤其是国有股权的委托代理机制问题与国有资产流失问题，要处理好难度很大。这也就是为什么发达经济体在竞争性行业基本没有国有、民营相互参股，更鲜见纯国企的根本原因所在。

为什么混合所有制可能是地方竞争性国企改革的一种过渡形式呢？这里希望强调，如果改革的最终目标是国有股权的完全退出，对这些行业的国企而言，即使最开始只引入少数私人股权，甚至引入高管和员工持股，也会有助于企业改善经营管理、提高效益，乃至偿还企业的银行贷款。而经过一段时间的磨合，在企业经营效率提升后，国有资产的实际价值就会更明晰。无论对地方政府，还是对入股的民营企业或持股高管、员工而言，则都有助于降低交易风险，并为未来完全的民营化创造条件。处理得好，也有助于防止改革过程中的国有资产流失。当然，前提是国有股的退出过程要保持公开、透明，要引入市场化竞争。

切实放开准入并打破央企的行政性垄断

对于那些难度更大、利益更集中的行政垄断性央企，改革目标则应该明确为逐步打破垄断、增加竞争，最终降低全社会的运营成本，拉动经济增长与就业，推动产业升级与技术进步。因此，未来的改革应逐步切实剥离与主业无关的各种辅业，切断普遍存在的低效率交叉补贴。更重要的，是在每个部门、行业都进行更为充分的政策改革研究储备：要充分借鉴国际相关改革的经验和教训，结合该行业历史与现实，委托多个独立专家团队来提出备择性的改革方案。在此基础上，还要展开多层次、多轮回的改革政策讨论与实施方案辩论。在这些讨论与辩论中，有必要引入改革的各个利益相关者，包括各相关部委、消费者、被改革对象自身。不仅要通过相对公开的讨论、辩论给被改革对象施加改革的压力，而且也要想方设法建立可信的补偿机制去减少利益集团对改革的阻力。

显然，这些以央企为主体的行政性垄断行业国企改革，所涉及的资产非常庞大，企业子公司、孙公司更是数量众多，改革光是在技术经济问题上就会非常复杂，加上各个行业都有不同的技术经济特点，有效的改革方案也必然因行业不同而存在重大差别。更毋庸讳言的是，这些垄断性央企的改革，在不同主体利益方面如何实现平衡，以及改革所可能带来的经济、社会乃至政治影响等方面，都非常微妙。可以毫不夸张地说，央企改革要取得成功，不仅需要强大的经济智慧，更需要强大的政治智慧。

国企改革的配套改革必须并举

国企改革必须与反垄断改革、价格改革、国资改革，乃至社保、财政体制改革相互配套，并放在建立现代市场经济体系，同时推动长期可持续增长的大背景下来推动。首先，要降低和清理那些有一定行政性垄断性质国企所在行业仍然存在的各类进入管制，切实强化反垄断管制机构的权威与独立性，防止管制机构为被管制对象俘获。其次，对公用事业、交通运输等服务价格的确定，在引入竞争机制的基础上更多交给市场去决定。再次，政府即使要保留一定的国资股权，也不代表要通过保护国企来实现资产保值增值。国资应该以获得市场化回报为目标，不应追求垄断带来的超额利润，需明确一定时期内保留国有资本的目的，最终是为了获得市场平均水平的回报来充实包括社保在内的公共财政。

最后，在确定中央国企改革的总体目标并出台改革的整体方案之前，央企层面的任何改革动作都应特别慎重，尤其对那些可能强化垄断的央企整合与并购举措更应有所制约，以免改革不仅没有增加竞争，反而强化了垄断，结果是尾大不掉，甚至未来还不得不推倒重来。

本文用较大篇幅从理论上考察中国国企改革的历史，并介绍了国企改革的相关国际经验，旨在说明以下问题：在现代市场经济条件下，政府直接办国企，哪怕是只持有部分股权但介入企业的战略与经营决策，一般而言并不利于政府在公共治理中扮演正确角色，也不利于社会利益的最大化和经济的持续增长。

之所以我们特别强调地方竞争性行业国企的完全退出，强调垄断性央企和地方公用事业类国企改革必须在强化竞争的前提下放开准入，主要还是考虑到中国经济未来面临的潜在风险。在经济下行期刚开始时，推动这些改革措施可以有效拉动增长，同时实现国有资产在较高价位上的变现，从而有利于稳固金融体系和充实公共财政。一旦改革动作迟缓，就可能反而加快经济下行速度，那样国企改革的正面效应就可能大打折扣。

国企改革是中国向现代市场经济转型过程中一个绕不过去，也一直没有绕过去的坎儿。改革开放已经进行了 30 多年，这个攻坚战还在进行。改革没有灵丹妙药，尊重基本经济规律，密切结合经济形势选择好改革的目标，在此基础上有策略地推进，是国企改革乃至所有改革成功的前提。在中国经济与金融风险日益加大的今天，更应未雨绸缪，加快行动。特别是垄断性央企的改革，难度和意义都特别重大，即使达成了改革目标的共识，从开始准备到改革实施，到最后拉动经济增长与就业，都还需相当长的时间。决策者更应有时不我待的紧迫感，让国企改革能在中国整体经济与金融风险全面暴露之前就得到全面推动。也只有这样，才能给包括国企、民企企业家在内的全社会以更坚定的信心，并成为改革的强大支持力量。

（本文原载于FT中文网）

公平的市场环境更重要

傅蔚冈（上海金融与法律研究院执行院长）

中共十八届三中全会通过的《中共中央关于全面深化改革若干重大问题的决定》公布之后，有关国有企业改革的内容颇受公众关注，尤其是有关国有企业的混合所有制内容，更是得到一致好评。近段时间以来，无论是央企还是地方国企，都已经开始混合所有制的实践。

2014 年 2 月 19 日，超大型央企中石化宣布，将在油品销售业务板块引入社会和民营资本参股，持股比例由市场决定。2014 年全国“两会”期间，中石化董事长傅成玉表示，民营资本参股中石化没有所谓的比例限制。之后盛传阿里巴巴有意入股中石化销售公司，中石化官方微博也于 2014 年 3 月 17 日回应：“无论是民营资本，还是社会资本，小石头张开双臂欢迎每一位有诚意、有实力的电商等各类小伙伴一起‘卖油’，开发这个板块的潜力。”这具有标杆性的示范意义。

为什么是混合所有制？

什么是混合所有制？按照党的十八届三中全会《决定》的表述，就是“国有资本、集体资本、非公有资本等交叉持股、相互融合”。

换句话说，就是在一个公司（企业）里，股东来源多样化，除了国有资本外，还可以引入非国有资本。

其实，混合所有制并不是新概念。在 1997 年的党的十五大报告中就已经被提出，“公有制经济不仅包括国有经济和集体经济，还包括混合所有制经济中的国有成分和集体成分”。为什么公有制中会出现混合所有制经济？一个很重要的原因就是随着中国资本市场的建立，很多国有企业通过股票市场筹集了资金，变成了公众公司。在 2002 年的中共十六大报告中，对混合所有制做了更为详细的论述，“除极少数必须由国家独资经营的企业外，积极推行股份制，发展混合所有制经济”。党的十八届三中全会对混合所有制的论述之所以比以往更加引起关注，很重要的一点就是把混合所有制看成是“基本经济制度的重要实现形式，有利于国有资本放大功能、保值增值、提高竞争力，有利于各种所有制资本取长补短、相互促进、共同发展”。同时，“允许混合所有制经济实行企业员工持股，形成资本所有者和劳动者利益共同体”。而在相当长一段时间内，国有企业的员工持股都不被支持。

为什么在国有企业股份制改造之后要大力引进混合所有制？在笔者看来，大概有以下几个因素。第一，推进混合所有制，可以大幅度降低持股成本。我们不妨以中国工商银行为例，目前，工商银行的股东中央汇金投资有限责任公司和中华人民共和国财政部分别以 35.40% 和 35.20% 的股份位居第一、第二大股东位置，超过 70% 的国有股份确保了该公司的国有成色。不过，单从控股成本计算，这并不是一笔非常划算的买卖。

银行有一个资本充足率要求，按照《商业银行法》的规定，“银行的资本充足率不得低于 8%，贷款余额与存款余额的比例不得超过 75%，流动性资产余额与流动性负债余额的比例不得低于 25%”，这意味着假设国有股东要保证51%控股，那么，每年必须保证至少1.2倍于对银行资产的注资，这是一个非常庞大的数字，尤其是对工、农、中、建、交五大国有银行而言。如果银行的规模越来越大，大股东可能就会不堪重负，就如中投公司副总经理谢平说过的“成本会高到所有的分红将来都拿去注资也不一定够”。尽管绝大多数的国有企业不是银行，没有资本充足率的要求，但是，目前很多国有企业动辄超过70%的国家法人股，持股成本也高得惊人，这笔资金本来可以用在更需要的领域。

第二，混合所有制可以改进企业法人治理结构。尽管目前绝大多数国有企业都已经通过股份制改造，也在证券交易所上市。必须指出的是，由于这些公司的国有股东在公司里占据着主导地位，企业的治理结构并未得到明显改善。以中国石油天然气股份有限公司为例，国有企业中国石油集团以86.3473%的股份保证了国家的绝对控制权。但是，因为大股东的股份实在过于庞大，这使得其他小股东根本没有机会对这家公司的治理提出反对意见。即便是小股东提出反对意见，也无法在股东大会上通过。

为什么中石油在过去一段时间里出现了高管利益输送？国有股一家独大是一个重要原因。因为内部人控制就存在各种利益输送而侵害公司利益；无视小股东的利益表决机制也使得其在资本市场备受冷落：中石油的股价就会从2007年11月30日开盘价的48.60元跌到本文写作时的8.10元。最直白的一句就是：你一家独大，为什么我要陪你玩？换句话说，如果国有股东股权过于集中，不仅不利于改善治理机制，也无从保护小股东权益，更重要的是，巨额的持股成本会给政府带来极重的负担，最终成本只能由纳税人负担。从经验层面看，股份分散是公司治理结构良好的必要条件，只有如此才会有分权制衡，才会避免股东滥用权力。

第三，混合所有制可以为政府筹措财政资金。随着城市化的推进，社会保障制度的建立，现在的地方政府比以往任何时候都需要资金。在过去十几年的发展中，地方政府的公共财政主要来自经济增长带来的税收和土地存量。但是，随着经济增速放缓和中央的土地调控，地方政府的资金日益捉襟见肘。当无法获得增量资金时，盘活存量就成为一个非常重要的手段。

2011 年，上海国资委以 51 亿元整体出售上海家化，即是跟政府理财相关。尽管交易后双方争议不断，但是，仅仅从投资收益来看，上海方面从这笔交易中收益很多。上海家化原来每年上缴的收益是 4000 万元，如果不出售，130 年才能上缴 51 亿元。而在国资退出后，这笔收益可以更多用于城市的基础设施建设。可以想象，今后类似的交易会越来越多。

混合所有制真能改善国有企业治理结构?

混合所有制当然有助于改善企业的治理结构，但是不是“一混就灵”呢？笔者表示怀疑。如果混合所有制真的那么有效率，中国股市怎么还会存在那么多的治理结构低下的国有背景的公司？如果公众公司都无法改善治理结构，对于非上市的国有控股公司的治理结构，我们能保持乐观吗？

不妨以京沪高速铁路股份有限公司为例。京沪高速铁路股份有限公司于 2007 年在京成立，负责京沪高铁的相关建设与运营，最大股东是铁道部下属的中国铁路建设投资公司（下称中铁投），持股 56.2%。平安资产有限责任公司牵头的 7 家保险公司和全国社保基金会为第二和第三大股东，分别持股 13.9% 和 8.7%。但引入平安和全国社保基金就改善了京沪高铁治理能力了吗？没有。

2011 年前国家审计署专门针对京沪客运专线进行审计，发现京沪客运专线在建设过程中发生诸多问题。《京沪高速铁路建设项目 2010 年跟踪审计结果》显示，2010 年该项目存在招投标不合规、资金挪用、伪造虚假发票等问题，涉及金额近 50 亿元。为什么引入了平安保险和全国社保基金理事会还不能够改善高铁的治理结构？

也正是如此，尽管目前京沪高铁运营形势超出预期，但是，平安资产管理有限责任公司和全国社保基金理事会却出人意料地提出了退股要求。两家投资机构于 2012 年下半年分别提出希望京沪高铁股份有限公司（下称京沪高铁）大股东中铁投代表铁道部回购股份。为什么这两家机构会在京沪高铁即将进入盈利期时提出退股要求，很重要的一个因素就是它们无权过问具体的运营决策。据媒体报道，包括调整运行图、减少发车数量、降低商务舱价格等直接影响其投资收益的重大决策，股东都无权过问；而长期在封闭系统的运营过程中形成的财务不透明，也让投资人无从知晓其真实的收入。在一般人眼中，中国平安和全国社保基金理事会是中国资本市场中呼风唤雨的角色，假设它们的利益都无法得到保障，更不要说普通投资人。

换句话说，如果混合所有制的“新政”只是让国有企业多了种从社会获得资本金的渠道，却没有在公司治理上实现根本的变革，这种新政策就是不可持续的。中国国有企业之所以效率不高，根本原因并不是差钱——而是一直不差钱而导致的各种效率低下：不差钱意味着它不需要为运营效益负责，一旦资金告急就可以从政府那里获得急救资金。

还是以铁道部为例，从 2006 年开始，铁路系统的年固定资产投资规模超过 2000 亿元，其后投资额逐年增加，2011 年达到峰值 8340.69 亿元。如果分析一下铁路建设投资的资金来源就更加清晰，在铁路建设投资中债务性融资占总融资额的比例过大，2009 年后这个比例超过 70%，导致铁路的负债金额和资产负债率节节攀升。

换句话说，铁路系统今日之弊病是典型的国有企业预算软约束之故。解决国有企业的这个老问题，并不只是吸引社会资本，更要在企业内部治理上有一场脱胎换骨的改变。民间资本有效率就是因为预算约束是硬的，它会想方设法节约各种资源，改进管理方式，提高效率，为投资人获得回报。

对于私营企业和普通居民而言，预算约束意味着决策者的收入总量约束着支出选择，因此不能够做一些超过预算收入的事。如果一家国有企业的支出超过了它的预算约束，将会发生什么情况？约束将根据不断出现的超支来调整，企业会得到各种外部帮助。根据经济学家科尔奈在《社会主义体制：共产主义政治经济学》一书中的解释，企业经常会得到的外部帮助主要是以这四种形式出现：通过和政府部门讨价还价的软补贴；按照每家企业单独处理的软税收；陷入困境的企业可以获得银行信贷的“软信贷”，以及软价格管制。

无论是哪种帮助，最终都会出现的情况是，当国有企业出现经营问题时，政府可以帮它一把以免走向倒闭。相反，如果这是一家私营企业，它就可能面临破产的风险。这几年之所以会发生“国进民退”，很重要的一个原因就是国有企业比民营企业多预算软约束这口气。不过，必须指出的是，预算软约束并没有在根本上解决国有企业的困境，反而使得国企竞争力越来越弱，还恶化了市场竞争环境，扭曲了国企的行为模式——如果我亏损了就能够获得补贴，又何必去费力获得市场认可？

尽管这几年来国企的治理结构在形式上得到了很大改善，而且国资委对央企有着各种各样的绩效考核，其指标也不能说不先进，但是都没有改变预算软约束这个现实。一个可以作为佐证的事实是，到目前为止并没有一家央企因为亏损而破产，甚至很少有地方国资国企因此而破产。而地方政府在处理地方国资国企经营不善的问题时往往采用重组的方法，由一个盈利公司接下亏损公司的各种负债。

如果混合所有制不能在破除预算软约束上下功夫，最大的可能性就是这些混合所有制企业比其他纯民营企业具备了预算软约束的优势，不必担忧市场竞争的威胁；最终可能是企业内部效率等大幅度下降，既不利于企业，也有损市场竞争。就此而言，如果混合所有制只是需要社会资本，而不让社会资本真正参与企业的运营和管理，混合所有制就很难说是成功。

是改善企业治理结构还是改善市场环境?

1980年夏，时任国务院副总理万里主持召开了全国劳动就业会议，目的是为了解决当年“上山下乡”运动中回城知识青年的工作问题。参加这次会议的绝大多数人士都认为，为了吸收更多的劳动力，政府应当大力兴办企业。但是，国家没有那么多资金怎么办?经济学家厉以宁在这次会议上提出，可以组建股份制形式的企业来解决就业问题，通过民间集资，不用国家投入一分钱，就可吸收更多的劳动者就业。厉以宁的这次发言，是第一次在高层会议上发出的关于股份制的声音，受到了国务院的高度重视。

从某种意义上说，厉以宁第一次提出股份制是为了解决企业资金来源问题，为了提供更多就业岗位。但是，随着国企改革的深入，股份制不仅仅被视为是解决新办企业资金来源问题的办法，也被视为改造现有国企治理结构的重要手段。20世纪90年代后推进的国企大规模股份制改造，尤其是通过公开募集股票的方式，不能不说是受此影响。甚至可以说，目前的混合所有制实际上也只是股份制的一种形式。

问题是，为什么在企业的股份制改造以后，企业的绩效并没有得到改善，而民众对国有企业还是存有强烈抱怨？在我看来，这可能是有两个方面，一是如同我前面所说的，大量的股份制改造并未根本改善企业内部治理结构，预算软约束还是大量存在；二是因为政府赋予了国有企业太多的特权，而给民营企业设立太多的准入限制，由此导致市场竞争的不公平，近几年内大规模的"国进民退"就是对此的反应。

如何改造国有企业？在当下中国，可能已经不是通过股份制改造就可以完成的。我们还必须建立一个公平竞争的市场环境。从20世纪80年代开始，吴敬琏教授就不断呼吁在中国建立市场经济，在以他为代表的一批经济学家的不断呼吁下，中共十四届三中全会通过了《中共中央关于建立社会主义市场经济若干问题的决定》，1994年开始，中国实施了财税体制、银行体制、外汇管理体制、国有经济体制、社会保障体制等多方面的改革。正是根据党的十四大和党的十四届三中全会的总体设计和行动纲领进行的全面改革，建立起了社会主义市场经济的基本框架，奠定了中国经济崛起的制度基础。

必须指出的是，在这一轮改革中建立起来的市场经济仍有很多缺陷，还保留着许多计划经济旧体制的遗产，主要是政府在资源配置中仍然起太大的作用。21世纪初，在政府职能转变、国有经济有进有退的布局调整和国有企业的股份化改制的问题上出现了停顿甚至倒退倾向，国有企业在若干重要行业中加强了绝对控制和较强控制的垄断地位。所有这些，都妨碍了市场在资源配置中发挥应有的作用。

如何解决这些问题？重塑市场经济可能是我们所需要的努力方向。在政府和市场关系问题上，要让市场在资源配置中起决定性作用。如何起到决定性作用？在我看来，很重要的一点就是努力创造一个公平竞争的市场环境，让企业通过市场竞争实现优胜劣汰，而不是通过各种事先设立的准入限制竞争。只有通过公平的市场竞争，国资国企的效率才能够大幅度改进，否则，更多的股份制改造只能够不断压缩民企的生存空间，既不利于市场竞争，也不利于国企效率的改进。

尽管从经营数据来看，国有企业的报表看上去非常漂亮。根据国资委网站的最新消息，2013 年度中央企业累计实现营业收入 24.2 万亿元，同比增长 8.4%；上交税费总额 2 万亿元，同比增长 5.2%；累计实现利润总额 1.3 万亿元，同比增长 3.8%。需要指出的是，尽管利润总额非常庞大，但是，绝大多数的利润都来自几家资源垄断型企业。中国石化联合会近期公布的数据表明，2013 年石油和化工行业主营收入预计约为 13.3 万亿元，同比增长 9.2%；利润总额约 8900 亿元，同比增长 8.8%。其中，2013 年，“三桶油”的营业额约占央企总额的 55%，利润更是占央企的 70%。

换句话说，目前央企的成功，最大的“功劳”实际上要归结于垄断。香港科技大学教授王勇在《中国的国家资本主义》一文中提出了一个非常有意思的分析视角：位于上游的垄断性国企能从充满活力的下游非国有企业的发展中得到好处，转而成为改革和开放的受益者。

同时，他还提出，“国企和私企的关系也从先前的同行业之间你死我活的竞争对手，变成上下游之间互补性更强的共生关系”。

现在的国企和 20 多年前相比存在的最大区别就是，目前的市场中存在着大量活跃的私企，为上游的国企提供了活力源泉。如果没有私营经济的繁荣，国企也就成为了“无源之水”，20 世纪八九十年代国企的生存状态已经解释了这一点。

但是，这种关系是否可以解释为“上下游之间互补性更强的共生关系”呢？值得怀疑。共生关系存在的前提，在于两者都能为对方创造价值。位于上游的国有企业能为下游的民营企业提供这样的价值创造吗？很难。垄断资源的上游国企极有可能成为吞噬下游企业利润的黑洞。

在我看来，与其说是共生者，还不如说国有企业是“分食者”。这种繁荣恐不能持久。理由很简单，由于上游国有企业的挤压，近年来下游私营部门的活力日渐消退。一旦下游企业倒闭了，上游国企的好日子也就到头了。

如何不让下游私营部门倒闭？很重要的一点就是要创造一个公平竞争的市场环境，放开准入门槛，引入竞争对手，而不是像现在这样——国有企业引入特定民营合作伙伴，在国资股份占有绝对控制权的时候，这样做只能是引入了一个“分食者”而已。从这个意义而言，笔者不能不对目前中石化宣布在油气销售领域引入民资的改革举措持怀疑态度。更好的举措可能是政府放开成品油零售市场，甚至允许民营企业获得成品油进出口资格。只有引入更多的竞争者，国有资产才能得到保值增值，消费者的权利才能获得保护。

总之，国有企业之所以要改革，并不仅仅是因为国有企业效率低下，更为重要的是低效率的国有企业有损公平的市场竞争环境，它们可以获得比其他市场主体更为低廉的资金、土地等要素价格——如果这些要素配置给民营企业，它们会创造更多的价值。

也正是如此，改革国企必须从如何达成一个更为公平的竞争环境入手。如果市场公平开放，混合所有制的引入就能够提升国企的效率。如果市场并不公平开放，垄断国企的混合所有制可能只是增加了一个“分食者”而已，甚至会导致各种腐败——中石油高管的利益输送就充分证明了这一点。

从这个意义而言，在大规模引入混合所有制之前，我们更需要花大精力去建设一个公平的市场竞争环境，消除针对民营企业的各种准入门槛：民企在绝大多数行业中都能生存，为什么不允许它们进入那些垄断行业？即便成不了中石油中石化那样的巨无霸企业，放几条“鲶鱼”也能让这些巨无霸提升效率。

（本文原载于《中国改革》）

国有企业改革
——从混合所有制谈起

张曙光（中国社会科学院经济研究所研究员）

如果说国有企业的利益分配改革前进了一大步，完成了一半，那么，产权制度改革则处在进一步退两步的徘徊状态。

两个层次的混合所有制

自从党的十八届三中全会决议提出以后，“混合所有制”成为一个出现频率很高的词汇。不仅出现了中石化全资子公司中国石化销售有限公司引进25家民资、实行混合所有制的新闻报道，而且有大量讨论混合所有制的文章发表，一时间热闹非凡。

按照经济学的理解，所谓混合所有制，一般是指企业的资本结构不是由单一形态和性质的资本构成，而是由两种或者多种不同性质的资本构成，如私人资本与公有资本、外国资本和国有资本等。所以，混合所有制也就是混合经济。

据此来看，改革开放以来，我们搞的就是混合所有制和混合经济。事实上，20世纪八九十年代，就有文章明确指出，社会主义市场经济就是混合经济。所以，事情本来很平常，今天却突然热了起来，这本身就不能不使人深思。

现在，有关方面把混合所有制作为国有企业改革的主要途径，但社会的反响却相当冷淡。为什么？很明显，在国有企业一股独大的情况下，民资进入，不可能成为大股东，也就没有决策权，如果没有实际的好处和利益，就只能是为国有资本垫背，只有傻瓜才会干这种赔本也赚不到吆喝的事情。这也是两个“非公36条”无法落实的基本原因。

既然如此，25家民企为什么看中了混合所有制，要投资中石化销售公司呢？这里的秘密在于，中石化销售公司是一家垄断企业，每年的垄断利润200多亿元，民资作为小股东进入，虽然得不到决策权，但每年可以分享8%的垄断利润。所以，民资花钱买的实际上是国有企业的垄断权。

那么，混合所有制改革究竟有什么意义，是否像一些文章说的那样了不起？就以中石化销售公司的改革来说，25家民企取得了29.9%的股权，仍然是小股东，虽有投票权，但在决策中起不了什么作用，中石化仍然是握有70%股权的大股东，公司治理结构不会有什么改变。不仅如此，25家民资进入，中石化销售公司虽然有了一些私人股东，但仍是一家垄断企业，石油销售的市场结构和市场竞争不会有什么变化。唯一的变化是中石化变现了1000多亿元的资本，减少了30%的控制权，而民资每年可以分到30%的利润，仅此而已。至于中石化得到1000亿元的变现资本如何使用，民资得到的利润如何分配和处置，这是另外一个话题，不在这里的讨论范围内。

如果把混合所有制看作是混合经济，那么，就可以得到两个不同层次的混合所有制：一个是企业层次的混合所有制，如前述中石化销售公司；另一个是行业层次的混合所有制，比如，中国石油商会可以考虑筹组一家中国民油集团。虽然在“两桶油”或者“三桶油”之外，再增加“一桶油”，只是在原来的寡头垄断之中多了一个寡头，在原来的垄断竞争的市场结构中多了一个竞争者，但会加剧市场竞争。特别是新进入者与在位者具有不同的资本结构，只要政府不采取偏向的态度，也许会引起石油市场的进一步变革。而中国民油集团的治理结构也与中石油和中石化不同，就可以比较出优劣来。所以，笔者认为，与其搞企业层次的混合所有制，不如搞行业层次的混合所有制。

在混合所有制的讨论中，出现了一种论调，提出了要区分社会主义的混合所有制和资本主义的混合所有制。似乎公有资本控股就是社会主义性质的，私人资本控股就是资本主义性质的。这些人仍然生活在 30 多年以前的计划经济时代，他们除了这些意识形态的玩意儿以外，似乎不可能理解其他事情。

国有企业改革的进和退

30 多年来，国有企业改革始终是一个重要的话题。具体过程则是有进有退，反反复复，至今仍处于胶着状态。不论是成功的经验，还是失败的教训，都说明国有企业改革包括两个基本的方面或两大任务，其具体操作也有前例可循。2008 年，在回顾和总结 30 年国有企业改革经验时，笔者写了《资源要素租金与国有企业改革——兼论重建“全民所有制”》，对此做出了清楚的论述，至今仍有其现实意义。

国有企业改革的两个基本方面，一是收入分配改革，二是产权制度改革。其成败进退做如下概述。

收入分配改革

收入分配改革的主要成绩和做法是，实行了利改税和分税制，打破了计划经济条件下利润全部上交、投资全部下拨的统收统支的体制，把税收和利润分开了，从而结束了国有企业不纳税的历史。至于国有企业上缴利润的问题，由于1993年分税制改革的方案规定，“1993年以前成立的国有企业暂不向国家上缴利润”，而用利润再投资形成的资产是国有资产。所以，直到2008年以前，国有企业没有向国家上缴一分钱的利润。

随着经济形势的变化，特别是拨改贷、包租卖、下岗分流、资产剥离、退二进三、资产重组、引进战略投资者等多项改革措施的实施，国有企业从严重亏损到利润大增，从2008年起，财政部和国资委联合发文，开始要求国有央企上缴利润，同时也给国有企业进行补贴。这就是国有企业现行的分配制度和分配状况。

利税分渠分流的确是中国国有企业改革的一大进步，但却有着很大的局限性。在租、税、利三个范畴中，我们把利润和税收分开了，但是由于要素的国家垄断和价格管制，租金与利润仍然混在一起，这样一来，税收与租金也没有完全分开，企业所得税中就包括了一部分租金。国有企业之所以利润大增，主要是因为它利用其垄断地位，不仅得到了大量垄断利润，更重要的是获取了资源要素的大量垄断租金。根据天则所关于国有企业的研究报告，如果剥离资源要素租金，国有企业没有多少利润，甚至还是亏损的。

由于租利合一，国有企业收入分配改革没有正确的基础和必要的前提，在这个基础上进行的一切改革都会发生扭曲。比如实行股票期权制度，解决经营者的激励问题。试问，在利润虚增的情况下，如何判断和评价经营者的业绩？

据此判断，国有企业收入分配改革只进行了一半。

产权制度改革

关于产权制度改革的情况。20世纪90年代的“抓大放小”、产权结构重组搞得有声有色，是国有企业改革最有成效的一个时期。

从山东诸城卖掉中小国有企业开始，全国形成一个热潮，各地都有自己的创造，央企也重组成现在的100多家，解决了国有企业数量过多、规模过小、分布过散的问题。

但是，由于坚持市场经济工具论的立场，以政府主导、公有制基础、国有企业控制为中国特色的市场经济，缺乏平等竞争的市场环境和市场规则，市场主体也有亲疏贵贱之分，国有企业是嫡系，于是利用其垄断地位和掠夺租金资源的雄厚实力，强力扩张，攻城略地，民营经济始终处于不利地位，时刻面临着猪肥即宰的命运。与此同时，我们的社会治理也形成一套整治民营企业的法律制度。

于是，改革开放以来，倒下的企业家成千上万。从20世纪80年代初期温州的"八大王"，90年代广东的李经纬、顾雏军，投资陕北油田的油老板，21世纪初江苏铁本的戴国芳，东兴航空的兰世立，电子商务的唐庆南，重庆的吴尚澧，山西投资的煤老板，等等。要知道，企业家是稀缺资源，这种对待企业家的做法，无异于自毁经济发展的基础。

在没有产权保护的情况下，由于无恒者无恒心，包括国企老总在内的政府官员贪污腐败，侵吞国有资产，把资产转移到国外，把老婆和儿女移民国外；民营企业家也没有积累财富、扩大经营的心思和激励，不是与官员合谋向政府寻租，就是捞一把就走，见好就收，不少人对前途失去信心。这就是目前国内财产制度的基本状况。

从以上情况可以看出，如果说国有企业的利益分配改革前进了一大步，完成了一半，那么，产权改革则处在进一步退两步的徘徊状态。

进一步改革的途径和操作

历史的经验证明，任何一项改革的实施都是在危机当头、日子过不下去的时候才进行的。形势好、日子能过得去的时候是改不了的。20 世纪 90 年代为什么各地纷纷卖掉国有企业，就是因为国有企业大面积亏损，政府补贴不起，不得已才下决心实行民营化。与此同时，政府通过土地征收也找到了新的来钱的办法，甚至将出售企业、职工下岗与土地交易相结合。

今天，国有企业的垄断地位相当巩固，按照国资委的说法，国有企业的绩效也非常好，创造了多少GDP，上交了多少利税。国企的老总也都以功臣自居，是强势集团，在决策中举足轻重。既然如此，有改革的必要吗？有改革的动力吗？怎样才能造成改革的形势、压力和动力呢？

其实，现状的分析已经指示了方向。既然租金和利润混在一起，资源要素租金变成了国有企业的利润，因而现在国有企业才这么牛气。因此，可否考虑，在资源要素的价格改革没有完成以前，先把租金收回来，让国有企业的利润能够水落石出，做真做实。这样一来，国有企业没有了那么多的利润，甚至处于亏损状态，国企老总们的业绩和能力也就显露出来了，也就不会像现在这么牛了，社会对国有企业的错觉也就可以纠正过来了：既然国有企业占用了那么多的资源要素，为什么只有这样微不足道的业绩？人们也就不会再把国有企业当作香饽饽。至此，改革的压力和动力也就形成了。

在这种情况下，就出现了租金的计算和征收的问题。其实也不难，按照市场价格、国际价格计算。比如，土地租金按照市场价格征收，与给私人企业一个价；煤炭、石油、铁矿石，按照国际价格征收。这样做的结果，也就为资源要素价格的市场化改革开拓了道路。

征收的租金如何分配？由于资源要素租金是全体国民的财富，人人可以分享，因而可以按人均分，可以充实人人有份的社保基金。租金作为收入，政府还可以征税，由此增加的财政收入就可以支持政府减税。

由于先收租、再分利是一种改进管理的做法，因此，不一定全面推开，可以一个行业一个行业地有步骤地进行，这样也不会造成过大的震动。

如果说收取资源要素租金既是改革，也是为了给国有企业的改革创造条件，那么，产权改革则是国企改革的核心和关键。既然行业层次的混合所有制优于企业层次的混合所有制，那么，在实施企业层次混合所有制改革的同时，应当重视行业层次的产权改革。如果说，先收租、再分利可以一个行业一个行业地进行，产权改革也可以这样做。只要理念清楚，思想明确，操作起来也不困难。要知道，也许行业层次的混合所有制改革，还会推进企业层次的混合所有制发展。

下面，我们以铁路改革为例加以探讨。

在所有国有企业中，铁路部门一直是独家垄断，其改革也最难，2003 年提出的政企分开的方案，过了 10 年，直到 2013 年才付诸实施：成立了铁路总公司和交通部的铁路局。然而，组织上的政企分离并没有带来经济上的政企分离，铁路总公司仍然不是一个真正的企业，而是一个行政公司。证据之一是，铁路总公司 3 万多亿元的负债，2 万多亿元是公司成立前政府决策欠下的，不应由总公司全部承担。两个“非公 36 条”都提出铁路部门要引进民资，实行混合所有制，但是在铁老大面前，哪一个民资敢于涉足？最近，李克强总理视察铁路总公司，再次提出这一问题，仍然无人响应。从行业层次开始，就会打破这个死结，走出一条新路。

具体办法是，把铁路总公司变成干线铁路公司，承接干线铁路的资产、负债、建设和运营，仍然是国有企业。把支线铁路全部卖掉，私人要的卖给私人，地方要的卖给地方，由买方负责支线铁路的资产、负债、建设和运营。出售支线铁路资产得到的收入，用于偿还过去政企不分时政府决策所应负担的债务。这样一来，铁路发展的市场和竞争格局就可以形成，地方和民资就可以进入。事实上，过去有些地方搞了一些铁路建设，如广西沿海铁路公司、陕西西延公司，只是由于铁老大的独家垄断，一纸公文，实行托管经营，剥夺了地方的产权。因此，只要卖掉支线铁路，铁路改革的一盘棋才能走活。否则，只能是空喊而已。至于所谓国家经济安全、铁路运营调度、铁路票价涨跌等似是而非的问题，只是阻碍改革的一种说辞。

如果这样改革，铁路总公司可以集中力量于高铁的技术、运营和发展，也许会使现有的高铁优势得到更好的发挥和施展。

如果铁路的改革能够推进，其他国有企业的改革也就有了先例。要知道，全面推进国有企业改革的想法很好，但不现实。事实上，市场竞争主要是在同一个行业的不同企业之间进行的。如果能够在一个个行业中造成平等竞争的市场环境和市场规则，市场化改革的推进也就有了希望。

落实依法治国决定，建立产权保护制度

中共十八届四中全会通过了《关于全面推进依法治国若干重大问题的决定》，提出了要使法治成为全体人民的信仰和习惯，加强宪法实施，尊重人权，保护产权，建设法治政府和法治国家。这就为

执政治国指明了方向。

那么，如何贯彻落实呢？

最近，公检法系统着手重新审理和纠正过去刑事审判中的冤假错案，指明了落实决定的一条重要途径。就本文所论的问题而言，有两个重要而又必要的办法。

一是对30年来所有被整肃的企业家重新复查，凡是错判误判的一律平反纠正。

二是立即阻止以国有化名义进行的反对改革的倒退现象。为了说明这一问题，我举两个案例。

大家知道，中国经济学团体联合会是中国社会科学界的群众性学术组织，简称“经团联”，1981年3月底正式成立，1991年6月底，因中国社会科学院拒绝继续做经团联的主管、代管或者挂靠单位，经团联无法在民政部门通过年检进行社团登记，因而“自行”关门。在经团联存续的10年间，做了大量有益的工作。其下有两个主要单位，一个是《经济学周报》，一个是经济科学出版社。前者暂且不论，这里只谈后者的变迁。

经济科学出版社是经团联的事业单位，是改革开放以来成立的第一家专业性的民营出版社，1983年1月28日经文化部批准发文设立，全部投资是借用《经济研究参考资料》两年多的编辑费10万元，社长由董辅礽兼任，所有人员全部自收自支，没用国家一分钱的投资。到1990年，全社有140多名职工，出版书刊总计578种、约1.4亿字，总印数2234万册，7年中获全国性图书奖8次。同时还出版了4种期刊，即《经济研究参考资料》《经济学文摘》《国外经济学文献摘要》《经济科学年鉴》。从1985年起，每月补助经团联经费5000元，做到了以书养书，年年盈余，实现了扩大再生产，盖起了办公大楼。可见，这是一家地道的民办出版机构。但是，在20

世纪 80 年代末期的风波之后，经济科学出版社实行了国有化，变成国有事业单位。这是改革开放 10 年后，以国有化为名实施的一次倒退。总之，只有禁止了这类行为，遵守宪法、保护产权、以法治国才能落到实处。

（本文原载于共识网）

第六章
新常态下财政政策的思路与方向

新常态下的财政、货币政策，必须立足于服务全局，努力促进国民经济运行的基本稳定与提高质量，并在加快发展方式转变、稳增长、调结构、促改革、惠民生中，把短期的、年度的调控与中长期实现“五位一体”全面改革目标衔接起来。

加快推进适应新常态的金融改革

巴曙松（国务院发展研究中心金融研究所副所长）

在一系列政策推动以及内外部经济因素的影响下，中国经济正在平稳转型到新常态，在这个转型的过程中，金融体系的转型具有十分重要的意义，这一方面是因为经济新常态本身就包含着金融体系需要寻找到一个适应经济体系转型的新常态，同时，金融体系的转型或者说走向新常态也会对整个经济体系走向新常态发挥积极的促进作用。

从这个角度来解读中央经济工作会议中关于经济新常态与金融新常态的关系，可以看出，如果说2015年是中国全面深化改革的关键之年的话，那么，金融改革与其他领域改革一样，同样需适应经济新常态的转型要求，需要遵循中国经济发展转型和改革的大逻辑。

经济新常态与金融体系的新常态

从具体内容看，2014年中央经济工作会议从三个维度九个方面对经济新常态特征的界定，都直接对金融体系的转型提出了新的要求。

从长期增长来看，经济增长中枢将下移，从高速增长转向中高速。中国的经济发展方式在逐步向质量高效型转变，从要素驱动逐步转向创新驱动。以前低成本劳动力优势在逐渐减弱，将更多依靠人力资本质量、技术进步等因素。反映到金融体系的转型方面，就是以商业银行为主导的金融体系必须适应这个增长速度、增长动力的转换过程，改变长期以来依靠大规模信贷扩张带动的业务驱动模式，转而重点关注如何以金融体系支持和促进经济体系的转型。与此同时，金融体系同样也需要接受经济增速平稳回落的检验，在这个过程中要防范局部性区域性金融风险的释放不能叠加为系统性全局性的金融风险。

从短期波动来看，需求的各部分也在发生变化，强调个性化、多样化消费，新技术、新产品等投资以及大规模走出去战略等，经济结构也在逐渐优化。这些增长动力和需求的变化，也在对金融体系提出新的需求，许多新的需求往往不在传统的金融体系覆盖范围之内，这就一方面需要促进原来的金融体系的转型，另外也要通过适当放松金融管制和金融准入，吸引新的金融机构、新的金融服务模式的介入。

从宏观调控政策来看，强调以改革来化解风险，促进转型。2015 年是全面深化改革的关键之年，将从行政审批、投资、价格等九大领域推进改革，加快培育新的经济增长点，探索产业转型与产业发展方向，同时化解产能过剩风险。

从政策基调来看，2015 年坚持稳中求进工作总基调，将保持宏观政策连续性和稳定性，继续实施积极的财政政策和稳健的货币政策。松紧适度的货币政策有助于化解高杠杆和泡沫等风险，而有力度的财政政策也为 2015 年“稳增长”的首要目标预留了政策空间。与此相对应的是，金融体系同样需要这样一个新的宏观政策环境，以松紧适度的稳健货币政策来维持一个相对稳定的金融环境，为整个经济体系的转型服务。同时，宏观金融调控体系也要更多地从直接控制利率、贷款规模等数量指标，转向依靠利率、汇率等市场化的调控工具。

新常态下金融改革的新趋势

中国的金融改革需要立足于当前经济发展的阶段性特征，需要适应经济发展的新常态。

一是新常态下商业银行转型要求紧迫。新常态下，中国经济增速将从高速转向中高速增长，经济下行时一些隐性风险显现，商业银行的风险压力较大。经过持续的信贷扩张之后，目前中国部分企业部门的杠杆率过高；部分产能过剩行业仍将继续调整；《国务院关于加强地方政府性债务管理的意见》（简称43号文）要求对各类融资平台债务进行清理，融资平台贷款面临较大风险，商业银行的不良贷款率将继续上升。

与此同时，随着利率市场化改革的不断深化，商业银行传统的商业模式受到挑战；民营银行牌照逐步放开，进一步加剧了银行业的竞争；《存款保险条例》公开征求意见，为防范银行发生道德风险、处置破产银行等提供了制度保障。银行业的内外部环境发生了深刻变化，加剧了商业银行转型的压力和紧迫性。

新常态下，商业银行应积极寻求转变，适应利率市场化推进节奏，加快调整自身业务发展结构，加强内部成本控制以及风险管理，从容应对市场变化的挑战。

二是新常态下为资本市场发展提供新的机遇。2014年中央经济工作会议要求，推动国企改革要奔着问题去，以提高企业活力、提高效率为中心。国有企业经营、国有资本运营、国有资产监管“三权分立”，有望成为新的国有资产实现与管理形式，同时也是新一轮国企改革的重中之重。从国企改革的手段来看，包括收购兼并、股权转让、资产剥离和所拥有股权的出售、资产置换等方式，国企改革的推进为投行业务和资本市场提供了新的发展机会。

2014 年，中国在财税体制改革取得新突破。继新预算法通过后，43 号文、《关于深化预算管理制度改革的规定》、《地方政府存量债务纳入预算管理清理甄别办法》等一系列文件，为地方政府举债融资、债务管理和运作勾勒出了新框架。从 43 号文规定来看，鼓励社会资本通过“特许经营”等方式，参与城市基础设施等“有一定收益的公益性事业”的投资和运营，政府通过特许经营权、合理定价、财政补贴等事先公开的收益约定规则，使PPP项目具有长期稳定收益。从期限看，PPP项目通常期限较长，PPP模式的回报周期恐难满足现阶段社会资本的风险偏好。由于PPP项目具有明确特许经营权转让的特点，并具有稳定的现金流及必要的政府补贴，这类项目适合做成资产证券化产品，化解社会资本进入PPP模式的流动性及期限障碍。同时，相对于项目收益债和项目收益票据等融资工具，资产证券化可更加有效地进行风险隔离。随着PPP模式的推广，资产证券化有望迎来新的发展机遇。

三是新常态下对新型行业的金融支持提出新的要求。2014 年中央经济工作会议要求，要积极发现和培育新的增长点。在新常态下，仍需继续发挥投资对经济发展的关键作用，尽管传统产业相对饱和，但基础设施互联互通和一些新技术、新产品、新业态、新商业模式仍有大量投资机会；在产业升级过程中，新兴产业、服务业、小微企业作用更加凸显。然而传统商业银行“重资产”的风险评估模式难以适应新常态下经济转型“轻资产”的方向，新常态下对新型行业的投融资服务提出新的要求。金融市场需要重新合理分配风险收益的新工具，这类新工具既要考虑到不同类型企业的融资需求，同时也需考虑到不同行业企业自身的风险特征，比如介于风险较低的优先债务和风险较高的股本投资之间的夹层融资等。

四是新常态下对人民币国际化提出了新的要求。2014年中央经济工作会议要求，要加快对外投资领域改革，努力提高对外投资效率和质量，推动优势产业走出去，稳步推进人民币国际化。人民币国际化起始于跨境贸易人民币结算试点，目前已经成为全球第七大支付结算货币和第九大外汇交易货币。

新常态下中国对外投资格局发生变化。首先，中国非金融类企业对外直接投资有望于2016年超过外商直接投资，届时对外直接投资可能成为净资本输出渠道；其次，在“一带一路”战略下，中国企业正积极寻求有效率和质量的对外投资。仅仅通过经常账户顺差来输出人民币、推升人民币国际化水平已经不能够代表中国当前经济发展现状，应该积极寻求通过资本项目输出人民币，开启人民币国际化的新格局。一方面，企业在走出去过程中，推进人民币在资源和大宗商品中的使用，提升人民币在全球供应量中的定价主动权；另一方面，企业走出去和人民币输出需要配套的金融支持，比如企业在境外的人民币支付清算等业务需要可靠的金融配套服务做支撑。

新常态下财政政策的思路与方向

贾康（原财政部财政科学研究所所长）

2014年5月，习近平总书记在河南考察时指出，我国发展仍处于重要战略机遇期，我们要增强信心，从当前我国经济发展的阶段性特征出发，适应新常态，保持战略上的平常心态。作为研究者，我们需要理解所谓新常态的内涵，就其运行特征进行判断，从而把握好提出政策建议的方向和要领。

对新常态的理解

何谓新常态？《经济日报》评论员文章认为，新常态表述之“新”，意味着不同以往；新常态之“常”，意味着相对稳定。因此，中央以“新常态”一词作为对当前中国经济形势的特征判断，并且以战略高度来提出，表明了中央对目前我国经济增长所处阶段变化规律的深刻认识，并且这样的认识也将对我国未来中长期的宏观政策选择产生方向性和决定性的重大影响。《经济日报》钟经文的署名文章则认为，中国经济发展的新常态不能简单归纳为经济增长速度下降几个百分点的表象，而是需要从经济结构的再平衡和增长动力的转变等多方面的表现来共同反映。国务院发展研究中心副主任刘世锦也称，与我国增长速度放缓相适应的是，中国经济结构目前即将和已经发生重大的转折性变化。

笔者认为，对决策层的“新常态”这一概念表述，关于其基本内涵的判断在于我国当前和未来一段时期所面临的经济运行状态的阶段性改变，即从原来的状态向一种新的相对稳定的常态的转变。尽管经济增长速度不是其唯一的表征，但首先需要对应到的，还是这个国内学术界和其他相关方面已经共同讨论了相当一段时间的，关于我国潜在经济增长率“下台阶”的问题。

在过去的30年中，我国年均GDP增长率处于9.8%左右的高水平，邓小平南方谈话后的20余年，则在两位数的10%以上，而目前不论是国内还是国外的学者，大多认为这一高增长速度不可能再维持下去，很可能要下降到相对较低的区间。但关于这个新的增长速度区间的量值，目前还没有形成一个基本的共识。譬如目前宏观调控当局所设定的年度增长速度7.5%左右的相关表述，应该反映了相关管理部门所判断的区间中值；而在学术界，以林毅夫教授为代表的一些学者认为，如果中国能够处理好当前的基本问题，把需要做好的改革等事情做到位，那么还将有望继续实现20年年均8%左右的增长速度；而以刘世锦研究员为代表的另外一些学者则强烈反对这一提法，认为中国目前的增长模式不可持续，增长速度很可能很快会降到年均7%以下；而花旗银行等机构的预测则更是认为未来中国经济的所谓新常态将放缓至年均5%~6%的增长速度。

在当前还没有形成共识的情况下，这里笔者并不打算直接对未来新常态下的具体增长速度区间进行判断，但需要指出的是，在新常态概念下我国经济运行的下一阶段的表现，可以认为是要完成一个以增长速度指标为代表的运行态势的探底过程。关于这一探底过程中我国所面临的现实状态，中央已经有了“三期叠加”（经济增长速度换挡期、结构调整阵痛期和前期刺激政策消化期）这样的提法。

事实上，这“三期”的客观存在都是无可否定的，但我认为，在三期叠加之上，更需要注意到的是“改革攻坚克难的推进期”的又一重叠加。这意味着在正确处理和对待目前的探底过程中，将过去的状态与相对稳定的新常态衔接时，我们能够选择的最关键变量即为制度供给变量。而选择制度供给变量，将伴随着打造中国经济“升级版”的一系列努力，即优化结构、提高质量，“稳增长、惠民生、调结构、促改革”。其中的“促改革”，无疑是值得执政管理者看重、选择和把文章做足的关键事项。如果能够处理好“促改革”的问题，就将有望相对顺利地趋稳，并通过结合调动各种上行因素来对冲下行因素的努力，能够完成一个“蓄势”的阶段，进而迈入追求一个次高经济增长速度区间的阶段。

尽管目前关于这个次高增长速度区间，并没有一个研究主体可以拿出全套的模型处理实证数据进行预测而得到一个较为精确、能够形成共识的判断，但笔者认为，我国有望在改革取得实质性进展的情况下，于年均增长率在 7% 以上的经济增长速度区间运行相当长的一个时期。这主要基于以下的分析认识。

首先，现阶段我国在城镇化和老龄化等大的演进趋势面前，所具有的潜力、活力的释放空间依旧是清晰可见的。譬如，在经历此前若干轮的建设与升级换代改造后，我国的基础设施目前依然存在着较为迫切的、进一步换代升级的需求。从我国高铁客运所经常面对的“一票难求”的旺盛需求，或者其他领域不鲜见的“局部短缺”现象，我们不难观察到未来通过进一步激发产能的利用能力、增长空间和需求释放以后，由供给的回应所能够形成的支撑未来继续增长的条件。具体考察可以列举，中国经济未来增长的潜在空间包括：新型城镇化的发展空间，实体经济技改换代空间，基础设施多轮升级空间，服务业成为长期增长新引擎的空间，与科技、信息等因素结合的农业现代化空间，环保产业应运而起的增长和支撑作用空间，地区间的梯度推移空间，消费占比低的调整和人均收入增长空间，以巨额外汇储备支持“走出去”的对外投资空间，等等。但所有这些空间的打开、潜力的释放，莫不需要以改革来激活，以制度供给来提供放大“乘数”。

因此，我国在人口红利消失、劳动力成本上升、常规投资活动边际收益下降的过程中，依然具备了通过改革释放制度供给红利的巨大潜力。通过改革来放松供给约束，以制度供给来激活供给潜力，是目前最值得争取的未来增长前景。通过改革来达到经济增长趋稳、蓄势，把“新常态”和需要调动的“新动力”，以及在认识上特别需要强调的“新供给”有机结合，应是使未来我国进入长期的次高增长速度区间状态的最重要着眼点。

走向新常态中的宏观调控亮点

在新常态下，我国的宏观调控管理政策也需要从思路上调整，结合“促改革、调结构、稳增长、惠民生”，达到使经济增长完成趋稳、蓄势和进入新常态的次高速增长区间的目的。当前，在维持积极的财政政策和稳健的货币政策不变的同时，我国宏观调控总体贯彻了“相机抉择”原则。2014 年被称为中国“全面改革元年”，宏观经济运行状态的调控具有为全面改革的展开提供条件配套的特殊意义，而 2014 年初经济运行一度表现出的较明显的下行压力，亦使宏观调控当局的动向与举措备受关注。半年过后，已看到颇具亮色的调控成绩：继龙头指标GDP于 2014 年一季度报出 7.4%的增长率之后，二季度的运行又在明显企稳的同时略有回升，GDP增长率达到7.5%，使上半年的经济增速站在 7.4%以上。从PMI等先行指标的动态和一系列经济指标综合分析，下半年，我国宏观经济运行有望重演前面两年前低后高的轨迹，至少不出现明显下滑，使全年经济增速达到 7.5%左右，应是大概率事件，即 2014 年初“两会”上提出的年度经济增速引导性预期值，应当可以实现。

客观地看，2014 上半年我国宏观调控的特色和亮点，有如下四个方面：

一是一以贯之地体现了“让市场充分起作用”、加快发展方式转变、打造中国经济升级版的调控理念。哪怕在 2014 年初经济下行压力较明显、市场预期较悲观，甚至有境外新一轮“中国经济崩溃论”舆论抬头的情况下，宏观决策层坚持明确地给出信息：只要中国经济运行处在可接受的区间之内，政府绝不启动大规模经济刺激方案——这是在 7.5%引导目标量值加上“左右”二字的情况下，清晰宣示了“使市场充分起作用”的空间，而市场竞争中的“优胜劣汰”，正是挤压、排解过剩和落后产能、促使企业和产品升级换代的有效压力与动力机制。这一点表明中国宏观调控当局与社会主义市场经济发展相匹配的调控哲理，在复杂局面和压力时段中，具有其稳固的逻辑和坚强的定力。

二是在维持积极财政政策和稳健货币政策框架不变的同时，成功地贯彻宏观调控的“相机抉择”原则，以所谓“微刺激”有效推进了“稳增长”，并提振了市场信心。从宏观运行状态的“区间掌握”出发，宏观调控当局在认为无须对财政、货币两大宏观政策“积极—稳健”搭配这一基本框架和各自定位做出调整的同时，又审时度势、灵活运用了经济调控理论的“相机抉择”原则，在政府投资安排、财政支出重点和支出进度、货币政策力度和定向等方面，做出了一些必要的稳增长举措，被舆论界称为“微刺激”。动作虽“微”，但有理、有利、有节，效果已经有较好显现，市场氛围也随之改善和提振。这一点也体现了中国“宏观调控艺术水平”的进一步提升。

三是在宏观调控中鲜明地运用供给管理方式和手段，注重区别对待，突出重点，强调结构优化，兼顾一般。在所谓“微刺激”的投资事项上，通过适当对高铁工程、棚户区改造和保障房建设项目、农村水利设施项目等做出重点支持，既能对经济运行产生适当的景气提升作用，又能体现在改善民生、支持城乡基础设施升级并培育经济社会长期发展后劲等方面的综合效应；在财政结构性减税事项上，特别注重对于中小微企业的减税支持，既有利于鼓励草根创业和民间资本释放潜力活力，又有助于增加就业、改善民生、扶助低端；在货币政策几轮定向降准中，创造性地把存款准备金率这一总量调节型政策工具加以结构化运用，支持“三农”、小微企业等弱势领域。这些都使中国宏观调控较好地把有效供给机制与需求管理结合起来。

四是把宏观调控与深化改革有机结合，把短期与中长期目标有效衔接。在调控中，坚定地实施减少行政审批、简化企业工商注册程序、压缩政府“三公”经费等行政成本、扩展营改增改革的行业覆盖面、推进反腐廉政建设、进行上海自贸区先行先试等改革举措，并为即将正式展开的财税配套改革、公车制度改革等做了很好的铺垫，体现在宏观调控中，就是把短期状态掌握与中长期攻坚克难配套改革过程衔接起来，寓调控于改革的全局协调和长远追求中。

在 2014 年上半年宏观调控取得较好成效的基础上，2014 年 8 月又遇下行压力，但当局基本态度是主要看就业率和物价指标而不看重增速，估计下一段我国宏观调控将会继续体现上述亮点和特色。但随着各项改革任务的展开，全局协调的复杂性和不确定性也的确可能上升。建议有关部门总结把需求管理与供给管理有效结合起来、更多注重在供给端发力的成功经验，进一步跟踪国民经济运行动态并前瞻性地考虑政策储备与项目储备，在改革全面深化推进过程中，使我国宏观调控更好地体现国家治理现代化的取向和促改革、稳增长、调结构、惠民生的功能与效应。

新常态下财政与货币政策的优化

新常态下的财政、货币政策，必须立足于服务全局，努力促进国民经济运行的基本稳定与质量的提高，并在加快发展方式转变，稳增长、调结构、促改革、惠民生中，把短期的、年度的调控与中长期实现“五位一体”全面改革目标衔接起来。财政、货币两大政策的优化，至少需考虑把握好如下要点。

一是两大政策协调搭配的框架，要坚定不移地贯彻“使市场充分起作用”的调控哲理。只要宏观经济运行状态处在可接受的区间，绝不贸然启动财政、货币两大政策的“双松”搭配。目前以积极财政政策与稳健货币政策来做“一松一紧”的搭配，总体上适应新常态进入期的调控需要，有利于在景气水平、就业率水平可接受的底线上，让市场更好发挥优胜劣汰、调整结构的资源配置决定性作用，从而加快发展方式的转变。只要经济运行不出现可能穿破底线的重大特征变化，对此绝不轻易改变。

二是两大政策在总量调控与结构调控、需求管理与供给管理互有侧重、优势互补的同时，总体上需更多考虑强化与优化供给侧管理。货币政策的调节势必带有总量调节特征，而财政政策在配合、策应货币政策时，理应把现阶段的总量扩张（以赤字规模和举债安排为代表）与明确的区别对待结构导向政策相结合，突出重点，兼顾其他，以财税政策手段倾斜支持“三农”、社保、小微企业、科教创新、教育文化、战略性新兴产业等领域。另外，2014 年货币政策方面定向降准等把总量型政策工具结构性运用的操作，也值得及时总结经验，加入供给管理的区别对待式政策组合。以财政、金融相互协调机制支持的政策性金融和开发性金融的发展，亦需放入供给管理框架充分发挥作用。更好地在供给侧发力，有助于结合中国国情与特定发展阶段，在新常态下把从保障房建设、小微企业创业支持、环保产业发展到重大项目建设等的一系列重要事项做好、做实。

三是两大政策的设计与运作必须积极有效地服务、配合，推进财税、金融等方面改革的展开和深化。财政改革作为“全面改革元年”率先启动的重头戏，将在预算管理、税制和中央地方体制关系三大方面推出一系列举措，也将在财政信息透明度、跨年度预算编制、资金绩效提升、转移支付、地方债务、具体税种改革和中央地方分配关系等方面，产生众多与新制度供给相匹配的新政策供给需求。金融改革的一些重要事项，如存款保险制和中小金融机构兴办、人民币“走出去”与汇率机制的优化，特别是关键性的利率市场化改革等，亦都摆上了改革议程，需要政策配合。两大政策还要在深化改革中于国债发行、公开市场操作、国库现金管理等接合部方面创新机制。以财政政策为主支持公车改革、司法改革、资源产品价格改革等，亦是无法回避的重要任务。政策的设计和优化，需要服务改革、寓于改革。

以上关于两大政策的适度合理搭配、在供需管理结合上更加注重供给侧管理和服务，其内在逻辑都在于要适合新常态的趋稳、蓄势与创新需要而服务全局。

（本文原载于中国金融四十人论坛）

金融创新有助于收入分配的公平

林毅夫（北京大学国家发展研究院名誉院长）

关于金融改革以及在初次分配当中如何实现效率和公平的统一，谈几点个人的看法。我们改革开放以后，取得连续35年平均每年9.8%的增长，并且在这35年当中，是世界上唯一没有发生系统性金融危机的新兴大国。从这个方面来看，应该讲我们过去这35年的改革开放当中，经济发展的效率是非常高的。但是在这35年的发展当中，经济增长率固然是非常令人惊讶，可是在发展的过程当中，也出现了收入分配不合理的情形，公平和效率没有统一起来。

针对这种情形，党的十八大提出要在初次分配和再次分配当中兼顾公平和效率，在分配的时候更注重公平。如果这个目标能够达到当然是非常好，可是怎么样才能够达到在初次分配的同时实现公平和效率的统一？要达到这个目标，我们首先要分析在过去快速发展的时候公平和效率没有办法同时实现的原因。最主要的原因是，过去改革开放走的是渐进双轨的方式，在这个改革的过程当中，一方面，我们对于原来计划经济时代形成的资本密集的大型国有企业，在改革过程当中继续给予一定的保护补贴，这种保护补贴让我们在转型过程当中能够维持稳定。另一方面，是放开了传统上受到抑制的、劳动力密集的轻工业的准入和发展，这些行业符合比较优势的特点，所以在经济发展过程当中形成了竞争优势，促进了经济较快地发展。这种改革方式跟20世纪八九十年代转型刚刚开始的时候，学界和外国所主张的休克疗法比较起来，那应该讲是更好的。因为按照华盛顿共识来推行转型的苏联和东欧国家，它们的经济出现了崩溃和停滞，危机不断，而我们是稳定快速发展。应该讲，我们这种转型的方式从绩效来讲是比较好的，付出的代价就是在发展的过程当中出现的不公平问题。

原因是什么？为了保护补贴，那些传统的具有比较优势的大型企业，在经济当中还保持着不少要素市场和产品市场上的扭曲。主要表现在金融和资源以及一些服务业上，像交通、电信和金融行业上面的垄断。这些扭曲创造的租金一方面造成了腐败的滋生，同时恶化了收入分配。我们的金融体系实际上存在着一些金融抑制，表现出的一个最主要的现象就是，我们的金融体系以大银行和股票市场为主。大银行跟股票市场主要是给大企业提供金融服务的，但是我们的实体经济，不管就业和生产总量、服务业或制造业，最主要还是以农户跟微型、小型、中型企业为主。这些农户、微型、小型和中型企业雇用了70%~80%的劳动力，但是由于得不到金融服务，它们的发展是受到抑制的。导致的结果就是工资的增长相对来讲和经济发展的速度是不匹配的。

我们知道，一般低收入群体的主要收入来源是工资，工资的增长受到抑制，就导致工资在初次分配、劳动力在初次分配当中是受到抑制的，反过来等于在补贴企业和资金的拥有者。除了这种由于劳动就业方面受到抑制从而在收入分配方面所产生的影响之外，我们的资金价格，不管是银行的贷款，还是在股票市场融资的资金价格，相对于我们这个发展阶段来讲也是低的，这也导致了能够得到资金的人是得到补贴的。能得到资金的人是大企业，是有钱人拥有的大企业。谁来补贴它们的呢？是把钱放到金融体系里面却得不到资金服务的这些农户、一般家庭，还有微型、小型、中型企业，也就是相对低收入的群体来补贴相对高收入群体的发展，这样就进一步造成了我们收入分配上面的差距。

要实现效率和公平的统一，这一现象必须改变。我个人觉得，不仅是必须改，而且是可以改。我们改革开放初期，用这种双轨制的方式，保留一部分的传统体制的扭曲，是为了维持当时大型的资本密集的国有企业在转型过程当中的比较优势，给它保护补贴，让它能够维持稳定。可是经过35年的快速发展，我们已经不再是八九十年代那个资金非常短缺的贫穷落后的经济体，到了2013年，人均收入已达到近6700美元，已经是一个中等偏上收入的国家，资金已经不再短缺。很多在改革开放初期没有优势的产业，今天已经具备比较优势了。比如像我们的汽车产业，现在中国的汽车年产2000多万辆，每年出口200多万辆，产品在国际市场和国内市场都可以竞争，实际上是已经具有比较优势了，企业在开放竞争的市场当中应该有竞争能力。

另外像大型装备业，在20世纪八九十年代，如果不保护、不补贴的话，它确实就活不了。但是我们现在的大型装备业，像民营企业三一重工，它的产品在欧洲市场上可以跟西门子的产品竞争，在美国市场上，可以跟卡特彼勒等产品竞争。不仅是三一重工这样的民营企业，比如像中联重科是国有的，但是它的产品同样可以在欧洲市场、美国市场上跟外国的产品竞争，那就代表了它是具备比较优势的。

如果说在改革开放初期对这些企业的补贴是雪中送炭，那么现在对它们的补贴，就变成了锦上添花。对于企业来讲，能补贴当然是好的，但带来的结果就是前面所讲的收入分配的不公平。党的十八届三中全会提出的全面深化改革，提出市场在资源配置上起决定作用，这个改革实际上是一个与时俱进的改革。如果说所有资源的配置都是由市场起决定作用，当然它的价格应该由市场上的供给和需求来决定，这就解决了我们现在对利率或者是对于其他资源价格的抑制应该放开的问题。之前中国人民银行易纲副行长谈到利率市场化，不管是贷款利率还是存款利率都放开，这就可以让过去把钱放到金融体系提供资金的这些弱势群体，包括农户和一般家庭，能够得到足够的回报；就可以改变过去由资金的拥有者来补贴资金的使用者造成的收入分配差距扩大的情况。另外，金融改革和金融创新还要解决如何给实体经济当中的农户以及微型、小型、中型企业提供金融服务的问题。因为我前面谈到，目前我们的就业主要是在农业和微型、小型、中型企业里面，这些是符合我们的比较优势的，如果它们发展得好，一方面能够解决收入分配、工资上涨的问题，同时也能够让我们的经济发展得更好。要解决这些农户和微型、小型、中型企业创新的问题，就需要金融方面的改革，我谈几个方面的意见。

第一，现在以大银行为主的融资体系，银行的间接融资贷款主要用的是抵押的方式。

我们知道，农户和小微企业一般没有什么好的抵押品。过去大银行不太愿意给农户和小微企业提供融资服务，有相当大的原因是交易费用比较高。但是现在有很多金融贷款方式的创新，比如说可以利用大数据来进行一些创新，给这些农户和小微企业提供融资方便。目前我们国内有一些银行在这方面做得非常好，像华夏银行、北京银行在这方面有很多的创新，应该利用现在的科技手段来推进。

第二，互联网提供了许多新的机会。

互联网出现的众筹、众贷的方式，利用了互联网在信息上面的优势和交易成本比较低的优势，能够给一般的储蓄者提供比较高的合理回报，同时也让这些分散资金的使用者可以利用互联网的优势来提供融资的服务。

第三是新三板，就是利用金融的改革和创新，让一些小型的企业可以在资本上面得到资金的服务。

第四是地区性的中小型金融机构发展。

中国目前间接的融资主要还是以大银行和一些中型银行为主。但是从外国的经验和理论的分析来讲，最合适给农户、小微企业提供融资服务的还是地区性的中小型金融机构，包括地区性的中小银行。这方面的发展，我们在国内已经开始往这个方向做，但是进度非常慢。如果我们要真正实现效率和公平的统一，解决农户和中小企业的金融需求的话，相当大的程度上还是必须靠地区性的中小银行、中小金融机构。如果这方面能够有比较好的进步，我相信党的十八大提出的在初次分配当中兼顾公平和效率的目标就能够比较好地实现。

（本文原载于和讯网）

互联网金融是金融改革的战略推动者

吴晓求（中国人民大学金融与证券研究所所长）

2013年，中国金融体系对内对外改革开放的步伐明显加快。上海自贸区内金融全方位的市场化改革，允许民营资本参与商业银行的发起和设立，利率市场化的启动，股票发行制度向注册制方向的改革，互联网金融的蓄势而发，等等，这些是这一年金融变革的重要标志。

金融市场化改革的趋向，影响着人们对诸多问题的思考。目前，中国的全方位金融改革已经启动了。而改革开始之后，就有很多理论问题需要思考。中国金融体系需要“三维”改革：一是通过资本市场的发展推进金融体系的“宽度”改革；二是通过改革和国际化推动金融体系的“长度”改革；三是以打破行业垄断、促进适度竞争、提高金融效率为目的的“深度”改革。互联网金融则对中国金融的“深度”改革，即打破垄断、形成适度的竞争结构，具有重要的牵引作用，它可能是推动中国金融体系结构性变革的战略力量。打破垄断只靠民营资本设立新的金融机构是远远不够的，它或许只是中国金融体系的有益补充，对中国金融体系的重大变革是不起决定性作用的。推动中国金融体系进行战略性改革的力量，除了利率市场化以外，只有互联网。我们需要从战略性的高度认识到互联网金融对中国金融改革的重大意义。

互联网金融在中国有深厚的逻辑基础

互联网金融发展具有自身的逻辑。一种新的金融业态的成长一定要富有逻辑，没有逻辑的话不可能长成大树。而逻辑的存在需要肥沃的土壤、充足的阳光，甚至还要蓝天白云，充满“雾霾”的环境是不行的。在发展中国资本市场方面，我从一个乐观派逐渐变成一个忧虑派，因为中国的文化传统、金融意识、财富观念、信用基础、法律体系、制度环境、政策取向等都从深层次制约着中国资本市场的发展，而不是在推动中国资本市场的发展。

互联网金融在中国会不会处在一个“雾霾”中呢？我想可能不会，因为互联网金融在中国有深厚的逻辑基础。当然，互联网金融对所有人来说都是一个全新的课题、一个不太熟悉的领域。要研究互联网金融，就必须从历史的长河中了解互联网为什么会有如此强大的能量，为什么能重构社会组织形态，为什么可以颠覆传统的产业帝国，它是如何改变人们的消费习惯的。互联网必有它的过人之处，互联网金融也必有它生存和发展的逻辑所在。我们不仅要研究成熟国家比如美国的互联网金融的历史经验，更重要的是要结合中国的文化传统、金融意识、财富观念、信用基础、法律体系、制度环境、政策取向等来研究中国互联网金融的生态。

认真研究中国的互联网金融生态

要研究互联网金融，以下几个重点似应思考。

第一，互联网金融独特的运行结构。在运行结构方面，我认为互联网金融和现行金融是完全不同的。如果互联网金融只是在传统金融上做了一些技术改造，那么，也只能称之为一种创新，而不能称之为革命。互联网金融实际上是“基因式”的革命，它和现行的金融所做的事情可能一样，但它们在“基因”上是不同的。就像玻璃和水晶在外观上相似，其实内在结构是不同的。互联网金融和传统金融赖以存在的运行平台完全不同，所以它们的运行结构也是不同的。

在此基础上，一个新的概念被引发出来。现在很多商业银行也借助了包括互联网在内的现代信息技术来改造自身，这是不是互联网金融呢？我认为它不是。因为其运行平台仍然是传统平台，包括互联网在内的这些信息技术只是作为完善传统商业银行运行过程的一种工具，其基因没有变化，盈利模式没有变化，观念没有变化，理论基础也没有变化。所以，我认为，在传统平台基础上引进某些新技术，只是手臂的延长而已，当然这也是一种巨大的进步。如果构建新的平台来完成现代金融的支付和投融资活动，我认为其基因就开始发生了变化，这可以称之为互联网金融。所以，我创造了一个词叫“金融互联网”，是相对于“互联网金融”而言的。

第二，要研究互联网金融的理论结构。互联网金融的理论结构与传统金融的理论结构有交叉的部分，但绝对不是传统金融理论的复制或翻版。互联网金融的理论结构除了与传统金融理论有相同的部分外，更为重要的是它的不同之处。比如，互联网金融基于信息的对称性理论所构建的理论结构。互联网金融和现代金融如果有一个巨大的差别的话，那就是互联网金融进一步解决了信息的不对称性问题。因为从理论上说，传统金融结构（比如商业银行）从信息角度来看存在着严重的不对称性，就如同传统的商业结构对消费者来说存在着严重的信息不对称一样。比如，一个消费者到市场上买一件价值100元的商品，个别卖家可能会要价2000元，而另一处的商店只需要 200 元。由于消费者不知道这个信息，他可能会花 2000 元购买这个价值 100 元的商品。在电商模式中，就不存在这个问题。因为电商解决了信息不对称性问题，解决了时空约束的问题，它给予消费者充分的信息知情权和消费选择权。互联网使金融活动在商业银行的基础上，开始向信息的对称性方向前进了一大步，使信息基本上接近于对称。

互联网金融也在资本市场的基础上，进一步解决了信息的对称性问题，极大地改善了市场透明度。信息的对称性是合理定价的前提，而在信息不对称的条件下，定价是扭曲的，是损害效率的。所以，从这个意义上，互联网金融对传统金融来说实际上是二次脱媒。“二次脱媒”是互联网金融的重要特征，也是推动金融变革的重要力量，是金融的巨大进步。由于互联网金融解决了经济学中最难的问题——信息不对称性问题，所以它具备了解决金融面临的最难问题的技术性手段。金融最核心的问题是什么？是风险。在不同的金融结构下，风险的类型和形态不一样。比如，虽然商业银行面临着三种风险，但是最基础的风险仍然是信用风险。银行发放贷款之后，最担心的是借款人是否违约，是否能如期还贷。而在资本市场中，透明度则是最大的风险。对于这两种风险，如果一种新的金融业态对于风险的识别和解决有了进一步的提升，那么它在制度设计上就是一种巨大的进步。

因为互联网金融对信息流进行了整合，从而形成了一个大数据的时代。大数据时代蕴含了一个重大命题：大数据会衍生出新的金融中介，大数据是所有交易主体行为的表现。互联网金融通过大数据的挖掘，可以解决无论是商业银行还是资本市场所面临的共同难题，就是信用风险和透明度风险，对商业银行信用风险的识别尤为重要。目前，商业银行对信用风险的识别，主要看借款人的财务报表、收入水平、资产状况、信用记录等。这些识别机制没有问题，但是它有一个潜在的逻辑，就是富人大体上具有良好的信用，穷人大体上具有不好的信用。所以，在现实生活中有钱人借钱很容易，中低收入水平人群借钱很难。现实经济生活中，信用的好坏与收入高低并不一定是线性关系。有一些很小的企业、一些收入不高的人，他们的信用可能也是很好的，富人赖账的也不少。可是我们用什么技术手段甄别他们信用的好坏呢？大数据。为什么阿里小贷根本没有见过借款人，就敢发放贷款呢？因为它通过频繁的交易去识别信用。互联网金融理论结构中还有二次脱媒理论、金融中介理论，互联网金融的发展可能产生新的金融中介——基于大数据平台的金融中介。

第三，要研究互联网金融的商业模式。金融和商业有一个共同点，即都是服务业，只不过金融服务业更高端一点。它们还有一个共同点，就是大多数产品可以标准化，这是互联网金融可以生存和发展的重要条件。由于互联网金融可以将金融产品成规模地标准化，所以它解决了经济活动中的一个重要问题：成本。产品的标准化和规模化可以使金融活动成本大幅降低，实际上，无论消费市场还是投资市场，大多数消费者或投资者只需要标准化的服务。由于成本约束，他们不需要定制服务。互联网金融由于更易将金融产品标准化，使其成本大幅度下降，从而使得大多数人能够接受标准化的金融服务。在现行的金融结构下，有些人不需要定制式金融服务，因为受到成本和价格的约束。余额宝的出现延长了资产管理的客户端，原来资产管理是富人的事，比如私人银行只服务于资产规模达到一定数量级的高端客户，而余额宝则可以服务于收入较低的这些多数人。余额宝的商业模式是非常成功的。当然，互联网金融在定制服务方面没有优势，没有吸引力。亿万富翁的理财很少参与互联网金融的资产管理。所以，互联网金融是大众金融、普惠金融，而金融正好需要更多地为大众服务，不能只为高端客户服务。

最后，我们要研究互联网金融的风险特点。互联网金融需要有一个道德底线和风险底线，那就是保证资金持有人或委托人财产的安全。互联网金融不能成为传统意义上的非法集资平台，不能沦落为庞氏骗局。

互联网金融客观上存在替代边界，它显然不能包打天下。金融具有六项基本功能：跨期、跨区域、跨行业的资源配置，提供支付、清算和结算，提供管理风险的方法和机制，提供价格信息，储备资源和所有权分割，创造激励机制。在这六大功能中，互联网金融至少可以改善前四个功能，对后两个功能亦有正向促进作用。互联网与金融在基因上是耦合的。金融领域的利润空间非常大——工、农、中、建四家商业银行的利润已经超过中国所有实体经济利润的总和。基于如此庞大的利润，在金融领域做标准化产品一定会有巨大发展空间，互联网金融一定会比互联网在商业领域发展得更加绚丽。当然，要看到，有很多领域互联网金融难以进入，比如需要定制和具有个性化特征的功能领域。传统金融如商业银行仍有相对大的发展空间。它具有客户优势、定制优势以及感知优势。在中国金融文化的背景下，很多人偏好于传统商业银行，尤其是老一辈人，他们不愿意参与到互联网金融当中，这与商业银行良好的信誉、严格的风险管控等相关。

互联网金融和现代金融是相互促进、相互竞争的关系，而不是你死我活的关系。但是，由于互联网金融的介入，中国金融的业态和结构一定会发生翻天覆地的变化，我们不能忽视这种即将到来的巨大变革。与此同时，对互联网金融的监管标准的制定需要新的视角。如果用监管传统商业银行的标准来监管互联网金融，那么，互联网金融永远都不可能发展起来。所以，根据互联网金融的运行结构、商业模式和风险特点，制定一个适合互联网金融成长和发展，同时又能保证人们财产安全的监管标准，是非常迫切的。

（本文原载于《上海证券报》）

新常态下的金融改革

李扬（中国社会科学院副院长、金融研究所所长）

对新常态问题，一要认识新常态，二要适应新常态，三要引领新常态。

引领新常态的提法是在中央经济会议上第一次提出的。这个提法非常有意思，其实是告诉我们，新常态也许是一个愿景，希望从原来的数量型、外延型、粗放型的增长达到提高质量效益的新水平上。

但是这个愿景并不能自然实现，要达到新常态的目标，必须努力引领，而引领最主要的措施就是改革。所以把新常态这样一个重大历史阶段的主要任务放在改革上，改革任务非常重。

今天只就金融改革说一点看法。

金融改革，从改革开放以来就没有停过，而且成效卓著。改革初期，中国只有中国人民银行一家银行，今天金融体系已经非常完善，金融指标已经在全球领先。人民银行的资产负债表也比较长，上海证券交易所最近几天的交易量非常大，这些是足以让我们骄傲的一些成就。

但是面向新常态，面向一个更高的要求，就发现金融体系有诸多缺陷。这些缺陷可能会妨碍我们向新常态的愿景发展。

所以下一步的金融改革就应当着力于去克服这些缺陷。我们对金融改革曾经有很多的阐述，最新的目标是让金融充分发挥它在引导资源配置上的功能，实现让市场在资源配置中起决定性作用的目标。

经过三十余年卓越有成效的改革，金融体制当中还有哪些缺陷阻止我们迈向更高的平台？

主要集中在六个方面。第一，我们已经有非常完备的体系，但是整个金融运行的基准是不牢靠的。所谓三个基准：利率、汇率、收益率曲线。利率还没有市场化，汇率没有常态化，收益率曲线还没有形成。这三个“率”还没有实现市场化，还没有达到均衡。我们有理由怀疑过去几十年里由金融引导的资源配置有可能是扭曲的，因此下一步的目标是三个基准的完善。

利率。对于利率，中央银行已经有了一个时间表，但是从智库这个角度来看，除了放开存款和管制之外，还有几个问题需要关注：（1）创造条件让所有的金融产品交易起来。金融市场化的要义是交易，而不是说定量多高。（2）在利率市场化改革中，中央银行掌控的四个利率必须市场化。利率的风险结构、期限结构必须由市场决定，调控必须通过市场化手段。

汇率。通过这些年的调整，中国的汇率已经接近均衡水平，有个观察角度：在外汇市场上，外汇当局是不是频繁地出现，是不是非常强地把汇率往某个方向引导？如果是，那么汇率市场化、弹性化是不够的，如果不是，那汇率已经接近均衡水平了。

收益率曲线。我们要创造一个无风险、按期限排列的平滑的曲线，为我们全社会的投资、存款、贷款、金融活动提供基准。现在，我们已经具备了收益率曲线，但是还需要完善，至于收益率曲线是基于国债市场形成的，还是基于银行间的市场形成的，还是基于混合技术形成的，仍争论不休。

第二，要为金融市场的运行提供基准。为金融体系提供一种机制，能够稳定地提供长期资金，提供权益性资金。中国到现在是不缺乏资金的，中国从 1994 年开始就是一个储蓄过剩的国家，是不可能短缺的，如果有短缺也是体制、机制上扭曲了它，资金是不缺的。缺的是什么？第一，缺长期资金。中国经济还在发展过程中，要投资，就要有城市化、工业化，无论是哪个“化”，都需要长期资金，但中国筹集的都是短期资金，平均算一下是两年多，但是资金使用周期平均是四年。所以，金融改革就是要扭转资源错配。现在都是长期资金，而长期资金的不足会给商业银行造成非常大的风险。商业银行理论上不能发放中长期贷款，但我们已经发了 60%，潜在的都是风险，因此长期资金的筹集是一个大问题。所以我们需要把发展多层次资本市场的任务落在实处，不要停留在口头上。现在我们需要发展长期资金的机构，要发展开发性金融机构、政策性金融机构，按照党的十八届三中全会精神，尝试建立面向住房市场的住房金融机构、面向城市基础设施的基础设施机构。这样我们才能把期限结构扭过来。除此之外还有另外一个金融机构，在目前体制下，当非金融机构拿到资金时就变成负债了，我们要发展权益类的公益机制，更重要的是放开民间金融，破除从新中国建立初期就开始的国家信用短期现象。

第三，解决降低债务率和杠杆率的问题。中国的债务率、杠杆率在结构上没问题，但是总量上有两大问题：第一，企业负债率过高。中国没有自己的自由资金筹集机制，没有在资本市场上持续不断的筹集机制，这些都是阻碍。第二，地方政府负债率过高。各级政府，尤其到县级政府的资产负债表严重不平衡，债务率非常高。如果说经济下行，如果说房地产不行，如果说城镇化转型，那么传统筹集资金还款机制就受到阻隔，问题会更加突出，所以，我们必须解决好企业债务率过高和地方政府负债率过高的问题。

第四，中共十八届三中全会确立了开放型经济体的目标。这会遇到三个阻碍：第一，资本账户没有完全开放；第二，人民币没有完全兑换；第三，人民币没有国际化。现在主要的资本项目开放，就是“两个向内、三个向外”：两个向内，即非中国居民用外币投资于人民币定值的债券、投资于人民币定值的股票是受到限制的，下一步应该放开。三个向外，即人民币投资于外币定值的股票和资产以及人民币可兑换的问题。人民币兑换其实是一个水到渠成的事情，需要制度清算，而且设施也需要进一步建设。最后，国际化的问题。要稳步推进，静观其变。

第五，大力发展普惠金融。中国经过几十年的发展，很多的机构、个人已经获得了充分的金融服务，但是普罗大众并没有获得金融服务。这么多年来我们剥夺了很多企业和个人，乃至很多机构享受这一权利的机会，因此在党的十八届三中全会上提到关键的六个字——发展普惠金融。

什么叫普惠金融？金融是服务社会的行业，现在它要能够为大众服务。我们要创新理念，创新体制、机构、市场工具，创新服务。互联网金融的大发展为普惠金融的大发展提供了坚实的基础，加上放开国家对信用的统治，让非金融机构之间，让居民和非金融机构之间不需要通过金融机构来实现信用的相互提供，他们的活动可以用一般的工商法规范，不必要用金融法规范。

（本文系作者在中国社会科学院财经战略研究院 2014 年会上的演讲）

下　篇
新的执政使命与中国转型

· 重建社会，还是重建权力？
· 法治中国建设与司法体制改革

当前中国进入改革攻坚期和深水区，必须重构政府和市场关系，发挥市场在资源配置上的决定性作用；全力保障民生，维护社会的公平和正义；创新社会治理，释放社会活力；用法律构建制度笼子，用制度管人管权管事；加大政府自身改革力度，以提高政府的公信力。

第七章
重建社会，还是重建权力？

一个健康的社会取决于权力、市场和社会三种力量的平衡。在市场和社会发育程度很低而权力独大的情况下，最后会导致权力的滥用和失控；在市场和权力的力量很强而社会发育很低的情况下，则会形成权钱结合的治理模式。

习近平的治国使命与中国未来的转型发展

汪玉凯（国家行政学院教授、中国行政体制改革研究会副会长）

中共十八大以来，中国发生了一系列重要变化。这种变化不仅体现在中央强力反腐、通过整顿官场转变作风等，更重要的是通过中共的两次全会相继制订了全面深化改革的顶层设计方案和全面推进依法治国的重大战略。按照习近平总书记的话说，这是姊妹篇、上下篇。如何看待十八大后中国所发生的这些变化，这些变化与习近平的治国理念、治国使命以及中国社会的现实有什么内在联系，习近平治国使命实现的关键节点在哪里？所有这些都值得我们高度关注和深入思考。

习近平的治国理念与治国使命

如果从更理性的角度来观察，笔者认为习近平上任后，在治国理政方面不是零敲碎打，也不是修修补补，而是体现出了鲜明的“三整”特征，即整体思维、整体谋划和整体战略。

在上述思维框架下，集中反映出他的四个特色鲜明的执政理念：铁腕治国、俯首为民、公平正义和独行独立。

从铁腕治国来看，十八大后中央相继出台了一系列铁腕反腐举措：不到两年拿下56位部级及以上官员，包括周永康这样的正国级

"大老虎"、徐才厚这样的"军老虎",使人们看到"零容忍"绝不是一个简单的说辞。

从俯首为民来看,以维护人民的利益作为最高标准集中体现了习近平以民为本的理念和价值导向,诸如"人民对美好生活的向往就是我们奋斗的目标""努力让每个人都有人生出彩的机会""要努力让人民群众在每一个司法案件中都感受到公平正义"等,其思想深处的亲民为民情怀溢于言表。正像鲁迅先生当年所说的"横眉冷对千夫指,俯首甘为孺子牛"。

从公平正义看,不论是在全面深化改革的《决定》中,还是在全面推进依法治国的战略中,都把权利公平、机会公平以及规则公平放在突出位置,在他看来这是中国社会长治久安的基石。

从独行独立看,他反复强调"不照抄、不照办",决心要走出一条实现中华民族伟大复兴的中国梦的独特发展道路。

习近平治国理念隐含着宏大的治国使命,这种治国使命可以高度概括为"五个重塑、重建或重构":即重塑中共的执政形象、重建中国的官场生态、重构中国的秩序、重构中国的价值体系、重构中国的发展方式。

重塑中共的执政形象。重塑形象最核心的莫过于要提升老百姓对中共领导地位的认可度,提升公众对中共执政地位合法性的心理支持度。而这两者,并不是中共有了领导权、有了程序上的合法性就能自然而然得到的。这一点对中共未来的执政和领导都至关重要。从这个意义上说,习近平的重要使命,就是要大大提高中共执政和领导的社会认同度和心理上的支持度,让民众心悦诚服,进一步改善执政党与民众的关系。

重建中国的官场生态。无须讳言,近年来中国的官场确实出现了很多严重的问题,如买官卖官、权钱交易等,对社会风气造成了破坏性的影响。在习近平看来，中国社会风气败坏，首先是因为中国官场风气败坏，要改变中国社会风气，首先必须矫正中国的官场风气。而十八大提出的“干部清正、政府清廉、政治清明”也许是最好的重塑官场的“猛药”。换句话说，只有我们的710多万党政公务人员每个人能够清正，才可能有政府清廉；而干部清正、政府清廉无疑又是政治清明的前提和条件。记得笔者早在2004年就曾提出过未来中国公共治理的“十四字方针”，即“严治官、善待民，创新政体，稳定银根”，没想到在十年后习近平重塑官场的新政上似乎得到了验证。

重构中国的秩序。应该说，党的十八届四中全会制定的全面推进依法治国战略，为重构中国的秩序提供了一个前所未有的路线图。其内在逻辑是：通过依法治国、依法执政、依法行政，构建中国的法治国家、法治政府、法治社会。在笔者看来，习近平在重构秩序中把维护以宪法为核心的法律权威放在了首位，这充分说明他对宪法的敬畏和尊重。其核心是，中国共产党可以领导制定宪法和法律，但党也必须在宪法和法律的范围内活动。任何违犯宪法和法律的行为都要追究。

重构中国的价值体系。即重新构建中国的价值体系，这不是说对过去的都要推翻重来，而是要解决中国社会长期存在的价值荒漠化以及价值紊乱的问题。这也许是中国真正的风险和危机，即信仰危机。习近平上任后做的第一个大判断是“腐败亡党亡国”，所以他坚持强力反腐，既打老虎又打苍蝇。后来他又做了第二个大判断，即“人心向背，决定执政党的生死存亡”，这也许更加接近问题的本质。而中共十八大后提出“24字社会主义核心价值观”，试图想以此为引领，重构中国的价值体系。如果取得实质性进展，意义深远。

重构中国的发展方式。中国发展取得的成就有目共睹，但中国传统的发展方式走到尽头大家也心知肚明。在上一届中央政府提出的转变发展方式的大框架下，新一届中央政府不断完善发展方式的战略部署，使其尽快取得成效。其中最令人鼓舞的，就是提出“市场决定论”，并按照这一思路重构政府与市场、政府与社会的关系，这对未来中国经济的平稳健康发展无疑具有重要战略意义。

与习近平治国理念和治国使命相对应的是他的治国策略：一是“严党、严军，反贪、治吏”并重。十八大后，中共不断采取重大举措从严治党、从严治军，对贪腐采取高压举措，绝不手软，重拳出击治理官场，在党内、军内、官场掀起巨浪。

二是“法治、德治”并行。如党的十八届四中全会破天荒地专门研究依法治国的问题，并制定出全面推进依法治国的路线图。与此同时，习近平也十分重视以德治国的实施。在选拔人才时，强调要德才兼备、以德为先。

三是“传统和现代融合”。在党的十八届三中全会上制定出的全面深化改革路线图里，把完善和发展中国特色社会主义制度，推进国家治理体系和治理能力现代化，作为二次改革的大目标，足以说明他所具有的现代治理思维。但同时，他又不断在中国深厚的传统文化中寻找治国理政的精华，使之与现代国家治理理念融合，如中国历史上的“修身、齐家、治国、平天下”，儒家文化中的仁、义、礼、智、信等，都被他高度推崇，并将之运用于治理国家的实践中。

习近平治国使命的现实基础

习近平在中国改革开放历经三十多年后的“二次改革”中确立上述治国使命的原因，同样值得我们回味和思考。笔者以为，这应该与中国社会的现实息息相关。当下中国社会的最大现实是：一方面，中国改革发展取得了举世瞩目的成就，另一方面，中国社会也面临着一系列严重的风险和挑战。

两个数据足以证明中国改革开放的巨大成就：第一，1978 年中国改革开放起步那一年，中国人均GDP还不到非洲最穷国家的 1/3，那时候中国真是世界上最穷的国家。然而，35 年后，中国人均GDP在 2013 年达到 6700 美元，中国整体上进入中等偏上收入水平国家的行列，这是一个历史性的巨变。第二，1978 年至 2013 年的 35 年间，中国经济持续高增长，平均达到 9.8%的增长速度。迄今为止，在人类历史上还没有如此大的一个经济体经济连续高增长 35 年的。从这个意义上说，中国已经创造了历史。

但是我们也要清晰地看到，中国社会经济发展到今天，积累的问题也同样严重。而习近平治国的一个重要特点，就是注重问题导向——不管是全面深化改革方案的制订，还是依法治国战略的推出——都是以问题为导向的。这些问题归纳起来，可以概括为四大风险：经济风险、社会风险、信任风险、政治风险。

从经济风险来看，主要有两个问题。其一，转方式还是保增长，这两者内在是有冲突的。十八大以后，我们提出了“稳增长、调结构、促改革、惠民生”的“新十二字方针”。但实施中的情况是：当经济下行压力大的时候，就突出稳增长，调结构肯定会受到影响；当经济增长压力不大的时候，更可能突出调结构，但调结构可能对稳增长造成潜在影响。这说明协调两者并不容易。

调结构的重要性毋庸置疑，因为我们面临“四个难以为继”：低成本出口战略以金融危机爆发为标志难以为继；低端产业主导的经济结构难以为继；资源环境的传统使用方式难以为继；收入分配不公引发的社会问题使社会稳定的大局难以为继。这“四个难以为继”，说明中国转变经济发展方式非常紧迫。但从 2013 年开始，中国的经济下行压力越来越大，在这样一种环境下，我们不得不再把稳增长放在非常重要的位置。

中国经济下行压力大，究竟是中国经济高增长 35 年以后的理性回归，还是中国经济真的出现了大问题，看法不一。我认为中国经济目前没有大问题，但有四种隐忧：一是严重的房地产泡沫；二是地方债务，其中显性债务约有 20 万亿元，隐性更多；三是金融体系改革滞后导致影子银行作祟，一方面流动性泛滥，一方面银行缺钱，加大了金融体系的风险；四是产能过剩。因此，转方式、稳增长两者如何协调，克服冲突，对我们驾驭经济的能力是很大的挑战。

对于社会风险，最大的问题是中国社会的整体利益格局被扭曲了。造成利益格局扭曲的原因很多，但在我看来主要有三：分配制度不合理、机会不均等，以及既得利益集团兴风作浪。

从分配制度不合理来看，中国 35 年的改革开放，城乡、贫富、行业、地区四大差距没有一个被缩小，都被放大了。从机会不均等来看，企业之间不在同一竞争的起跑线上，国有企业很强势，但很难解决腐败问题，民营企业相对弱势。另外，人与人的发展不在同一起跑线上，有权有势的子女游刃有余，要当官可以当官，要发财可以发财，草根小孩、农民小孩即使考到清华、北大这样的一流大学，毕业以后也未必找到体面工作。有人说中国全面进入“拼爹时代”，这可能使社会阶层趋于固化，底层的人往上流动的空间越来越少，继而可能会诱发暴力事件。从既得利益集团兴风作浪来看，既得利益集团既掌握权力，又掌握资本，还掌握资源，三者叠加，控制相当多的中国财富，这是中国社会不稳定的根源。

对于信任风险，正如我前面所讲，中国问题说到底是一种严重的危机和信任风险。现在是网络时代，中国有 6.3 亿网民、12 亿手机用户，超过 60% 的网民都利用手机上网。这些年来出现的如此多的网络事件，多数都是冲着党政机构和官员去的，任何差错都可能导致党政公信力的下降。

对于政治风险，我们能不能通过反腐遏制腐败的蔓延，不仅关系到腐败本身，甚至关系到老百姓能不能再次支持我们的二次改革。十八大以后，习近平本想尽快推进全面改革，但后来很多人发现改革启动都很困难。所以改变策略，先打虎，后改革，通过打老虎，特别是打大老虎，让老百姓看到希望，有了信心，这样才有可能支持我们的二次改革，这是中国改革成功的前提。通过上述分析，我们可以清晰地看到，习近平的治国理念、治国使命、治国策略都是建立在这样的社会现实基础之上的。

习近平实现治国使命的重要条件

面对中国改革发展的新形势，习近平要顺利实现其宏伟的治国使命，其关键可能涉及两个问题：一个是要有足够的勇气和胆略化解改革的阻力；另一个是要防止出现颠覆性错误。

就化解改革的阻力而言，笔者认为在目前中国的环境下，最大的阻力可能来自两个方面：一是既得利益，二是政府自身。

从既得利益阻力来看，笔者曾经在中共十八大以前写过一篇文章，认为二次改革的最大风险可能来自既得利益集团。既得利益集团就是通过非公平竞争的手段和方式，借助公权力和政策资源，获取巨额利益的相关体。既得利益集团的形态从目前中国的实际状况看，主要可以归为三类：即以贪腐官员为代表的权贵既得利益集团，以垄断为代表的垄断既得利益集团，以房地产和资源行业为代表的地产、资源既得利益集团。这三大既得利益集团，既掌握权力，又掌握资本，还掌握资源。而那些借助权力影响力，主要靠子女、配偶等在市场上进行灰色资本的运作和并购，一夜之间就可能获取巨额暴利的灰色权力、灰色资本、灰色暴力，则是更大的腐败。周永康案在一定意义上把上述的“三灰理论”演绎得淋漓尽致。

既得利益集团的最大危害在于激化三种冲突，即官民冲突、劳资冲突和贫富冲突。这三种冲突后面都会看到既得利益的影子。所以李克强上任后，做的第一大判断，就是“触动利益比触动灵魂更难”。习近平多次强调要以更大的勇气和决心排除利益固化的藩篱。在党的群众路线教育实践活动总结大会上，习近平第一次使用了“利益集团”四个字，说党内团团伙伙，拉帮结派，利益集团相互输送利益。所以我们说二次改革最大的风险就是来自既得利益集团。如果说中国的一次改革主要是和贫困作战，那么中国的二次改革将主要和既得利益集团作战，这是第一种阻力。

第二种阻力极可能来自政府。政府阻力有可能来自三个方面，即观念阻力、行政审批改革阻力和部门利益阻力。

从观念上来讲，我们很多官员习惯于以权治国，而不习惯于依法治国。法治政府的核心是治公权的，是治政府的。法律不授权，政府无职权，所以叫“法无授权不可为，法定职责必须为”，这是法治政府的基本含义。但是我们很多官员缺少这样的法治思维，缺少法治精神，缺少法治意识。

至于行政审批改革的阻力，国务院总理李克强上任以后，说五年内要把国务院的 1700 多项行政审批事项减少 1/3，但是不到两年，国务院的行政审批事项就减少了 620 多项，远远超过原定任务。对于改革成就，我认为还不能评价过高，毕竟国务院的行政审批改革仍未改变部门主导的格局，改革后会真正伤筋动骨的事项并不容易被精简下放。

与此相联系的，就是部门利益的阻力。权力部门化、部门利益

化、部门利益个人化、个人利益被法定化的现象并不少见。过去中国的经济市场化了，社会市场化了，最不该市场化的权力在一些地方也被市场化了。部门利益权力成了牟利的工具、牟利的手段。从这个意义上说，抑制部门权力异化的难度不可低估。

除了化解改革的阻力，习近平治国使命的实现，还要最大限度地防止出现颠覆性错误。我们注意到，十八大后，习近平多次提及要防止出现颠覆性错误。那么究竟什么是颠覆性错误呢？我认为“文革”就是颠覆性错误，20世纪50年代的“大跃进”是颠覆性的错误，60年代初期“反右”是颠覆性错误，“文革”中的阶级斗争为纲、无产阶级专政下继续革命理论，也是颠覆性错误。所以我说未来中国的转型发展、实现国家治理现代化、实现习近平的治国使命，也要防止出现颠覆性错误。

如何防止出现颠覆性错误

我认为其核心有以下四点：

第一，要认真研究共产党如何利用好自身的执政资源和领导资源。越是一党执政，越有领导地位，越是要审慎；控制的社会政治资源越多，越要防止由于掌握过多资源，导致战略性、全局性错误的发生。这些都是我们过去形成的经验和教训。

第二，要防止意识形态领域的沉渣再起，把中国再次拉到“左”的道路上。我这样说并非危言耸听，也并非没有任何依据。种种迹象表明，现在的中国意识形态领域正左右交锋。如何把控这个局面，防止中国再遭受“左祸”干扰，出现颠覆性错误，是至关重要的。

第三，在行政性分权、经济性分权与政治相对集权并行的形态下，如何把握三者之间的平衡点，也是防止出现颠覆性错误的重要环节。

第四，在防止出现颠覆性错误的同时，还要大胆地创新，特别是围绕政治体制的变革进行大胆创新，当前显得尤为紧迫。比如，在现行体制下如何通过改革顶层方案的设计，全面实施依法治国战略，构建一种共产党执政领导的、有效、有为的体制框架就很重要。在笔者看来，中共执政体制下中央和地方可以采取差异化的制度形式，其关键是要找到中央和地方的关键环节进行变革，不一定都要上下同构，这样也许更有利于国家的长治久安，有利于国家治理现代化。从中央看，是要保证国家最高权力交替的法治化、制度化、规范化，这是关乎中国长治久安的最核心问题。要在总结过去经验的基础上，在维持现有中央权力整体格局的前提下，大胆创新，长久保证国家最高权力交替的法治化、制度化，使之平稳交替，不对社会造成重大影响。

在地方，可以考虑实行党政融合的体制。比如省以下可以考虑构建党政一体化的体制架构。比较可行的操作思路是：市（县）委书记不要兼人大常委会主任，因为一旦兼人大常委会主任以后，就等于把人大这个监督系统的作用大大弱化了。人大常委会主任应由人大选举出的领导人独立担任。但是市（县）委书记、市（县）长可以由一个人来担任。其产生的办法是：通过“三条线”产生一个一把手出来。

首先，坚持党管干部原则，党委要推荐合格的书记候选人，可以推荐 4~5 个书记的合格人选，这几个人到市、县党代会上去发表演说，谈谈当书记以后准备怎么干，然后让党代会代表投票选举。得票多的前四位或者前三位到市、县人代会上去竞争市、县长，这几个通过党代会认可的人，都可以当市、县长。在人代会上，最后谁当选市、县长，谁就是市、县委书记。这样“三条线”产生一个一把手，既体现了党管干部原则，也体现了党内民主和人民民主。

其次，让一把手有组阁权，由一把手提名各部门领导，经人大批准，一把手要负连带责任。与此同时，将现有的党政机构整合，广东顺德如此做了十几年，经济总量比青海、宁夏两个省份还多，它的党政机关共设置了16个部门，党委6个，政府10个，多数都是两个牌子一套人马，如宣传部和文化局整合，组织部与人力资源和社会保障局整合等。这样不仅能够大大减少人员数量、提高效率，还能使我们的治理体系更加符合共产党的执政使命和领导地位。

最后，纪委和人大是两条线，纪委垂直领导后，不受本级党委书记制约，可以监督书记；人大主要监督市、县长。两条线，实际上都在监督一把手。这样我们就能够从根本上改变重要官员选拔的机制，也能够比较容易地解决主要领导只向上负责、不向下负责的问题，从而比较好地解决拼资源、拼环境的问题。

（本文原载于《国家治理》周刊）

社会公正与国家治理现代化

竹立家（国家行政学院公共管理教研部教授、公共行政教研室主任）

在全球化和信息化的背景下，中国作为一个巨型国家的“社会结构性”转型，必将对“世界的合理化”程度和人类文明的进程与走向产生决定性影响。无论你愿意还是不愿意，“中国因素”都是实现“全球治理”和建立一个更为公正合理的世界的关键环节。

正因如此，对当代中国“发展文本”复杂多样甚至相互矛盾的解读才成为国内外的时髦话题，对中国发展现实的深度观察、研究、认知、分析、判断才五花八门，莫衷一是，但有一点是肯定的，即中国从100多年前的“边缘国家”向“中心国家”的挺进是一个毋庸置疑的事实，这不但将极大地改变人类文明的面貌，反映时代精神的未来走向：也将对全球化时代的“社会主义发展模式”的形成产生重大影响。中共十八届三中全会决定提出全面深化改革的战略方针和国家治理现代化的战略目标，是和平建设时期社会主义改革与发展的总纲领，是在全球化、信息化时代建设好、发展好社会主义的基本指针。

这就是说，通过“五位一体”的全面深化改革实现国家治理现代化的目标，是社会主义国家在人类文明新的历史发展阶段，面对人类文明转型和社会主义社会转型的双重转型而产生的新矛盾、新问题，所提出的社会主义国家发展战略，蕴含着丰富的理论和实践内涵，对推动未来社会主义改革与发展具有非常重要的意义。

国家治理现代化的价值意蕴

从政治哲学或公共哲学的角度讲，国家治理现代化蕴含着一个基本的内在价值或终极价值，即“什么性质的国家治理”及“追求什么样的现代化治理和发展目标”。因此，对国家治理现代化这一概念的正确解读，价值维度或意识形态是一个关键的指涉领域。这就是说，在当代世界，社会主义国家治理与资本主义国家治理体系、方式、方法、价值目标等有着本质的不同，对理想社会的界定存在着巨大差异，这就要求我们必须审慎、仔细、意义明确地使用“国家治理”和“现代化”这些概念，特别是当现代化与国家治理联系在一起的时候。

不可否认，由于种种原因，20 世纪 90 年代苏联和东欧剧变以后，我们基本上是在资本主义的话语体系中讨论现代性话题，是在西方人建立的知识框架体系中来认识世界，所使用的概念工具和分析框架，受新自由主义的影响比较大。可以说，随着全球化和中国改革开放进程的加快，中国影响世界和世界影响中国的互动、交流、渗透的速度也在加快。因此，在中国改革开放的过程中，如何按照社会主义的意识形态或核心价值构建现代化的国家治理理论及实践，防止资本主义的意识形态霸权，实现社会主义国家的国家治理理论创新，以公正而不是以自由为核心价值重构社会主义改革的话语体系，是新的建设时期社会主义理论构建面临的艰巨任务。

从全球的视野来看，“近年来影响深远的惊人的技术发展，即人们所说的信息革命，似乎预示着会出现一种极为不同的社会类型，并且很可能造成一些不同的社会和政治问题”。事实上，这种状况在全球范围内已经发生，并对我国全面深化改革造成了重要影响。在我国社会主义改革与发展的新时期、新阶段，中国国家治理水平的提升面临着国际、国内两个方面的困难，这极大地增加了中国社会转型的艰巨性和复杂性。众所周知，国际方面主要是全球化和信息化的冲击，使中国成为开放世界的一个重要组成部分，我们必须面对国家间权力重组和利益再平衡及价值冲击的全新课题，也必须应对全球化和信息化所带来的国内现实的重大变化；国内则主要涉及传统习惯、文化观念、道德和政治价值、经济结构、社会结构、权力关系的变迁所带来的新的改革课题。这两个方面的课题对中国未来的国家治理能力提出了全新的考验，即在一个"不确定性"的世界和时代，给国家一个"确定性"的未来。

不言而喻，从全面深化改革或谋划改革全局的角度来看，中国目前的现实形态纷繁复杂、千头万绪，社会的结构性变动已经悄然而至，社会层序结构发生了不可逆转的变化，我们已经面对一个全新的现实，中国已进入风险社会，这要求我们的国家治理体系和国家治理能力也必须发生变化。

但从历史哲学的高度来看，一个国家的治理体系和能力，是建立在意识形态或国家信仰的基础之上，并在这种国家信仰基础上的制度建构能力。因此，在论及现代国家治理这一重大问题时，必须既要跳出就事论事的狭隘思维，又要避免僵化的教条主义思维，既要坚决防止对现实描述的扭曲而导致现实的不在场，又要防止理论解释的不准确而导致理论的不在状态，从而错失改革良机，加大改革成本。"与过去几代人得到的相比，我们以财富和知识等形式存在的手段极为优越，但是利用这些手段追求的目标之价值，却是不确定和有争议的。"面对新形势和新的改革任务，改革要有新思维，改革谋划要有新高度，这就是说，国家发展战略和国家治理能力的构建，必须以“价值”和“制度”建设为核心，从公正的价值和公正的制度两个方面夯实社会主义的国家信仰基础。

首先，在当代世界，国家治理现代化的根本表征，主要取决于其所信奉的政治价值和道德价值对社会公众的吸引力。社会的秩序与稳定是明确的意识形态引导的结果，同样，意识形态的混乱不但导致依据这种意识形态对现实的理论解释能力下降、没有说服力，使之成为欺骗或虚假意识，丧失社会群众基础，而且造成这种社会所追求的理性社会蓝图丧失吸引力，最终导致社会变迁能力和改革动力衰退，使个体和社会失去了发展的目标之价值。特别是在社会转型期，意识形态的混乱更容易导致整个社会的价值迷茫，使社会危机内化为个人危机，从而引发社会矛盾与问题丛生，致使社会团结、社会合作、社会凝聚力销蚀，使国家运用已有的战略资源和经济成果的能力以及民众支持力出现双重衰减，并最终导致国家治理能力的下降。

从人类文明的发展史来看，社会重大转型期所形成的价值迷茫，往往是引发关于社会和个人发展价值争论的重要原因。无论是中国的春秋战国时代，还是西方的希腊化时代和启蒙时代，这种关于发展价值的争论都是非常明显的。一般来说，在社会转型期，社会公众对社会发展的价值探寻基本是沿着三个方向进行的，一是自我安慰地面向过去，在传统价值中寻找出路，这当然在变化了的现实面前没有出路；二是激烈地拒绝现实，敷陈改革乃至革命的思想，寻求新的发展价值；三是消极地脱离、逃避、远离社会，或听天由命，或我行我素，虚化价值的社会意义。

因此，在社会转型期，要有效地推进实现国家治理现代化，意识形态的明确性和核心价值的坚定性具有重大意义，是我国未来沿着社会主义改革道路奋然前行的基本前提，也是体现中国共产党国家治理能力的价值基础，是凝聚民心的基础性工程。毋庸置疑，社会主义社会制度建立以后，社会主义国家的意识形态和核心价值，基本是通过社会主义的宪法原则和价值表达出来的，宪法是全社会的政治价值共识，是社会主义社会制度构建的基本依据。我们知道，价值哲学，包括政治价值和道德价值，是一种实践哲学，换句话说，它的关键意义不是理论表述的完美无缺，而是在实践中的有效实现程度。国家领导力的重要体现，也主要表现为落实和践行宪法原则和价值的能力。在当今世界，社会主义与资本主义的竞争，主要表现为价值和制度的竞争，社会主义公正民主和资本主义自由民主的价值与制度安排的结果，将会对人类文明发展走向的选择产生重大影响。

其次，国家治理体系和治理能力的提升主要表现为制度凝聚力的实现程度。与传统的熟人社会主要讲道德不同，现代的陌生人社会主要讲规则。通过道德治理的社会与通过规则治理的社会是人类文明发展的两个根本不同的阶段：前者预设了人的不平等，所谓“君子之德”与“小人之德”，社会的管理者天然具有人格上的政治与道德优势，是所谓的“教人者”，具有物质上和道德上的特权，是社会的道德表率，一旦这些人的道德出了毛病，社会离礼崩乐坏就不远了；相反，规则治理的社会预设的前提是人人平等的社会，即“法律面前人人平等”，社会没有特权阶层存在。强调人人都讲规则而不是只谈道德，社会才会向善有序，国家才能富强安宁。

通过制度或规则规范人的社会行为，特别是权力行为，在全球化的当代世界是一个国家治理能力或水平的重要表征——全球化不仅仅是大规模体系的产生，还是社会体验的本土化以及个人环境的转变。全球化使我们面临着一个全新的现实，这就要求我们的社会治理方式也必须发生改变。我们经常讲的所谓治理水平或政治文明，其本质就表现为制度联动水平或制度文明，是通过制度把权力关在笼子里。马克斯·韦伯在论及历史上的领导类型时，把领导类型划分为传统型、超凡魅力型、法制型三种类型，认为后两种是近现代议会民主制下领导权威形成的主要特征，虽然韦伯比较倾心于政党政治下的超凡魅力型政治领袖的品质，但他强调所谓的资产阶级议会民主，是把法制型和超凡魅力型这两种政治权威的优点结合在一起，是牢固的制度结构保证了国家持续、稳定的领导权威或治理水平。

社会主义的根本制度形态是人民民主制度。在社会主义条件下，人民是权力的主体，人民的参与治理也是体现国家治理水平的基本标志。社会主义宪法原则和价值保证了人民的民主选举、民主管理、民主决策、民主监督的基本权利，公共权力的运行必须始终是一个不断实现人民群众权利的过程，受人民群众的监督和制约。与资本主义社会不同，社会主义社会的国家治理能力，最根本的体现就在于人民是国家的主人，人民满意是国家治理水平的基本体现。社会主义的改革与发展，就是一个逐渐把社会主义的价值在制度上具体落实的过程。只有在制度上切实落实人民的民主权利，制度的刚性逻辑才会把社会主义社会带入一个公正和长治久安的境界，现代化的社会主义的国家治理水平才会得到充分体现。

改革是制度性改革。现代化的国家治理水平主要体现在公共权力运行的质量上，运行的标准就是社会公正和人民是否满意。因此，通过制度凝聚民心，从制度上限制公共权力的私化、贪腐、滥用、特权等人民群众看得见又极端不满的现象，用民主的方式规范公共权力，防止一些人"以改革和组织的名义干坏事"，败坏社会主义的声誉和党的威信，是社会主义社会国家治理的关键环节，也是国家治理现代化的重点领域。

总之，在社会主义改革与发展的新阶段，国家治理现代化的实现必须要有明确的意识形态或客观价值的支持，并具有在这种明确的价值引导下的制度改革和建设能力。只有如此，我们才能建立一个人人心情舒畅、安居乐业的公正的社会主义政治文明的社会，只有实现了社会主义的政治文明，才能建立当代社会主义社会的国家治理新秩序，也才能真正实现好和发挥好社会主义的政治优势，推动国家治理现代化。

国家治理现代化的基本内涵

在现代化的语境中，“治理”这一概念包含着四方面的意义：一是从治理实体来说，强调治理主体的多元化，以与传统社会的政府是单一的治理主体相区别，政府、社会、市场乃至个体的多元共治是其根本特征；二是从治理价值来说，强调治理主体的权利与义务及责任平等；三是从治理本质来讲，强调淡化权力、注重权利，即政府作为“权威性的治理主体”，要尊重其他治理主体的权利，也就是说治理要从强制走向协商；四是就治理过程来说，强调公民参与式治理而不是单纯的政府主导式治理。

如果从国家治理的内涵来讲，主要包括国家治理体系和国家治理能力两个方面。一般来说，内在地蕴含着国家信仰的国家治理体系是基础，只有在一个现代化的社会主义国家治理体系的基础上，国家治理能力才能得到有效的发挥，社会主义的发展价值才能得到有效的实现。同时，我们也应该明确地指出，国家治理现代化的本质是一个社会对政治资本和社会资本的有效运作，特别是社会资本能把人们团结为群体，增加了信任，可以有效地推动国家治理目标的实现。

国家治理体系的现代化规定着公共权力的基本运行框架。因此，国家治理过程，本质上是规范、约束权力的运行过程。一个现代化的国家治理体系，本质上讲是一个政府职能合理到位，政府权力边界清晰，公共权力不缺位、错位和越位的科学治理的权力运行体系，是一个严格按照依法治国原则运行的规则治理体系，是一个依据人民民主原则，实现人民群众民主参与政治过程的民主治理体系，也是一个把公众福利放到首位的民生服务体系。因此，国家治理体系的现代化，一个基本前提就是政府职能体系的科学化规范化界定，逐步实现政府的有效限权、放权和分权体系，用制度保证权力的纯洁性，实现社会公正，达到社会共治。

在一个全球化和信息化时代，一个现代化的国家治理体系，有三个最重要的特征：一是通过转变政府职能，实现国家“权力体系”的现代化；二是“依法治国”体系的现代化；三是“民主治理”体系的现代化和“民生服务”体系的现代化。可以说，合理的政府权力体系、依法治国体系和民主治理体系，是国家治理合理化、现代化的本质内涵。

首先，合理界定的政府权力体系是国家治理的权威主体，是实现现代国家多元共治的关键环节。我们知道，政府权力体系的现代化，本质上表现为政府职能的现代化，是政府的有效限权、放权和分权。无论是在理论上还是在实践中，限制政府权力，建立有限政府，都是政府现代性的根本标志。政府作为国家治理的主体，其职能的合理界定和边界的合理划分，决定着国家治理的质量。政府超出自己的职能范围对市场活动和社会过程的不合理干预，将使正常的市场秩序和社会秩序遭到根本性的破坏，带来大量的经济问题和社会问题，引发了大量的社会矛盾，使政府处于一个费力不讨好的尴尬境地。与此同时，政府的不合理干预也抑制了市场和社会的创新性活力，使公平的市场竞争体系和公正的社会良性运行体系遭到人为的破坏，从而消解了市场和社会的自我修复能力，加大了国家治理的难度。因此，政府职能转变的关键前提是政府的自我定位，是建立一个有限政府而不是一个全能政府，真正实现“政府的归政府、市场的归市场、社会的归社会”，形成职能边界清晰的政府、市场、社会共治的现代国家治理体系。

放权或权力下放是指正确处理政府间关系，包括中央政府与地方政府的关系及上一级政府与下一级政府之间的关系。权力下放的基本原则是权力下放到基层政府的财力能够承担的事项上，形成权责一致或财权与事权相一致的政府间职能划分体系，既提高公共资源的使用效率，又强化基层政府的责任能力。权力下放的关键环节是地方政府要真正转变职能，真正把精力放到市场监管、社会管理和公共服务上来，让经济社会发展真正成为惠及人民的发展。

分权是指权力向社会组织的有序转移，是治理现代化的基本前提条件，也是政府职能能否彻底转变的最基本的制度保障。一个现代国家的重要标志就是自主的社会组织高度发达，具有承接政府权力转移的基本能力，并能通过行业自律实现自我监管，通过项目管理和服务合同出租，实现承接政府的部分社会管理职能的社会组织及公共服务市场、社会的共治局面，并最终实现国家治理的现代化。

其次，依法治国是国家治理体系现代化的根本体现。一个现代化的国家治理体系，本质上是一个法治体系，是一个政府、社会、个体都按照宪法法律行为的规则体系。任何组织、团体、法人、个体都不能超越宪法和法律之上。从理论上讲，现代化的法治体系是一个立法公正和司法公正的权威体系。所谓立法公正，就是要按照《决定》的要求，“完善中国特色社会主义法律体系，健全立法起草、论证、协调、审议机制，提高立法质量，防止地方保护和部门利益法制化”；所谓司法公正，就是“加快建设公正高效权威的社会主义司法制度，维护人民权益，让人民群众在每一个司法案件中都感受到公平正义”。可以说，能不能实现立法和司法公正，是现代社会能否稳定、持续、良性运行的关键环节，是消解潜在的社会矛盾和问题的基本手段，是建设公平正义社会的根本保证，也是国家治理现代化的基本内容。

最后，民主治理是国家治理体系现代化的基本保证。只有有了民主才有民生，才能保证公共利益或民众利益。民主是社会主义国家制度的根本特征，社会主义现代化的国家治理体系的形成，必须始终坚持人民主体地位，坚持民主选举、民主决策、民主管理、民主监督的社会主义民主原则，坚持在社会主义的民主实践中人民群众的选举权、参与权、知情权、表达权、监督权，坚持构建程序合理、环节完整的协商民主体系，拓宽国家政权机关、政协组织、党派团体、基层组织、社会组织的协商渠道。可以说，人民群众民主参与改革全过程，让人民成为改革的主体，让改革价值和目标真正符合人民群众的愿望和要求，是中国改革成败的关键，也是实现国家治理现代化这一总体目标的基本抓手。只有始终在改革过程中坚持社会主义人民民主原则，我们才能最终建立一个公平正义的社会，一个人民满意的社会，真正实现人民幸福安康，实现社会主义社会的长治久安。

国家治理能力的现代化与国家治理体系的现代化紧密相连，这就是说，国家治理能力与水平的提升，都是国家治理体系良性运行的必然结果。国家治理能力的现代化，一般来说是指政府的公共政策制定能力、公共财政与预算能力和选人用人能力的现代化。具体来说，其实质主要表现在五个方面的能力建设：一是政府的公共精神或公信力，二是依法行政或政府履行自己职能的责任能力，三是政府的执行能力，四是政府的监督能力，五是政府的服务能力。无论是在理论上还是在实践中，国家治理体系的现代化都是国家治理能力现代化的基础和前提，是一枚硬币的两面。结构决定功能，没有治理体系或治理结构的现代化，国家治理能力就不会得到有效的发挥和提升。

从国家治理能力现代化的维度来看，社会主义国家的政府是一个具有崇高权威的政府，而政府公信力是政府权威性的基本前提，是国家治理有效性的根本保证。政府的责任能力、执行能力、监督能力、服务能力能否实现，政府公信力是关键前提。没有政府公信力这一关键前提，政府的其他能力就很难实现。不言而喻，一个具有公信力的政府，是一个不贪不腐的政府，是一个实现了政府权力人民性和纯洁性的政府。因此，要实现国家治理能力的现代化，防止权力腐败，只有真正实现"让人民监督权力，让权力在阳光下运行"，才能真正保持权力的人民性和纯洁性，保证社会的公平正义，也才能真正建立一个权威性政府，真正提升国家治理能力。

只有真正做到从制度安排上让人民监督权力，让权力在阳光下运行，才能建立一个科学规范、依法治国、健康有力的权力运行体系，才能实现公共权力的公共性，也才能最终保证社会主义国家治理的现代化。在中国全面深化改革的新时期新阶段，科学规范的权力运行体系是决策、执行和监督相互协调的基本制度保证；依法治国的权力运行体系是社会主义政治文明的重要表征；健康有力的权力运行体系是国家治理有效性的关键环节。因此，建立符合现代性国家要求的权力运行体系是未来全面深化改革的重要内容，但要保证权力体系的健康运行，一个基本前提就是首先要保证权力的纯洁性，使权力不敢贪、不能贪，真正把权力关在制度的笼子里。

只有真正做到从制度安排上让人民监督权力，让权力在阳光下运行，才能建设廉洁政治，实现干部清正、政府清廉、政治清明。

这就是说，建设廉洁政治，实现社会主义政治文明，一个关键环节就是让人民监督权力，让权力在阳光下运行。让人民监督权力，就是要在权力运行过程中，真正通过制度平台和制度渠道实现人民群众的知情权、参与权、表达权、监督权。让人民群众通过制度保证民主地参与权力建设的全过程，实现自己的民主权利，真正成为国家权力的主人，只有这样权力才会得到有效监督，权力才不会腐败；让权力在阳光下运行，就是通过缜密的制度安排让权力运行切实公开透明。只有阳光下的权力才会消除滋生权力腐败的土壤，也才会根除腐败，实现廉洁政治，最终实现国家治理现代化的总目标。

只有真正做到从制度安排上让人民监督权力，让权力在阳光下运行，才能形成科学有效的权力制约和协调机制，才能加强反腐败体制机制创新和制度保障。在社会主义条件下，权力的制约和协调，最根本的还是要发挥各级人大作为权力主体机关的重要作用，形成对权力执行机关——政府的有效监督，真正管好权力，使政府成为有限政府。只有这样，才能让人民监督从制度上落到实处，才能大幅度压缩权力可能的寻租空间和机会，使干部清正和政府清廉得到制度上的保证。加强反腐败体制机制创新和制度保障，除了加强纪检体制机制创新以外，最根本的还是要发展社会主义民主政治，让权力的运行真正摊在社会主义民主的阳光下，形成权力公开透明运行的体制机制，自觉接受人民监督，用民主制度保障权力的清正廉洁。

只有真正做到从制度安排上让人民监督权力，让权力在阳光下运行，健全和改进作风才能实现常态化。作风问题是关系到党和政府威信和形象的大问题，是权力“软腐败”的一种形式，权力傲慢、权力奢侈和享乐，权力不作为、乱作为等，是直接影响干群关系的重要因素。党的十八大以来，我们党高度重视作风建设，通过反对

“四风”和走群众路线教育实践活动，使作风得到了很大的改进，取得了实质性的进展，为了保证作风问题不出现反复，党的十八届三中全会提出要从制度上保证改进作风常态化，而要实现这一制度目标，让人民监督是关键的制度环节。

总之，在全球化和信息化的背景下，中国社会主义建设既面临着机遇也面临着挑战。社会主义改革处于一个关键的节点上，社会主义的发展处于一个转折的临界面上，只要我们按照党的十八届三中全会精神，着力推进实现国家治理的现代化这一总体目标，按照宪法和党章的原则和价值的要求，逐步实现用制度管权、管事、管人，着力打造让人民监督权力和让权力在阳光下运行的制度平台和渠道，就一定能实现建设廉洁政治这一重大政治任务，让人民群众过上幸福和有尊严的好日子，有效地推进国家治理现代化，最终实现社会主义社会的公平正义和长治久安。

中国如何避免“官员不作为”现象

郑永年（新加坡国立大学东亚研究所所长）

如果人们把眼光放在官僚机构层面，无论是中央还是地方，就会变得悲观起来。尽管大家都在讨论改革，但没有多少人在行动，呈现出普遍不作为的现象。

自中共十八大以来，中共高层的主调子就是改革。2013 年的中共十八届三中全会决议出台了 336 项改革方案，2014 年的四中全会又出台了 180 多项。从顶层设计的角度看，改革广度和深度前所未有。这些改革方案一旦落实，必将改变中国的制度体系。然而，如果人们把眼光放在官僚机构层面，无论是中央还是地方，就会变得悲观起来。尽管大家都在讨论改革，但没有多少人在行动，呈现出普遍不作为的现象。改革不仅是顶层设计的问题，还要解决谁来干活、谁来改革的问题。至少如下几个原因影响着官员的不作为。

首先，党的十八大以来的改革方式的转变，就是从以往的分权式改革转向集权式改革，这表现在深化改革领导小组等新权力机构的成立。集权式改革有其必要性和必然性。中国的改革先易后难，早期的改革比较容易，“穷则思变”，人们拼命地去追求自己的利益，改革充满动力。但到今天，既得利益者觉得现在的利益格局够好了，不仅不要改革，反而阻碍和反对改革。在这样的情况下，继续分权反而会导致情况恶化，没有集权，什么事情也做不了。

不过，集权也产生了一些负面效果。从分权到集权，方式一转变，很多官员不知道如何作为。在集权的情况下，一些官员就会说："反正权力都在你手里，那么你去干活吧。我没有权力，只能等着看。"

其次，反腐败运动也对官员的作为产生影响。反腐败有其必要性和必然性。中国官员腐败的高度（层级）、额度（金钱的数量）和广度（所涉及的领域），已经超出了一般人可以想象的程度。如此的腐败使得执政党威信大大受损，需要大规模甚至是超常规的反腐败，才能赢得社会的再信任。从执政党的生存和发展来说，反腐败是一场输不起的战争。这里，不难理解"不作为要比乱作为好"的说法。不过，反腐败运动既遏止了官员的"乱作为"，也遏止了官员的"作为"。改革需要官员有所作为，否则改革的举措无从落实。

再次，官员任务导向的转型，即从以前的经济指标的单一目标，转型成为多元目标。这种转型也使得很多官员不知如何行动。学术界已经发现，中国的体制在实现单一目标方面，具有强大的能力。以往的GDP主义，就是这样一个单一目标。当然，追求GDP的目标，对各级官员和政府来说都是正面的，因为大家都可以获得利益。现在，政府官员的目标多元化，经济发展进入新常态，不再追求GDP指标，但其他的指标例如环保、社会满意度等多了起来，无论是体制还是官员，都表现出劣势来，很多人不知道做什么、怎么做。

第四是来自民意的压力。因为腐败等因素，今天的中国，政府官员和老百姓之间互信度极低。从前的一些改革，不仅没有给大多数老百姓带来利益，反而损害了他们的利益，老百姓因此不信任政府官员。在人民不信任官员的情况下，官员就无法作为。有些地方，政府官员也是想做一些好事情的，但老百姓不相信，一些改革举措，一旦出现来自社会的压力，政策就缩回来。民意的压力也来自今天中国社会利益和声音的多元化，不管搞什么样的改革，总会出现阻力和反对者。尤其是在社交媒体时代，反对者具有了强大的动员能力，能聚集足够的反对声音，甚至挟持改革方案。

不作为具有严重恶果

所有这些因素导致了官员的不作为，具有严重恶果。从经济上说，如果官员不作为，中国有可能陷入中等收入陷阱。根据世界银行统计，“二战”以来，全球只有十多个经济体逃避了这个陷阱。这大部分是石油国家，其余的就是东亚的日本和“四小龙”。有作为的政府，配合市场的作用，是东亚经济体逃避中等收入陷阱的前提条件。人们因此称东亚模式为发展型政府。无论是产业的升级、环保的改善，还是中产阶级的塑造，不仅仅是市场的行为，而是和政府的作为密切相关。中国政府在整个改革进程中，扮演了类似东亚经济体那样的角色。如果政府转向不作为，必然影响向高收入社会的转型。

其次是社会治理问题。日本是一个不需要政府的社会。前些年发生地震、海啸、核泄漏三大灾难，日本政府不作为，但社会是有作为的。社会自身维持秩序，有效救灾。这些年的灾后重建，社会力量也在扮演主要角色。欧洲社会也差不多，因为预算原因，政府关门一段时间没有什么问题，社会还是运作良好。但中国社会力量至今仍然发展不起来，政府又开始不作为。这一现象早些年已经显现，例如政府不是通过社会改革来缓解政府和社会之间的矛盾，反而是通过过度使用专政工具，即维稳体制，来强行维持社会的稳定，结果导致了更大的不稳定。尽管现在在纠正这种情况，但要社会具备自我治理能力，还要走很长的路。一旦政府不作为，社会本身无能力作为，国家有可能陷入失序状态。

解决和克服政府不作为的问题，必须涵盖如下几个方面。

第一，需要再分权。集权是为了克服既得利益对改革的阻力和反对，而集权本身不是最后的目标，要推动改革，就需要再分权。改革者需要权力，没有权力什么事情都做不成。中央政府是改革的顶层设计者，也是一些领域的改革主体，例如财政税收、金融等。但在很多领域，中央本身不是改革的唯一主角，地方政府、企业和社会才是主体。因此，在向既得利益要回权力之后，要重新把权力下放到改革的主体者那里。行政审批权的大规模下放是个起点。现在政府不作为了，但理论上权力仍然在政府手中。如果不能分权，企业和社会也不能作为。

第二，要处理好改革的法律基础问题。以往中国的改革经常都是领导人个人意志的体现，领导人一换，一项改革就不了了之。改革的法律化可以使得改革不会因为领导人的更替和变化而中断。同时，改革没有法律基础，也很容易受到来自社会方方面面的压力。社会压力一出现，改革就半途而废。法律基础上的改革可以改变这种局面。

但是，改革要进行下去，就需要处理好改革和现有法律的关系。在中国，改革经常是需要突破现有法律框架的。中国的改革开始时往往是“非法”进行的，一段时间之后才去修改法律，把改革合法化。如何处理这一矛盾?

根据其他国家的经验，中国首先需要清理旧的法律、法规和政策。中共是唯一的执政党，长期执政，在法律和法规上只能做加法，很少能做减法，因为后来的领导层往往不能否认前任所制定的东西。更为重要的是，现行的很多法律和法规，大都是把以前的利益合法化。要改革，首先要把不合时宜的法律和法规清除，之后再立新法，这样既为改革清除障碍，也为改革提供法律依据。

第三，处理好多元化改革目标之间的关系。党的十八届三中全会和四中全会推出了全面推动改革的方案，但在实际执行过程中还是要有一个先后秩序，尤其要找到突破口。突破口仍然很重要，没有人或者领导集体能够同时推进这么庞大的改革计划。如果真的推动了，更有可能出现意想不到的颠覆性结果，这是必须竭力避免的。改革还是必须循序渐进。同时，改革目标的优先次序也非常重要。例如，要处理好不动产登记和私有财产保护之间的关系。在不动产登记之前，首先需要制定保护私有财产的法规，否则财富就会外流。原因很简单，首先要把财富保护在中国国内，然后再讲分配方面的公平。改革的突破口和优先次序的确立，更有助于解决官员的不作为问题，给他们一个行动路线图。

第四，要处理好民意和改革之间的关系。改革者必须处理好老百姓的短期利益和整体社会的长远利益之间的关系。只要是符合社会长远利益的改革，即使遇到了不利的民意，也是需要做的。新加坡政府就是这样做的。改革不能被少数人的利益和民意所挟持。少数既得利益集团经常通过各种方式挟持民意。在社交媒体时代，少数人很容易挟持多数人的意见。正如毛泽东曾经说过的，政府既不能当人民的大老爷，也不能当人民的尾巴。看着民意治国，只能越来越糟糕。政府应当进行有利于社会整体利益的改革，赢得民意的支持，而不能让一些民意挟持社会整体利益的改革议程。

第五，要处理好反腐败运动和提供激励机制之间的关系。政府官员的“乱作为”就是腐败。通过大规模的反腐败运动，现在基本上遏制住了“乱作为”，但没有提供另外的激励机制，这也是目前官员不作为的经济因素。这方面，中国有很大的改进空间。

合适的奖励人才机制

这主要有三个问题。其一是要改变官员的收入结构。中国公务员的基本工资和其额外的收入不成比例。中国是唯一公务员的各种补贴远远高于基本工资的国家。举大学为例，大部分教员，尤其是年轻教员的基本工资，只占其年收入的30%甚至更少。这就要求教员通过各种方式去创收，例如申请项目、写赚钱的文章或做演讲，甚至从商。这个过程中，没有人知道滋生了多少腐败。教育界的专业主义精神也消失得无影无踪。对很多教员来说，教书培养人、从事科研是副业，而到处赚钱则成了主业。官员也一样，权力寻租是主业。世界上各国公务员的基本工资是主体，甚至是全部的收入。中国如果能够调整工资结构，国家所花的钱总数差不多，但效果完全不一样，可以让公务员安心工作，教员安心教书培养人才。

其二是高薪养廉问题。公务员的工资水平还是偏低，在今后相当长的一段时间里，高薪养廉还是需要的。公务员加薪会遇到社会压力。但一旦出现无效无能的政府，社会压力会更大，使得政府和社会进入恶性互动。通过高薪养廉塑造有效政府，为社会提供有效服务，满足社会需要，就可以在政府和社会之间实现良性互动。

其三是政府的人才问题。在发达国家，往往是一流人才做企业，二流人才做政治。但是在发展中国家，往往要吸引一些一流人才做政治，因为高效政府是赶上发达国家的有效途径。这里就有一个政府与企业界竞争人才的问题。新加坡的官员高薪制度不仅仅是为了养廉，也是为了和企业界竞争人才。人们经常讲经济竞争力，实际上也要讲政府的竞争力问题。现在世界各国政府都是治理能力低下，主要是政府问题，而非经济问题。一个国家出现了严峻的经济问题，要走出困境还需要有一个有效政府。

总体来说，通过党的十八届三中全会和四中全会，中国改革的顶层设计已经到位。但如果解决不了官员不作为的问题，顶层设计就会变成空中楼阁。如果改革方案实行不下去，不能为社会提供实在的改革成果，社会对改革和政府的不信任会加剧，政府的压力也会更大。可以说，改革方案能否实施下去，也是一场输不起的战争。“重在执行”，已经成为中国改革的硬道理。

（本文原载于《联合早报》）

重建社会，还是重建权力?

孙立平（清华大学社会学系教授）

在改革已经进行了 30 多个年头的今天，重建社会已经成为一件日益迫切的任务。这可以从两个方面来看：首先，在市场经济体制框架已经基本形成的今天，通过社会的重建，形成政府、市场、社会相互配合的社会治理体系，已经成为当务之急；其次，在现实中，一种相反的趋势似乎开始若隐若现，伴随经济上的“国进民退”，以压制社会为代价强化权力的迹象依稀可见，而对金融危机的错误反思，似乎为强化权力提出了新的论证。

这就提出一个问题，是重建社会，还是重建权力？是用一种更强有力的权力“包打天下”，还是形成一个多元的社会治理的模式？

应当看到，重建权力的趋势不能仅仅看作某些思潮推动的结果，根本的原因是经济社会生活变化的本身。在过去的几十年中，经济生活的市场化、整个世界全球化过程的加快、科学技术的进步以及大众消费社会的来临等因素，使得我们的经济和社会生活空前复杂化。我们前些年经历的金融危机、不时面对的种种社会矛盾和社会冲突等，大多是经济社会生活复杂化的表现。在这种情况下，如何形成应对经济社会生活复杂化的能力，就是一个严峻的挑战，因为这意味着对经济和社会生活更强治理能力的要求。

在缺少其他相应机制的情况下，这种对有效治理的呼唤很容易转换为对更强大的权力的呼唤，甚至会要求一个比计划经济时代更强大的权力来治理这个社会。在这种情况下，我们需要思考一个问题：在市场经济的基础上，有没有可能形成一种更强大的、更无孔不入的、更精致的总体性权力？

从理论上说，一个健康的社会取决于权力、市场和社会三种力量的平衡。在市场和社会发育程度很低而权力独大的情况下，最后会导致权力的滥用和失控；在市场和权力的力量很强而社会发育很低的情况下，则会形成权钱结合的治理模式。

在这样的时候，势必会形成一种难以克服的悖论：一方面，对复杂的经济社会生活的治理需要更强的治理机制，而在市场和社会的力量都很弱小的情况下，这实际上就意味着需要权力来“包打天下”；另一方面，在缺少其他机制的时候，尤其是缺少社会的充分发育的情况下，独大的权力会由于缺少有效的制约而越来越失控，并最终失去治理的效能。这无疑是我们在经历了30多年的经济体制改革且市场经济体制框架已经基本建立的今天所面对的最重要的困境之一。

因此，以勇气和魄力重建社会，形成对权力的有效制约，并在此基础上强化权力的治理能力，应当是我们的明确目标。

然而，在最近几年中，尽管社会建设的话题开始受到社会各个方面的重视，但究竟什么是社会建设？社会建设包含一些什么样的基本内容？应当说还是非常含糊不清的。因而，社会建设的概念往往给人们一种空洞虚幻的感觉。本文试图提出一个关于社会建设的基本框架，以深化对这个问题的思考。本文认为，就我国目前的情况来说，社会建设至少要包括如下六个方面的基本内容。

建立市场经济条件下的利益均衡机制

在我国，贫富悬殊已成事实。这个问题不仅是社会矛盾不断激化的根源，而且成为经济发展的严重障碍，人们通常所说的内需不足、市场疲软，就与此有着直接的关系。因此，如何抑制这种势头，已经成为我们这个社会必须面对和解决的问题。而这就需要一种社会性的机制。

要看到，这种状况是在我国市场取向改革已经进行了 30 年、市场经济体制框架已经形成的背景下发生的。在这种情况下，解决这一问题，只有两种可能可供选择：一是退回到过去的再分配经济；二是建立市场经济条件下的利益均衡机制。如果退回过去的旧体制不可取，那么，建立市场经济条件下的利益均衡机制就成为我们唯一的出路。

在我国，经过 30 年的努力，市场经济的基本框架已经基本确立。现在摆在人们面前的问题是，这个市场经济究竟是一个好的市场经济，还是一个坏的市场经济？什么是一个好的市场经济？从不同的角度可以有不同的解释。

但我认为，一个好的市场经济至少包括下面这三部分内容：从经济的角度说，标志是市场经济的体制是否相对完善，相对完善的是好的市场经济，否则是坏的市场经济；从法治的角度说，标志是法制是否基本健全，法制基本健全的是好的市场经济，否则是坏的市场经济；从社会的角度看，标志是市场经济条件下的利益均衡机制是否建立，形成了这种利益均衡机制的是好的市场经济，否则是坏的市场经济。因此，在市场经济条件下，如何形成一种均衡的利益格局，如何形成一种使得利益格局能够大体均衡的机制，将成为一个我们必须面对和解决的问题。

所谓市场经济条件下的利益均衡机制，最基本的含义就是社会主体平等利益表达权利的制度化以及在此基础上形成的较为公平的利益博弈。换言之，利益的均衡要靠公平的利益博弈来实现。其中最首要的，是利益表达以及追求自己利益的平等权利。利益格局的失衡源于社会权利的失衡，贫富悬殊的背后是不同群体在表达和追求自己利益的能力上的失衡。可以说，在利益主体已经多元化的今天，利益表达的问题，特别是弱势群体的利益表达问题，已经是一个无法回避的问题。不建立起相应的利益表达机制，表面上看是避免了一些麻烦，但结果是使利益格局进一步失衡，并为更严重的社会冲突留下隐患。

建立市场经济条件下的利益均衡机制需要一系列的制度建设，需要设计一系列的制度安排：信息获得机制、要求表达机制、施加压力机制、要求凝聚机制、利益协商机制、矛盾解决机制。

优化社会结构

一个健康的社会，需要有一种合理的社会结构，这是经济社会生活能够正常运作的基础。就目前我国的情况来说，社会结构的优化至少有如下三层含义。

一是扩大中产阶层的规模。中产阶层在政治上被看作是社会稳定的基础，在经济上被看作是促进消费和内需的重要群体，在文化上被看作是承载现代文化的主体，这在国内外学术界已经成为一种共识。在近几年调整贫富差距过大的利益格局时，我们又看到，扩大中等收入者群体也是缓解贫富差距过分悬殊的重要措施。在一个社会中，如果中等收入者不能占一个较大的比重，两极分化的社会结构将会是不可避免的，贫富悬殊的问题也是很难从根本上得到解决的。

但客观地说，我国中产阶层发育得还相当缓慢。除了在经济发达地区，特别是大城市之外，中产阶层还是踪影难觅，中等收入者在整个社会中所占比例还很小。从根本上说，中产阶层的发育与经济社会发展的水平有关，比如产业结构、受教育水平等。

我认为，一种现实的可能性是，可以考虑将技术熟练工人，作为支撑一个以中等收入者为主的社会结构的重要因素，这是一个有着巨大潜力的结构空间。有资料显示，我国现有技术工人 7000 万人，其中高级工只占 3.5%，即使是全国最大工业基地的上海，高级工的比例也不足 7%，与发达国家高级工占 40% 的水平相差甚远。因此，如果在技术熟练工人数量不断增加的同时，使其收入水平能有一个较大幅度的增长，将会对我国社会结构的优化起到重要的作用。同时，还要注意两个问题，一是要防止社会上层过多地占有资源，从而限制中产阶层发展的空间；二是需要防止中产阶层成为调整贫富差距的牺牲品。

二是要保护乃至改善下层生存的社会生态。再分配和社会保障固然是缓解贫富差距的重要手段，但要根本改变贫困群体和弱势群体的生存状态，仅仅有再分配是不够的，需要通过切实的措施改善其在市场中的机遇和地位。改善贫困群体在市场中的机遇和地位，最重要的是谋生的机会。而谋生的机会是存在于一种社会生态系统中的。因此，要改善贫困群体在市场中的机遇和地位，就要保护这个社会生态系统。

但不可否认的是，我们现在的城市建设、城市发展就像要把一个烂泥塘建设成一个水泥底的游泳池，虽然比原来干净、漂亮、卫生、方便了，但是小鱼小虾吃的东西没有了。现在城市中高楼拔地而起，马路越扩越宽，现代化的设施越来越多，但是人们生存的社会生态，特别是贫困群体生存的社会生态，不仅受到普遍的忽视，甚至在遭到严重破坏。一切有碍观瞻的事物，比如棚户区、城乡接合部等，都在城市建设的改造清除之列。而事实上，这些地方可能恰恰是下层群体的安身立命之所。

三是保护和扩展社会流动的渠道。从理论上说，只要社会中存在着分层现象，只要人们的经济社会地位存在上下之分，世袭与继承就是不能完全避免的。但在一个社会中，继承与流动需要保持大体的均衡，尤其是在一个贫富分化严重的社会中，一种相对畅通的社会流动渠道以及较多的流动机会，则是抵消贫富差距过大的重要机制。

当我们在今天讨论继承与流动问题的时候，也许需要注意到一个特殊的背景，即我们今天正在经历一个空前的财富分配过程，而这个过程可能进一步固化了近些年来正在定型化的财富格局和社会结构。种种迹象也表明，近年来，由于我国社会结构开始处于定型化的过程中，社会流动渠道缩窄的趋势开始出现。十几年前我们社会中就出现了“富二代”的说法，最近几年中又出现所谓“穷二代”的说法，而“官二代”又成为一个网上流行的词汇，以形容公职的世袭现象。这提醒我们，在一些贫富分化不断加剧的社会中，如何保护和扩展社会流动的渠道，特别是下层人向上流动的机制，就成为优化社会结构的一个重要内容。

促进公民和公民社会的发育

在改革开放初期，民间的经济和社会力量无疑还是非常弱小的，在这种情况下，政府在经济和社会发展中扮演主导角色，甚至在一定意义上采取政府主导型的发展模式是理所当然的事情。但政府主导型的发展模式能否最终促进和培育民间经济和社会力量的成长，并最终形成政府、市场、社会各司其职、互相配合的功能体系，开始成为对中国进一步发展的挑战。

这里所说的社会具有双重的含义。对于社会，过去我们更加强调的是公民社会的概念，公民社会是与国家相对应的。但在此之外，其实还需要有一个与市场相对应的社会，这就是著名人类学家波拉尼提出来的“能动社会”。这个社会是用来和市场相抗衡，用来矫正市场的消极作用的。市场化是我们过去 30 多年改革过程中的一种正确选择，是我们应当坚定不移坚持下去的方向。但市场和政府一样，如果它的力量处于一种不受制约的状态，就会带来种种问题。正因为如此，我们需要一个能融合公民社会和能动社会“双面”因素的社会。这个社会不仅是政府和市场的重要制约因素，同时也是组织日益复杂化的经济社会生活的一种必不可少的机制。

但市场经济并不一定必然带来社会的发育，相反的趋势也是可能的。正如我们前面分析过的，经济社会生活的日益复杂化，呼唤更有效的社会治理手段和机制。而在缺少其他相应机制的情况下，这种对有效治理的呼唤很容易转换为对更强大的权力的呼唤，会要求一个比计划经济时代更强大的权力来治理这个社会。

尽管这样的权力在应对某些挑战的时候具有明显的优越之处，比如在应对 2008 年金融危机以及大的自然灾害上，因为这种权力模式的动员力量会显得更为有效。但在处理常规化经济和社会生活的问题上，仅仅依靠这样的权力而没有相对发育的市场和社会的配合，这种权力往往会捉襟见肘。这就是我们现在社会中为什么人们觉得权力过分强大，而在治理社会的时候又觉得权力很不够用的原因。

在经历 30 多年的改革之后，市场经济的基本框架已经开始形成，但这个市场的自主性程度还是相当低的，而社会的发育则是更为滞后。在这种情况下，我们实际上面临着两种威胁：一是权力独大及其造成的滥用和失控；二是过分强大的权力与自主性程度较低的市场的畸形结合。换言之，强权力、弱市场、无社会三个因素结合在一起的结果，就是失控的强权力与弱市场的畸形结合，换言之，就是人们通常所说的权贵资本主义。正因为如此，近些年来，著名经济学家吴敬琏先生多次呼吁要警惕权贵资本主义。而能够制约权贵资本主义的，就是一个强有力的社会。

形成解决社会矛盾和社会冲突的制度化方式

改革会造成社会利益的分化、社会利益主体的分化、社会矛盾的增加，这都是一个必然的现象。对此，需要澄清几个基本的问题。

首先，要准确定位社会矛盾。要看到，现在的社会矛盾、社会冲突确实比较多，但是绝大多数的社会矛盾、社会冲突实际上都是利益的矛盾、利益的冲突。这种定位之所以重要，是因为只有准确定位才能正确认识目前我国社会矛盾的性质和特点。要看到，基于不同因素形成的矛盾或冲突的性质和特点是不一样的。可以说，由政治因素、意识形态因素、宗教因素、民族因素、文化因素引起的矛盾和冲突，往往是非常剧烈的，也是不容易化解的。而基于利益的冲突大多是理性的冲突，涉及更多的是有无和多少的问题，如征地拆迁和移民中的补偿标准、劳工权益等问题都是如此。这样的矛盾和冲突往往是可以用谈判、妥协、讨价还价的方式解决的，造成大规模社会动荡的很少。

其次，现在一些地方社会矛盾突出，责任与其说在民众，不如说在政府。而政府成为引发利益冲突的因素，原因不外乎政府职能定位有偏差、发展主义背景下的政绩压力以及政府成为利益主体。

再次，也是更为重要的，我们需要将社会矛盾的解决与建立市场经济条件下利益均衡机制联系起来考虑，也就是我们在这个问题上要有一个双重的目标，一方面要保证社会的基本稳定，另一方面要有利于市场经济条件下利益均衡机制的建立。现在我们将其作为群体性事件加以防范和处理的，其实有相当一部分就是正常的利益博弈。当我们将这些利益博弈消灭在萌芽状态之时，正常的利益博弈就中断了，能够及早暴露社会问题的机制也被消灭了，结果是问题的进一步恶化。

基于上述认识，我们需要形成关于社会矛盾的新思维、解决社会矛盾的新方式。面对这些矛盾和冲突的时候，是极力捂住、压住，还是通过制度创新为规范和解决这些问题创造制度性条件？那种想把利益矛盾、利益冲突消灭在萌芽状态的思路是行不通的，而只能走制度化的道路。

制度化的道路意味着，第一，增强制度对于利益矛盾、利益冲突的容纳能力；第二，增强用制度化的方式去解决利益矛盾、利益冲突的能力。在有的国家，社会矛盾也很多，但人们不会如临大敌，为什么？因为这些矛盾和冲突就像在渠里流的水一样，人们知道到什么地方会流得急一些、什么地方流得缓一些，什么地方会拐弯、什么地方会泄下去。对这些阶段都会有一个稳定的预期。因此，我们需要准确判断社会问题，以信心、魄力和智慧建立解决社会矛盾和社会冲突的制度化机制。

促进社会保障和公共服务体制的建立与完善

我国目前社会保障的问题不仅仅是投入少、水平低，而且不公平，不但市场成为扩大贫富差距的一个地方，连社会保障和福利都成为扩大不平等的一个因素。有资料表明，目前我国投入的医疗费用中，80%是为了850万以党政干部为主的群体服务的；另据监察部、人事部披露，全国党政部门有200万名各级干部长期请病假，其中有40万名干部长期占据了干部病房、干部招待所、度假村、疗养院，一年开支约为500亿元。

在社会保障上还有一个问题，就是如何使得从社会中抽取的资源更好地取之于民、用之于民。要看到，在我们的社会中，权力受不到有效的制约，政府的财政支出是不透明和不受监督的。这样，在社会保障的问题上，还特别需要防止“给你一件T恤衫，扒掉你一件羽绒服”的现象出现。

重建社会的基础秩序

我曾经提出过一个概念，叫不可治理状态。目前我们社会中的一些问题已经处于这种状态了，比如腐败。因为腐败已经在很大程度上处于高度隐秘的状态，靠正常的制度化措施，已经没有办法发现这些腐败现象了。

对于这类问题，首先要使其进入可治理状态。怎么进入？关键是基础制度或基础秩序的建设。比如规范的现金管理。如果我们有这样一个管理制度，超过一定标准的交易不允许现金结账，必须通过银行走账，事情就会大不一样。

规范的现金管理在发达国家已经是普遍实行的制度，在已经进入互联网时代的今天，技术上也没有什么困难。关键是你做与不做。基础制度，只是规范的现金管理的其中之一，再比如我们的账目管理、票据管理、收入记录等，都是属于这种基础制度。这些基础制度就相当于我们城市中的道路、桥梁、路灯、管道、输电线路等基础设施。一个社会的基础制度出了问题，这个社会的秩序也就无法保障。可以说，我们现在许多问题的症结也就在这里。

我曾经研究过“制度是如何失败的”问题。制度失败的原因可能是多方面的，更直接的是制度设计和安排本身的问题。但有的时候，许多制度的失败，往往并不在于制度本身，而是作为制度运行条件的基础秩序出了问题。

有人曾对我国现有的反腐败措施与西方国家的反腐败措施进行比较，发现在一些领域中，我们的反腐败措施并不比西方国家更为粗疏，相反，有的甚至更为复杂和严密。但问题在于就是不起作用，其原因就是基础秩序的缺失。

不仅反腐败的问题是如此，在西方，有很多有效的规则，其本身都往往是很简单的，甚至是很粗疏的。正因为如此，有人到了这些国家后感叹，在那里要钻制度的空子是太容易了。为什么一些粗疏的制度能够有效运转而没人钻制度的空子，从而导致制度失效呢？关键的就是制度的基础。因此，要使我们的制度能够有效发挥作用，必须重建作为制度运行前提的基础秩序。

（本文原载于《经济观察报》）

本轮改革的核心是政府改革

汪玉凯（国家行政学院教授、中国行政体制改革研究会副会长）

当前中国进入改革攻坚期和深水区，必须重构政府和市场关系，发挥市场在资源配置上的决定性作用；全力保障民生，维护社会的公平和正义；创新社会治理，释放社会活力；用法律构建制度笼子，用制度管人管权管事；加大政府自身改革力度，以提高政府的公信力。

中国进入第二次改革新阶段

国内外的普遍共识是，党的十八届三中全会通过的《中共中央关于全面深化改革若干重大问题的决定》将中国的改革开放事业又向前大大推进了一步，中国将迎来改革2.0版，您认为这个新阶段意味着什么？会呈现哪些新特点？

全面深化改革的决定中对目前中国形势的判断，基本上可以归纳为两句话：中国发展进入新阶段；改革进入攻坚期和深水区。如果说1978年开始的改革开放是第一次改革的话，那么十八届三中全会确定的全面深化改革可以称之为第二次改革。我们正在或即将进行的60项改革，几乎都是建立在对这一新阶段的判断基础之上。

在我看来，这个新阶段有三个显著的标志：第一，改革开放的整体格局发生重大变化；第二，传统发展方式走到尽头；第三，中国社会面临的风险有增无减。

第一个标志，改革开放的整体格局发生重大变化。当前的改革开放整体格局，可以用三句话来概括。第一，中国改革发展取得巨大成就，但是人们对改革的认知度和共识度在大大下降。在目前环境下，凝聚、重构改革的共识，比当年发动改革更难。第二，中国的“双转”（社会转型和体制转型）在快速推进，但也积聚了很多社会矛盾和冲突。第三，中国在国际上的影响力越来越大，在世界上的话语权越来越大，但是中国的形象不断被西方国家所误解和误读，这背后更多的是大国之间的利益博弈。

第二个标志，传统的发展方式已经走到尽头。直接表现为，中国经济在快速发展的同时也付出了高昂的代价。主要表现在四个方面：其一，低成本出口战略，以金融危机爆发为标志，难以为继；其二，低端产业主导经济结构难以为继；其三，资源和环境的传统使用方式难以为继；其四，社会分配不公引发的社会问题使社会稳定的大局难以为继。

过去的35年，中国维持年均9.8%的高增长，但它是三高换一高和一低，即资金高投入、资源高消耗、环境高污染，换来35年的高增长和低效率。我们大量消耗能源，透支资源，破坏环境。

第三个标志，中国社会面临的风险有增无减。当前中国至少面临四种风险：经济风险、社会风险、信任风险、政治风险。

一是经济风险。现在经济下行压力越来越大，经济风险集聚。尽管刚刚公布的经济数据已经证实高层主要领导的判断，就是中国经济还没有出现大问题，我们注重提升经济增长的质量，有意降低经济增长的速度。但是经济的隐忧非常明显，其中最大的风险有三个：一是房地产泡沫，二是地方债务，三是影子银行。一方面流动性泛滥，另一方面银行圈钱。这三个方面相互联系，一个方面出了问题，都可能引起连锁反应。尽管经济没有出现大问题，但如果经济增长速度过低，就可能引发大规模的失业和社会动荡，不可小觑。

二是社会风险。当前社会风险最大的问题，就是社会利益格局整体被扭曲了。原因主要有三方面。一是分配制度不合理。35 年来，城乡差距、贫富差距、行业差距和地区差距不仅没有缩小，而且差距越来越大。一端是中国 1.2 亿人没有解决贫困问题；另一端是中国富人在全世界一掷千金。二是机会不均等。企业和人的发展都不处在同一竞争起跑线上。国有企业过于强势，民营企业相对弱势。人和人的发展也不处于同一个起跑线上。有人说中国进入全面的拼爹时代，这种现象的出现，说明阶层相对被固化了，底层青年往上的流动空间越来越小了，这就可能引发动荡。王岐山同志为什么推荐官员看《旧制度与大革命》？意思就是说改革不能慢，慢了以后，可能爆发危机。三是既得利益兴风作浪，起到推波助澜的作用。

三是信任风险。政府给老百姓的医疗、教育、社保、社会服务等承诺，如果不能兑现，不能让老百姓享受到改革开放的成果，老百姓很难再次信任党和政府。习近平总书记上台不久，做的第一个判断是，腐败亡党亡国。后来他又做了一个判断，他说人心向背决定执政党的生死存亡。习近平总书记后来的判断，更加接近问题的本质，这便是信任风险。

四是政治风险。能不能构建起制度笼子，防止整个制度腐败的蔓延，不仅关系到腐败本身，而且关系到我们能不能重构改革的共识，让老百姓第二次起来支持我们的改革。应该说，新一届领导上任给解决这些问题和风险提供了重要的时间窗口，也奠定了重要的基础。但要化解这些风险，需要以更大的勇气、更大的毅力，通过全面改革来化解这些问题。

政府改革处于公共治理变革核心

如您所说，当前中国社会至少面临经济、社会、信任、政治这四种风险。既然已经认识到了风险所在，就要找到相应对策尽快化解风险。您认为，化解这些风险的关键在哪里？

过去的 30 多年，我们以经济体制改革为主线展开各项改革，其他改革说到底是为经济改革服务的。但是我们越来越看到，党政机构、政府越来越成为社会矛盾的中心、成为社会矛盾的聚焦点。所以尽管党的十八届三中全会决定说，未来我们要以经济改革为牵引，以经济体制改革为重点，但是，经济改革目标的实现，主要障碍都不在于经济领域，而在于政府，根本是政治行政领域改革，这是当前深化改革的关键问题。公共治理变革的重要性日益凸显，这其中党政机构和政府又处在公共治理变革的核心地位。

为什么说党政机构和政府改革的重要性处于核心地位？

我认为至少有三个原因。第一，其他各项改革能不能推进，以及在多大程度上推进，几乎都和执政党、政府有关。经济改革、政治改革、社会改革、文化改革、生态改革、执政党制度的改革，这六大改革每一项都和执政党、政府自身有关。以经济改革为例，收入分配制度改革、国企改革、金融改革、财税改革、投资体制改革，这些经济领域的改革，好改的早改过了，剩下难改的都和政府有关，如果没有政治体制改革的推进，这些改革是不可能成功的。

第二，政府治理的能力直接影响国家治理的成效。国家治理体系、治理能力包括很多内容，既包括组织体系、法制体系、体制机制，也包括管理观念、管理水平，是全方位的。在整个国家治理架构中，政府治理处在第一线，国家治理很多目标通过政府治理来实现。如果政府自身问题不解决，能力不高，直接影响整个国家的治理水平。

第三，从政府层面来讲，至少现在我们还有三个问题迫切需要解决。其一，整个治理结构不够科学，不管党政的问题也好，政府内部的组织架构也好，都还有很多关键性问题没有解决好。其二，政府管理中的深层次问题，一直没有得到老百姓的认可。这些深层次问题包括，转变政府职能滞后的问题，政府自身改革滞后的问题，行政审批过多过滥变成腐败温床的问题，还有社会管理、公共服务薄弱的问题。在这些关键问题上，老百姓不满意。其三，政府形象问题。政府的行为一直得不到有效控制，政绩工程、形象工程劳民伤财，严重影响政府的形象。所以从这些方面讲，公共治理变革的紧迫性可想而知。

那么，未来中国公共治理变革的路径和核心议题是什么？

未来中国公共治理的变革，一是要优化公共治理的体系和结构；二是要突出政府改革，如转变职能、创新政府管理方式；三是要提高公共治理能力，包括提高公务员队伍素质；四是要加快建设法治政府和服务型政府的建设步伐。

此外，有五个核心议题亟待解决。

第一，重构政府和市场关系，发挥市场在资源配置上的决定性作用，逐步使政府治理现代化。要发挥市场的决定作用，主要解决两个问题：（1）政府要向市场放权，（2）要开放市场。从开放市场来看，这次改革决定里的一大堆问题都是围绕这个话题展开的，包括建立统一的市场体系、打破行政壁垒、开放金融、开放服务业、反对垄断、改革国有企业、构建公平的市场竞争环境。政府向市场放权，一共有五大举措，比如说减少投资审批、减少对生产经营活动的审批、减少不必要检验检测许可认证、减少行政事业性收费、改革企业注册登记制度。要鼓励创业，降低市场门槛。要宽进严管，先让人进来，进来再按照企业管理法管，不是一开始就把人挡在门外。政府必须在市场决定论基础上，发挥宏观调控、市场监管、公共服务等功能。

第二，全力保障民生，维护社会的公平和正义。过去这些年，中国改革受到老百姓最大的质疑，就是公平正义。党的十八届三中全会推进的60项改革，有18项和民生有关，全力保障民生，体现社会公平公正。具体来讲，要加大对民生投入，要加大与民生有关的体制机制改革的力度。比如，取消事业单位如医院、学校、科研机构的行政级别。医院改革，不能以药养医，医药要分家；教育改革，要保证教育公平公正，改革基础教育，减少考试科目。所有这些改革几乎都涉及和民生有关的体制机制问题。再比如说，要建成统一的城乡建设用地市场，让农民有更多的财产性权利，各种要素能够自由流动。我认为，这次改革很大的一个着眼点，就是要让公平正义照耀在农民这个最大的弱势群体身上。过去这些年，我们最大的教训之一，就是双重剥夺农民。从改革开放到现在，农村共有约2.6亿农民离开土地了。他们进城后，没有和城市人处在同等就业起跑线上。他们干的全是最脏最累的活，拿到的报酬却比城市人低很多，年龄大了，干不动了，到乡下养老，城市和他没有关系。这是第一重剥夺。我们的城镇化异化成圈地化。中国的城镇化根本上变成一个城市空间的扩张和侵蚀过程。我们的土地制度规定，农村土地归集体所有，城市土地归国家所有。在征地过程中，给农民一些补偿。除了公共用地，剩下的土地被政府高价卖给开发商，地方政府独享了巨额的土地增值收益，把农民这个土地的本来所有者，排除在参与土地收益分配的门槛之外，这是第二重剥夺。这次围绕土地制度改革，将是中国进行的又一次土地改革，土改的直接受益者是农民。

第三，创新社会治理，释放社会活力。在整体上，我们在很多方面走偏了方向，把社会管理变成了对人的行为管控。这次决定扭转了这种局面，把国家管理变成国家治理，政府管理变成政府治理，社会管理变成社会治理，治和管这个字的改变，意义重大。这次包括废除劳教制度、改革司法审判制度、省级以下司法实行垂直管理，将来可以建地区性法院，主要是解决地方权力对司法审判的干预，要保证司法公平公正，为我们下一步司法审判相对独立奠定基础。再一个，要对社会放权，四大类社会组织都放开了，取消双边管理。社会治理最终是要释放社会活力，不是把每个人都管起来，不是把行为控制起来。

第四，用法律构建制度的笼子，用制度管人、管权、管事。中国的现有体制有很多优势，比如说，可以集中力量办大事，但是最大的软肋是到现在没有找到一个四两拨千斤的管理、约束公权力的制度设计。这次专门设立了一个纪律检查的专项小组，下决心解决中国的软肋。比如说，它利用法律构建制度，用制度笼子来管人、管权、管事，让人民有监督的权利，公开透明，构建权力清单，保障干部清正、政府清廉、政治清明。再就是创新监督的体制机制。除了省以下司法相对独立、垂直管理之外，要改变纪检监察体制，就是同一级党委再没有权力提名同级纪委书记、副书记了，由上级纪委提名，这个书记、副书记是双重负责制，既要对同级党委负责，也要对上级纪委负责。再就是巡视制度的广覆盖、全覆盖，不仅党政机构，还有事业单位、国有企业。此外，对官员提出更严格的要求，比如不准超标配办公室、不准超标配车等等。

第五，加大党政自身改革力度，提高公信力。包括转变作风、降低“三公”消费、反对“四风”、公开透明等。特别是八项规定出来后，产生相当大的影响。

现在高层领导是严厉治官。我在 10 年前，曾提过中国公共治理的 14 字方针，第一，严治官，第二，善待民，第三，创新政体，第四，稳定银根。没想到 10 年以后，这届政府意图很清晰，严厉地控制管理官员，螺丝将会越拧越紧。但同时，这是一个痛苦的过程，可能会是一个大浪淘沙的过程。经过这样的严格控制以后，一些被淘出来的人可能是意志薄弱者。

但是中国的核心问题在于用人，所有的问题都在于用人这个问题上。如果不解决用人这个问题，很多问题解决不了。一把手用人，一把手说了算，这是非常大的问题。我曾经在这方面写过一些建议，我建议，县一级的书记和县长由一个人来当，人大常委会主任不能由书记兼任。两条线选出一个一把手，这不改变党管干部的原则。党组织可以推荐四个到五个合格的书记候选人，让党员代表大会投票。候选人演讲，党员代表大会认为将来谁当书记合适，投票出来，一二三四排出来，前三名就竞争县长去。候选人到人代会去演讲，竞争县长，最后人代会认为谁最合适，谁当选县长，他既是县长又是党委书记。让党员和人民群众决定一把手。这样他就不会只对上面负责，也要对下面负责。第一，任人唯贤；第二，任人唯信。当一把手以后，任命哪一个局长，书记兼县长说了算，但是要承担连带责任。这样既能体现中国共产党的执政领导地位，也能保证决策的效果和不腐败。人大常委会主任是独立的一条线，纪检是一条线，两条线监督一把手。

排除改革阻力需要更大的勇气和智慧

这次改革方案得到广泛认可，顶层设计不易。制订好的方案不容易，把好的方案变成现实更难，尤其是当前改革进入深水区，必定要触犯很多人的既得利益，您认为，当前改革面临的阻力主要来自哪里？要突破这些阻力应该从哪些方面入手？

就我个人理解，在未来公共治理变革中，最大的阻力可能来自两个方面：一是既得利益，二是政府自身。

党的十八大以后，最高领导层不断对整个改革的趋势做判断，比如说，改革进入深水区，改革要啃硬骨头，改革没有坦途，改革要涉险滩，改革准备付出成本。这些说法，都说明一个问题，就是当前的环境下，改革难度大、阻力大、风险大。十八大后不久，李克强总理多次强调，动利益比动灵魂更难。习近平总书记也多次讲，要有更大的勇气和决心，冲破利益固化的藩篱。习总书记没有直接用“既得利益”四个字，但是在我看来，他说的利益固化，主要就是指既得利益。包括他最近进一步对整个反腐败说很多狠话，如刮骨疗毒、猛药治病、反腐败不设上限、清除害群之马等，所有这些，都是有所指的。这些判断就说明，既得利益已经在事实上成为中国改革最大的阻力和风险。

所谓既得利益，就是通过非公平竞争的手段和方式、借助公权力和政策资源获取巨额利益的相关体。我在2011年发表过一篇文章，系统分析中国目前既得利益的表现形式。主要包括三个灰色：灰色权力、灰色资本、灰色暴利。

既得利益主要依赖公权力的影响力，通过子女、配偶、亲戚朋友，在市场进行资本套现，一夜之间就变成亿万富翁，这是最大的腐败，真正的腐败。现在中国的既得利益至少有三个形态，一是以贪腐官员为代表的权贵既得利益；二是以垄断行业为代表的垄断既得利益；三是以房地产和资源行业为代表的地产和资源既得利益。这三大既得利益，既掌握权力，又掌握资源，还掌握资本，羽翼丰满，实力雄厚，控制相当多的中国社会财富。

在目前中国环境下，既得利益至少激化了三种冲突：一是官民冲突，二是劳资冲突，三是贫富冲突。社会上弥漫着仇富仇官的心态，群体事件的后面、大量黑色资本的后面，我们都可以看到既得利益的影子。改革最大的困难就是和既得利益作战，危险还没有过去，是我们战胜既得利益，还是既得利益最后吞噬我们，现在还难以下定论。所以二次改革的成败，在很大程度上，取决于我们能不能有效地遏制、战胜既得利益。

第二种阻力来自政府自身。政府不是有意识的阻力，其自身的惯性就可能对这次的全面改革形成阻力。这种阻力包括三个方面，一是观念，二是审批制度，三是部门利益。

现在的审批制度，几乎可以看作是由计划经济转向市场经济过程中演变出来的怪胎。审批改革如果不到位，改革很难成功，向市场放权，向社会放权，都是空的，而审批改革难度阻力是很大的。再一个是部门利益，权力部门化，部门利益化，利益个人化，个人利益团体化。我觉得如果没有760万公务人员观念的变革，没有观念的更新，肯定成为改革的阻力。观念中核心的有三个：政府的角色观念、服务观念、法制观念。我以法制观念为例，就会说得更清楚一点。政府权力受到严格的法律限制，即法律不授权，政府无职权。政府权力和公民权利是相反的。公民权利在法律上规定的是不能做什么，不能杀人，不能放火。但是法律规定对政府来讲是你只能做什么，没有规定的你都不能做。所以才有一句话叫依法行政，依法行政的另外一个解读就是政府的所有作为都要有法律依据，否则就是乱作为。习近平总书记上任以后，非常重视法制，包括党的十八届三中全会，也讲到法治中国，要树立宪法的权威。

我觉得，如果没有正确的法治理念，我们的官员都可能成为这次改革的阻力。所以，中国在这样的环境下，就要以更大的勇气和决心来化解阻力，靠共识，靠思想解放，靠创新。如果没有1992年邓小平南方谈话，中国改革到不了今天。所以这次全面深化改革方案的实施，又到了这样的关键时刻。我们越敢出手，越敢在关键领域推进改革，我们面临的危机风险越能够化解，越能够获得老百姓的信任和支持，中国共产党的执政地位会越巩固。

（本文原载于《经济观察报》，采访者金辉）

第八章
法治中国建设与司法体制改革

建设法治中国，必须坚持依法治国、依法执政、依法行政共同推进，坚持法治国家、法治政府、法治社会一体建设。深化司法体制改革，加快建设公正高效权威的社会主义司法制度，维护人民权益，让人民群众在每一个司法案件中都感受到公平正义。

法治与中国“空转政府”的治理

郑永年（新加坡国立大学东亚研究所所长）

“空转政府”是今天民主社会的普遍现象。在多党政治下，各政党在选举时，拼命向选民承诺，可一旦当政却什么都做不了；执政党和反对党之间互相否决，民主政治成为互相否决政治。西方各国现在所面临的问题就是政府空转。那里的人们知道国家的困局出在哪里，也知道如何能够解决困局，但问题在于产生不了一个有效政府。在亚洲，泰国民主演变成城市居民和农民的持续街头斗争，连一个政府都产生不了；中国台湾的民主也造成政府多年的空转，政治泛滥，经济社会沉沦。不仅如此，亚洲的一些民主（化）社会，社会的过度政治化尤其是街头政治，对本来运作良好的法治，产生非常负面的影响。

中国尽管一直被视为是权威主义政府，政府是行动导向的，并且具有非常高的效率，但近来也出现了政府空转现象。如何解决政府的空转和官员的不作为，已经成为中国执政党面临的最大挑战。中共十八届四中全会提出了以法治为中心的制度建设。这里的“法治”是广义上的，要适用到政党、政府、军队、社会等各个领域。执政者同时面临两大相关的任务，即法治建设和用法治治理政府的不作为。

经验表明，法治政府有助于解决空转政府和官员不作为的问题。

有关部门已经提出要以法来治理官员的不作为现象。但法治和有作为政府之间并不能画等号。在民主国家，很多政府的确是法治政府，但空转政府大行其道。在中国，如果要在法治基础上建立有作为政府，仍然面临很多挑战。

首先要解决政治和法律边界的问题。任何国家都存在这个问题。在中国，这个主要表现为党和法之间的关系问题，也就是党大还是法大的问题。广义上说，这也是一个政治与行政、政党和国家的问题。不解决这个问题，法治政府就会变得困难，政府效率更是谈不上。

党的十八届四中全会决议并没有回避这个问题，并要解决两个似乎是矛盾的问题，一方面是法律与政治的关系问题，另一方面是法律的去政治化的问题。就政治化来说，人们无须回避政治与法律的紧密关系。在任何国家，法律并不是从天上掉下来的，而是人制定的。诚如马克思所言，任何法律都是统治阶级意志的体现。在任何国家，执政党（也就是统治阶级）通过自己控制的议会（国会），把自己的意志转化为法律。执政党可以根据时代的变化进行废法、修法和立法。中国共产党是执政党，法律很自然体现其意志，表述为共产党领导人民制定法律。

法律设定政治边界

一旦法律到位，包括立法者（即执政党）在内的所有人和组织都必须遵守法律。这就设定了政治的边界：法律一旦成立，司法就应当独立，有专业的司法人员执法，实现人人在法律面前平等。党的十八届四中全会的决定，重申了执政党及其政府要“依宪治国”，强调“依宪治国”是法治的前提。这回答了这几年来共产党要不要“宪政”的争论，尽管中国的法治和西方的不同。

在这些问题清楚之后，执政党仍然需要解决如何体现人民的意志这个重大问题。执政党的执政基础是人民，它本身不应当有独立的意志。在西方，执政党的这个“人民意志”是通过“选票”体现出来的。中国不走西方的道路，就需要找到替代路径，例如开放、群众路线、协商等。这方面仍然需要探索。如果执政党不能够充分代表人民的意志，体现执政党意志的法律也会遇到合法性的问题。

其次，法治政府需要解决法律的过于理想化问题。在包括中国在内的很多发展中国家，法律的毛病就是过于理想。这些国家往往没有法治传统，法治建设往往参照发达国家的经验。所以，经常出现的一种现象就是，它们往往把好的、理想的法律条文加在一起，变成了自己的法律。结果，法律很漂亮，但很难在现实中实行。对西方发达的民主国家来说，法律的发展过程是一个实事求是的渐进过程。例如，早期的精英民主，选举和被选举权是有很多财产权的限制，然后再逐步扩大到大众民主。这要求立法者在立法时要根据国情。法律当然要体现价值体系，但更重要的是要解决社会所面临的问题。过于强调价值、过于理想，反而会导致法律和实践的脱节，影响法律的有效性。过于理想也是中国很多法律的特征。现在的很多立法往往脱离现实，不符合中国的实际情况。这样，法律的相关方（政府官员、企业和社会等）很难根据法律行事，经常出现“有法不依”的情况。在一些情况下，“有法不依”往往是“有法不能依”造成的。法律太过于理想，很难依法。

第三，法律和制度的细节问题。细节决定一切。中国不是没有法律和制度，而是缺乏法律和制度的细节。从前讲阶级斗争的年代，人们批评西方的法律细节过多，不是为人民服务的。但是如果没有细节，法律如何能够为人民服务？没有细节，就表明法律和制度可以随意解读，只是为权势服务，因为解读者往往是有权有势者。再者，没有细节，政府官员根据什么作为？如何作为？

在充实法律和制度细节方面，中国至少面临两大挑战。首先是要把“党八股”和法律、制度区分开来。到今天，中国的法律和制度更像一般的党的政策，而非严格意义上的法律和制度。例如中国的公务员或者大学的行为准则，往往只是几条抽象的条文而已，如“爱党、爱国和爱人民”，除类似的“意识形态式”的表述之外，没有任何细化的关于人的行为准则的东西。在发达国家，行为准则对人各方面的行为有非常细致的规定。有了这种细致的规定，人们才可以遵守。

其次是假、大、空现象。从中央到地方，各级政府官员都讲宏观的东西。中央政府讲宏观有其道理，但是到了地方甚至县市一级，官员仍然讲宏观。从中央到地方立法，几乎换几个字就可以了，没有什么变化。实际上，到了地方，大家面临的都是具体问题，根本不需要宏观的东西。越宏观，法治和制度就越没有用，导致空转政府和官员不作为现象。

法律和制度缺少细节，已经导致了一系列的严重问题，并且非常普遍。例如在反腐败运动过程中，一旦企业老总出了问题，就往往把整个企业封掉，银行账户冻结，经常导致企业瘫痪，影响到无数无辜的员工，甚至总体经济状况。这就是没有细节的缘故，因为法律和制度没有把企业和企业老总分离开来，没有规定企业老总和企业之间的关系，结果一方出事，另一方必然遭殃。

再如，没有细节，各级政府的决策总是在“大概”的情况下完成的。近代国家的主要特征，就是用数据来治理社会，政府必须充分掌握有关人口、土地、就业、资源和发展等等所有信息。但中国的很多政府连这些最基本的信息都没有，一切决策都是估算。在一定程度上，中国还不是一个现代国家。

法律讲究细节

没有法律和制度的细节对吏治的影响更大。这次大力反腐败，结果让很多人惊讶，因为无论是腐败的高度（官员的层级）、广度（范围）和量度（所贪污金额）都史无前例，非平常人的理性所能理解。这难道不是法律和制度没有细节的缘故吗？在法治社会，没有官员，哪怕是总统或者总理，能够接触到那么多的经济资源（尤其是现金）；也没有官员能够如此任人唯亲，因为详细的“利益冲突”条例使得这样做不可能。更有甚者，这些腐败官员不是短时期内的行为，从底层升到高层，甚至成了领导人，贪污那么多钱、有那么多女人，难道人们的眼睛都是瞎的吗？显然不是。是法律和制度纵容了他们。

党的十八届四中全会专门讲法治。人们希望的不仅是执政党重新重视法律了，更是希望中国的法律和制度体系有新开端。讲细节必然是这个新开端的重要组成部分。

如何讲细节？从十八届四中全会的决定来看，细节涉及方方面面。首先是政治和法律的边界问题。执政党领导人民立法，但法律到位，司法就要相对独立。司法必须去政治化，因为司法是社会正义的最后一道防线。尽管没有使用“去政治化”的概念，但充分体现了“去政治化”的精神。主要表现在三个方面或者三大领域。第一，强调专业主义的主导地位。无论是法官的录用还是司法过程，都必须让专业人士来主导。第二，防止司法地方主义。设立巡回法院、跨地区法院就是为了达到这个目标。地方政府和官员随意干预司法，是阻碍中国法治的一大障碍，也是司法腐败的重要根源。第三，减少和切断领导人干预司法过程，各级领导如果干预司法，就要担负终身责任。

所有这些法治和制度细节上的变化，不仅有助于消除官员的“乱作为”（腐败）现象，也有助于官员的有作为。法律和制度越是细节化，官员就越有可能改进他们的行为。

在东亚的背景中，有作为的政府极其重要。无论是经济升级、社会改革，还是政治制度的变革，甚至是法治本身的进步，都和有作为的政府密切相关。新加坡是一个很好的例子，其既是典型的法治政府，也是一个非常有作为的政府；法治政府便是有作为政府的基础。

在东亚法治发展过程中，细节决定了一切。所有的细节必须从精英做起。日本的明治维新一代精英、新加坡的李光耀等政治人物，也包括企业家、专业人才（尤其是知识分子），都是法治社会建设的主要力量。这些社会的法治，是这些精英群体造就的，不是凭空产生的。

对中国来说，人们寄希望于党的十八届四中全会是法治社会的全新起点。但这个社会需要从政府的作为为起点，从精英的行为开始。大规模的反腐败运动，和党的十八届四中全会所要推动的制度建设，能否造就这样一个法治社会，人们当拭目以待。

（本文原载于《联合早报》）

建设法治国家是中国政治转轨的需要

任剑涛（中国人民大学政治学系教授）

中共十八届四中全会关于建设法治国家的《中共中央关于全面推进依法治国若干重大问题的决定》（本文下称《决定》），可以从中国政治转轨的角度去解读。对于中国来说，《决定》不仅是中共90余年历史上第一次明确依法治国，也是执政65年第一次从有效执政的角度着力推进依法治国，这与中国政治处境的结构性变化具有密切关系。

被动转型与主动适应的矛盾

从某种意义上讲，中国的现代转型一直处在错位的状态，即被动转型与主动适应的搭配。被动转型，是就中国文明结构大变化的处境而言的。自踏入近代门槛，中国通过革命党的组织动员方式，成功地将传统帝国推进到现代国家。但这样的转型，绝对是被动的。因为转型的动力并不来自中国内部，而是来自外部世界的压力。经过晚清、民国到中华人民共和国，被动的转型告一段落，国家形态基本落定在现代民族国家上面。但在国家建构上，这一关系到主动适应国家转型需要的任务，并没有完成。

晚清、民国的崩溃已然表明，被动转型和主动适应之间的巨大落差，会造成建国的巨大悲剧。晚清因被动转型，以筹备立宪展现其主动适应性，但最后以悲剧告终。国民党也确立了宪政的建国目标，并制定了从军政、训政到宪政的行宪路线图，但不到统治的危急关头，拒不落实宪政，满足于以训政的方式专权。结果其有限的主动适应遇到了权力的自我囿限，被国家转型牵着鼻子走。到 1948 年时，国民党想转轨，也已经没有机会了。

中共十八届四中全会提出依法治国的命题，还是中国在尝试解决近代以来遭遇的国家被动转型与主动适应的大矛盾在当下的表现。改革开放以降，35 年的市场经济实践，促使产权坐实，推进市场发展，促进社会自主、自治与自律。但在面对国家结构转型的客观处境时，适应的主动性仍然是不足的。这体现为，1980 年邓小平讲话，提出“党和国家领导制度改革”的任务，到今天已经过去差不多 35 年了，但依法治国还处在庄重做出《决定》的起点上。对国家被动转型的主动适应，依然还是一个文献性的适应，而不是一个制度性的适应。所谓文献性的适应，就是制定一系列重要文献，讲明国家转型的处境与任务，但实际举措的坐实，远远逊于文件的制定。所谓制度性适应，则是指现代国家的法治平台已然搭建完毕，依宪治国、依宪执政已经成为国家的基本运行体制。很显然，有关文献是越来越多，而制度坐实愈来愈难。这是中国今天适应国家转型，建立现代法治一个必须解决的难题。推进依法治国，必须减小国家被动转型与主动适应之间的落差，不能拉大这个落差。

国家法治化，是治国机制变革的需要

推进依法治国，重点不在具体的立法程序、司法程序及其实施制度的建构，而在国家形态的选择。中国真正能够主动适应国家的被动转型，首先必须明确需要建立什么样的国家。执政党已经统治国家65年，才明白一个基本道理，那就是中国除了走向法治国家，此前建构的革命党、政治性国家，已经无法再延续下去。须知，革命党建立的国家，依照革命党原则进行统治，一定要靠政治意志、政党意志统治国家，这与依宪治国、依宪执政的法治机制是悖反的。这不是国家领导人主观上愿意不愿意的问题，而是与革命党和国家的直接合一结构有着紧密的关系。

革命党有着非常强势的权力体系，党权从中央一直下贯到基层。这么庞大的政党体系，又在国家权力体系中处于核心位置，它就必须要有高度的意识形态权威性、权力统御性、行动一致性，并以雷厉风行、全党动员的行政机制来保证。政党国家顺畅运作的关键是政党行政化。在这一体制中，权力相对分割变得不是那么重要了。如果权力分割开来，庞大的党权就与它的行政化机制疏离，国家就很难顺畅运转起来。党的十八届四中全会以推进法治为主题，推进方式还是党的高度行政化方式：由党中央做出依法治国的决定，全党认真学习，各地各个部门加以贯彻。只不过这个政党行政化的方式，在目标上发生了转变，不只是维护党的领导，依靠党的政治意志、行政体系来统治国家，而是尝试以一个法治体系来实现其领导国家的目的。

为什么要转变执政党领导国家的方式呢？除了政党行政化的运行机制不畅以外，它所依赖的政党组织状况，也出现了问题——多年前就有一个说法：党的部分基层组织已经烂掉。

党的十八届四中全会确立了依法治国方略，大意图便是扭转不适当的治国机制，这是对国家法治化需要的积极回应。一个国家，高度复杂化，受制于多重行政力量，党的行政系统在发出指令，政府也在发出行政指令，必然造成指令的错乱，让下级或基层不知所措。党本来应该行使政治领导权，但它的行政化定式，却使它必须同时行使行政权，党权的定位也因此模糊化起来。1949 年新中国成立以来，尤其是在“文革”阶段，“党的一元化领导”将政党行政化体制高度定型，导致以党代政。在现代国家权力体系中，政府是行使行政权的专门机构，它有科层安排、部门分工，有自己的行政程序、相应的效率要求。统领行政权的党权，按权力属性来讲，重视的不是效率，而是政治效果。党权与行政权的不同权力属性的混淆，势必造成权力绩效的低下。

一般而言，在现代国家中，行政权力来自立法部门的授权。立法部门的授权，基于人民主权的现代政治原则。因此，被授权的行政部门，只能依法行政。但在政党国家结构中，政党的政治意志高于立法意志，立法意志便无法自主给行政权力部门以依法行政，提供一个只围绕效率来解决问题的行政程序。同样的逻辑，使司法机构不能奉行法条至上的原则，只能以政治准则作为司法审裁的最高标准。结果，司法结构也不成其为相对独立的权力形态。党权、立法权、行政权、司法权高度混生，权力边界不清楚，权力责任很模糊，权力体系的能力受到内在限制。从这个角度看，推进依法治国，关乎司法权力的程序安排，以及法官选拔与作为，都还不是最重要的事务。不调整国家权力结构，仅仅看重权力的具体运行，法治的主次举措得不到呈现。

从复杂性国家，转变为简约治理的国家机制

十八届四中全会确立的依法治国方略，真正的重要性，不在法治原则与具体程序的要求，而在于尝试将革命党统领的、由多重指令构成的复杂性国家，转变为简约治理的国家机制。众所周知，复

杂性国家的运行逻辑是一个崩溃逻辑。这样的国家，由不同权力部门不断地发出多重指令，到了基层，谁也不知道该执行谁的指令。因此，对复杂性国家来说，国家权力的权威是瘫痪的。一个大国的治理，只能是简约化的治理。简约化不等于简单化。简约化的国家治理，只需要必不可少的指令，但指令一定要权威。这样，指令明确，基层行政运转才能顺畅。

为此，确定简约化的国家权力便非常重要。在中国复杂的权力体系中，简约化的改革，必须首先安顿党权。在国家结构上，对党权、国权、政权、法权四种权力形态的安排遵循的是既定体制。但总的说来，国家结构已经简约到了法治国家建构上，力图将所有权力形态规范在法律条规之下。这证明，中国近代以来对国家被动转型的主动适应，开始出现了某种转机。这个转机，就是国家必须落定在依法治国的平台上，超越政党政治意志主宰国家运作的旧有机制。这个转轨，还会遭遇意想不到的困难。因为，不仅国家的四种权力不好具体地分割、安顿，人们对法治国家基本原则也还有相当多认识不清的地方。譬如，解释何谓依法治国，人们还将礼法合治、德主刑辅作为基本路径。这种混合型的国家治理方式，还是复杂国家的指令体制，而不是简约国家的指令体系。就国家的简约治理而言，“礼”不能上升到国家统治层面上，“礼”只能作用于社会领域，构成维护法治的社会土壤；“法”才是国家治理的唯一权威的指令方式。德主刑辅也不能由国家同时包办。德，应该由社会领域来凸显；刑，只能由司法机构来行使。整个国家权力的运作，只能以法作为单一的治国规则。当然，法治要求的法是良法。这可能是十八届四中全会《决定》中最应该被人看重的东西——国家结构要从人治、德治转变为依法治理，从而有效避免复杂化国家的崩溃趋势与自我耗竭。

在中国既定的政党国家框架中，建构法治国家，必须处理的重大难题之一，就是执政党与法治的关系问题。十八届四中全会《决定》，也再次强调了执政党对推进依法治国不可动摇的领导权。这是无法讨论的问题，是探讨中国依法治国的先决条件。但具体优化执政党与法治的关系，则是一个可行的前进道路。执政党和国家领导人一直强调，中国的法治，必须秉行的一个基本原则是党的领导、人民当家做主与依法治国三者高度统一。从国家的目前结构看，三者当然要高度统一。不过，三者的统一，不是一种平行且机械的统一，而是一种刻意进行区分的灵活性统一。一方面，除了党的领导、人民当家做主、依法治国的政治性统一以外，三者的行政性统一和司法性统一很难实现。另一方面，三者的统一还可以是高低错落的统一，不必时时事事统一于党。否则，执政党就永远处在高度行政化的状态，无法从革命党转变为执政党。

中国共产党推动法治国家的建构是需要动力的。法治动力，如果来自社会，那只能被确认为民主动力，不一定有利于推进法治。因为社会的维权是一种政治斗争。无法治约束的民主先行，容易引发动荡。现代民主一定要受法治规范，法治和民主的并行，才有利于建构现代政治秩序。法国是一个失败的例子，它以大革命作为先导，结果法治不彰，从 1789 年至今，都没能建立起优质的现代国家秩序。与之不同的是，英国首先确立法治秩序，尽管进程十分缓慢，但国家权力与公民成员经过长期的法治熏陶，稳定确立起了奉公守法的治国体系。法治与民主携手，国家才能成长为规范的现代国家，这是世界各国转型的基本规律。

确立党权、国权、政权、法权四边均衡结构

中国共产党取得全国政权以后，面临一个关键问题，就是选择什么样的领导体制来领导国家。毛泽东为党确立起一元化领导体制。这一体制的维持成本极高，收益处在明显的下滑状态。邓小平在1980年论述领导制度的改革，其实宗旨就在处理党权和国权的矛盾。以党建国，国家建成之后，政党是不是需要退到国家的幕后，就此成为问题。改革开放初期，解决党政不分、以党代政的问题，曾经居于重要位置。据说国家部委的党组存废，都正式提上改革日程，惜乎中断。

十八届四中全会推进依法治国的《决定》，在政治上明确坚持中国共产党的领导权。领导权问题不好商议，但行使领导权的方式则是可以探讨的。在依宪治国、依宪执政的国家权力结构中，执政党的领导权一定得是一元化、全面性的领导权？可不可以在立法权、行政权、司法权的安排上做出不同处置？譬如，由政党直接掌控立法权，让行政权和司法权相对独立。一方面，执政党的领导权没有动摇。另一方面，可以优化党的领导方式。

一个执掌国家权力的政党，如欲依宪治国、依宪执政，就必须将其组织意志与人民意志、宪法意志统一起来。这就如彭真所说，党率领人民制定法律，党率领人民遵守法律。制定良法，一定是在信守宪法和崇尚法治的制度环境里才有可能，否则完全不可期待。在这一基本原则下，国家权力形态就能区分清楚了，党权依照宪法掌握国权，党的领袖依宪成为国家元首，整个执政党完全按照宪法执政、施政。执政党领袖一旦行使国家权力，必须转换为国家元首身份行事，而不能以政党领袖身份行使国家权力。这样就将执政党领袖与国家元首之间的关系理顺了，执政党与立法权、行政权、司

法权的边界清楚了，但又保持了领导权。这样的安排，可以视作对《决定》所强调的建构现代化国家治理体系的积极回应。在中国的国家治理体系中，解决党权独大、其他权力弱化的问题，需要确立党权、国权、政权、法权四边均衡结构。只要存在独大的权力，党的十八届四中全会强调的依法治国就很难实施下去。

依宪执政、依宪治国是现代国家必定要走的治国道路，这也是近代以来中国被动转型鲜明凸显出来的国家特质。国人必须主动适应这一转型要求，才能避免晚清和民国的历史悲剧。须知，中国的被动转型，已经愈来愈呈现背离国人主观愿望的状态。不论国人想不想、愿不愿，国家转轨是非转不可。中国必须建成一个法治国家，而不是建成变形帝国、政党国家。为此，落定依法治国的盘子，乃是国家存亡所限定的事情，而非你情我愿的感情纠葛结果。这是确立中共十八届四中全会推进依法治国重大意义的重要根据。

以法治划分政府和市场的边界

傅蔚冈（上海金融与法律研究院执行院长）

2014 年 10 月 28 日，《中共中央关于全面推进依法治国若干重大问题的决定》（以下简称《决定》）公布，同时公布的还有习近平总书记在中共十八届四中全会上所做的关于《中共中央关于全面推进依法治国若干重大问题的决定》的说明（以下简称《说明》）。在中央全会上第一次讨论依法治国，这是近十多年来的第一次。

如何评价依法治国的重要意义？在我看来，这必须从党的十八届三中全会谈起。十八届三中全会之所以重要，是因为它为中国全面深化改革绘就了明确的路线图，会议达成了这样一个共识："经济体制改革是全面深化改革的重点，核心问题是处理好政府和市场的关系，使市场在资源配置中起决定性作用和更好发挥政府作用。"

1978 年以来，中央对经济体制的表述有一个发展变化的过程，1984 年的十二届三中全会认为经济体制改革的核心是建立"有计划的商品经济"，10 年后的十四届三中全会提出要建立"社会主义市场经济体制"，十八届三中全会要求"市场在资源配置中起决定性作用"，可见党对市场经济的认识在不断地深化。

为什么要让"市场在资源配置中起决定性作用"？因为经过 30 多年的"摸着石头过河"，无论是决策层还是公共舆论，都已经认识到中国经济能否再上一个台阶，关键就在于能否厘清政府和市场的边界，也只有约束政府的行为、发挥企业的创造力，经济才可以保持繁荣。

如何划分政府和市场的边界？在不同的经济环境下，政府扮演的角色是不一样的。在当下中国，约束政府的权力最为重要。具体来说，就是要尽可能地减少以行政审批形式出现的市场准入许可，让市场成为企业间优胜劣汰的竞技场；政府在市场竞争中要做一个客观中立的裁判员，不要拉偏架；政府还要提供一套有效率的安全网，让市场竞争的失败者有基本的生活保障。

李克强总理在多个场合强调行政审批制度改革的重要性，目前已经小有成就，包括投资体制、工商登记的一系列减少，政府对企业的束缚和干预措施的行政审批已逐步取消。为了防止行政审批边取消、边增加的顽疾再次发生，国务院印发了严格控制新设行政许可的通知，对新设行政许可的标准、审查程序和监督等做了更为具体严格的规定。

但我们也注意到，目前距离“让市场在资源在配置中起决定性作用”的目标还有一段距离。通过国务院发文的方式来削减行政审批，尽管短期效果明显，但是长期可能影响有限。旨在规范行政审批权限的《行政许可法》于 2003 年颁布，自 2004 年 7 月 1 日起实施。但事实是，尽管中央政府一直在清理不符合法律规定的行政审批，行政审批的规模还是越来越大。显然，这和《行政许可法》的立法宗旨是背道而驰的。

如何防止行政审批“边减边增”现象再度发生？显然，经济体制改革本身无法遏制这样的结果。也正是如此，习近平总书记在《说明》中指出，“党的十八大提出了全面建成小康社会的奋斗目标，党的十八届三中全会对全面深化改革做出了顶层设计，实现这个奋斗目标，落实这个顶层设计，需要从法治上提供可靠保障”。

何为法治？尽管不同的学说和流派持有不同观点，但几乎都认同2000多年前古希腊哲学家亚里士多德所下的定义：已成立的法律获得普遍的服从，而大家所服从的法律又应该本身是制定得良好的法律。法分良法和恶法，换句话说，只有良法之治才能称得上法治。那么，到底什么是良法？

如果回顾十八届三中全会的决定，我们不妨认为，只有那些能"使市场在资源配置中起决定性作用"的法律才是好的法律，因为只有这些法律才能"推动我国经济社会持续健康发展，不断开拓中国特色社会主义事业更加广阔的发展前景"。但是历史的经验和教训告诉我们，只有法律本身并不足以让法律本身所反映的愿望成为现实，只有一整套的制度保障才能让具体的法律条文成为现实。用现代法律术语说，要让实体法的内容得以实现，还必须要依赖一整套可操作的程序法，这也就是古人为什么说"徒法不足以自行"的原因。

我们以行政审批为例。尽管2000年7月1日起施行的《立法法》在实体上和程序上都对"法律、行政法规、地方性法规、自治条例和单行条例的制定、修改和废止"做了详细的规范，而2004年7月1日起实施的《行政许可法》也对行政许可的设定做了明确规定，尤其是该法第十三条指出，凡是"（1）公民、法人或者其他组织能够自主决定的，（2）市场竞争机制能够有效调节的，（3）行业组织或者中介机构能够自律管理的，（4）行政机关采用事后监督等其他行政管理方式能够解决的"，可以不设行政许可。

但后来的事实是，行政审批的规模并没有得到遏制。为什么一部"本身是制定得良好的法律"并未得到遵守？换句话问就是，如果行政机关设定了一个违反《行政许可法》的行政审批，公民或者其他民事主体又能够对它做什么？从目前来看，几乎不能做什么。由此可见，行政权力无法得到遏制的根本原因在于，我们还缺乏一个可以让良法发挥作用的机制。

也正是如此，十八届四中全会的《决定》指出，要“完善全国人大及其常委会宪法监督制度，健全宪法解释程序机制。加强备案审查制度和能力建设，把所有规范性文件纳入备案审查范围，依法撤销和纠正违宪违法的规范性文件，禁止地方制发带有立法性质的文件”。规范性文件是由谁来制定？毫无疑问都是来自于各级行政机关，由此我们不难看出《决定》的良苦用心，那就是想尽最大努力限制行政机关享有超越法律的职权，处理好市场和政府的关系。

当然，仅仅由全国人民代表大会及其常委会来限制行政权还很不够，也正是如此，《决定》还在行政和司法等环节做了很多努力，所有的一切都是为了让良法可操作，让其成为捍卫私人部门的利器；在当今的市场经济社会，私人部门的权利在很大程度上可以表现为是对政府公权力的防备。就此而言，我们可以说十八届四中全会的《决定》是给三中全会所提出的“让市场在资源配置中发挥决定性作用”提供法治保障。

（本文原载于《华夏时报》）

法治和善治需要开放试错

冯兴元（中国社科院农村发展研究所研究员、研究生院教授）

党的十八届三中全会提出要实现国家治理体系的现代化，党的十八届四中全会的主题又确定为依法治国。国家治理体系的现代化必然要体现在法治和善治。现代国家被视为一种公民共同体，其最终治理目标是实现善治。善治是在法治的框架内实施的。善治的标准包括：合法性、开放性、责任性、回应性、参与性、协商性、有效性、公正性、稳定性等。

党的十八届四中全会上强调的“依法治国”这个主题词很好，但是依法治国不等于法治和善治。依法治国存在两种情况：一种是法治基础上的依法治国，另一种是在人治基础上的依法治国。在前一种情况下，国家的治理要体现诺贝尔经济学奖得主哈耶克所主张的“法律下的自由”原则；在后一种情况下，人治因素可以通过写入法律来实施。

党的十八届四中全会也强调了，坚持依法治国首先要坚持依宪治国。这同样是振奋人心的消息。但是依宪治国也与依法治国一样，存在两种可能性：其一是法治基础上的依宪治国，其二是人治基础上的依宪治国。依宪治国、实施宪法是共和国历史上了不起的决策。尽管当前的宪法条文中纳入了最为美好的种种字眼和规定，但是也存在一些触目惊心的条文，与法治理念似乎格格不入。但是，如果本着一种开放试错的态度去依宪治国、实施宪法，那么宪法条文里面的矛盾之处，可以通过根据法治原则对这些条文加以修宪调停和平衡来消除。

在《通往奴役之路》中，哈耶克指出，法治是指政府在一切行动中都受制于事前规定并宣布的规则的约束，这种规则使得一个人有可能十分肯定地预见到当局在某一情况中会怎样使用它的强制权力，和根据对此的了解计划它自己的个人事务。他提出，法治的基本点是：留给执掌强制权力的执行机构的行动自由，应当减少到最低限度。很显然，法治作为“法律的治理”，必然对人的行为构成一定的约束。

这里让我们想到了周永康、李东生之流，中国的法律正在对这些特权者的行为构成约束。这说明，虽然我们现在还离法治甚远，但是我们有幸正处在法治化的道路上。

中国大量的公共政策决策及其实施机制本身是国家治理体系的重要组成部分。两者都要体现基于法治的善治。这符合制度经济学理论的要求。根据诺贝尔经济学奖得主、制度经济学家道格拉斯·诺斯的看法，制度包括正式制度、非正式制度与实施机制，三者都会影响治理的绩效。其中公共政策决策机制由涉及决策的众多正式制度组成，非正式制度则是涉及决策的文化与意识形态等非正规约束，决策实施机制则包括一些保障关系制度实施的机制。从长期看，面向善治的公共政策决策及其实施机制，其演化必然体现为一种开放试错的过程。而且，其背后需要一种授能型非正式制度来支撑。这种非正式制度就是法治文化。这种文化需要习得，也需要培养。

中国还处在决定和讨论如何实现治理体系现代化的阶段。这种决定和讨论至关重要。千里之行，始于足下。实现善治就需要起于这种决定和讨论。十八届四中全会对当前我国积存下来的人治问题提出了多项改革举措，比如，要健全依法决策机制，把公众参与、专家论证、风险评估、合法性审查、集体讨论决定确定为重大行政决策法定程序，建立行政机关内部重大决策合法性审查机制，建立重大决策终身责任追究制度及责任倒查机制。四中全会还提出，要优化司法职权配置，推动实行审判权和执行权相分离的体制改革试点，最高人民法院设立巡回法庭，探索设立跨行政区划的人民法院和人民检察院，探索建立检察机关提起公益诉讼制度。这些均是可圈可点的举措。但是，正如诺斯的制度经济学思想所提示的那样，是否能够有效实现善治，不仅需要看是否有效建立这些正式制度，还要看是否存在有效的实施机制。而且为了更好地推行这些正式制度和实施机制，还需要有法治文化作为非正式制度来提供支持。

恰恰是由于没有实现善治，中国的公共政策决策虽然在改革开放以来总体上有了较大的改进，但还不符合上述善治标准，总体上没有迈入一种开放试错的过程，离善治的要求时近时远，此进彼退，使得民众对改革前景缺乏稳定预期。这是十八届三中全会之前一些企业家手持护照和机票准备随时走人闪退的原因，也是许多国人现阶段对中国往何处去表示迷茫的原因。这些失望者的感知并不一定都是正确的，这是因为人们对善治的要求存在一种只进不退的“棘轮效应”。即便上一阶段的善治程度在提高，国人一般不会停留于上一阶段的效用满足，会在下一阶段提出更高的善治要求，以求满足哪怕是同等程度的效用。其实，中国梦的愿景还是比较清晰的。中国梦是每个中国人的梦，但是要实现中国梦，道路应该是漫长的，前途应该是光明的。而且，实现中国梦非依赖善治不可。

在公共政策决策咨询上，非常有必要形成一种多元互动局面。各种政府和民间的智库都应该参与其中。政府更需要从民间独立智库采购决策咨询“产品”。

一些民间智库，一直以来在公共政策领域有着广泛的研究，并不断提出自身的独立见解与解决方案。另外，即便政府不向民间智库采购公共政策决策咨询“产品”，民间智库也可以自行筹资推出“转型指南”之类的指引性报告，为国内决策者、决策咨询者和民众提供一些公共政策的制定和实施方面的实用指南，以推进我国公共政策制度和实施的现代化。这些指南不一定正确，不同的智库侧重点和观点不一定相同。但是在各级人大的决策权力扩大之后，恰恰是不同的“转型指南”方案可以为有效决策提供智识基础。这些“转型指南”应该凝结古今中外对有关公共政策领域如何实现善治的智识和思想，体现人类智慧的结晶，同时要考虑中国国情的具体特点。这些指南需要具有易读性、实用性、可操作性和前瞻性，但不做理论论证。这些论证一般是在文本之后，而不是文本本体。在这方面，美国加图研究所的《决策者手册》就是一个很好的范例。该手册完全符合上述要求，在每项公共政策指引之后均附有一个推荐参考文献目录，供读者自行参考。可以说，没有多元化的决策咨询，就没有法治和善治的基础。决策者需要以此为鉴。

（本文原载于FT中文网）

司法体制改革的关键

季卫东（上海交通大学凯原法学院院长）

减少交易成本离不开司法规则

现代市场经济的秩序原理是，假定产权关系明晰了，那么通过自由地讨价还价和交换构想就会导致资源的合理配置。因而所有权的界定和保障以及契约自由两条原理是最根本的。换言之，如果存在竞争机制，那就只需明确权利主体，围绕这个权利的谈判机制会自动解决剩下的问题。一般认为，法律决定所有权的归属，市场那只“看不见的手”就会适当调整各种利害关系。但是，这里忽视了一个重要的第三变量，这就是罗纳德·科斯在《企业、市场与法律》一书提出的社会的“交易成本”。

众所周知，科斯的最伟大贡献就是发现了交易成本的存在，改变了人们对市场经济秩序的认识。正因为存在交易成本，仅仅明确所有权及其他类似权利，然后把一切付诸讨价还价机制的做法未必能导致资源合理配置，未必能提高经济效益。还必须重视怎样减少交易成本的问题。采取什么办法可以减少交易成本呢？

科斯主要指出了两条思路：第一是组织。主要指企业。实际上也包括其他各种有目的之组织，并且涉及前面提到的功能分化、合理化、科层化。他在《企业的本质》这篇著名论文中进行了精彩的分析。第二是司法规则。他非常重视诉讼程序和法官在审理案件时的利益衡量和概念计算。这两条对减少交易成本来说是非常重要的。可以推而论之，与市场经济相适应的法治理论，除了所有权保障和契约自由之外，还要关注组织结构与司法规则，只有这样才能达到优化资源配置的目标。实际上，中共十八届三中全会《决定》已经注意到上述问题，并采取了相应的对策。

从组织结构的角度来看，主要涉及两个侧面。一个是国家权力的存在方式。表现为权力是过于集中还是过于分散、权力是否被滥用、权力的格局是否有些畸形等问题。另一个是社会的存在方式以及整合机制。十八届三中全会《决定》提出了反腐败、行政放权以及社会自治等改革任务，可以看到在组织结构这方面已经开始推动改革了。

中国的权力结构比较复杂。其面临的主要问题可以说是权力过于集中，但实际情况却又常常显得权力颇为分散。权力看上去很强大，其实又很软弱。权力的边界不清晰，权力行使是恣意的，所以看上去无所不能，但实际上权力运行的效率并不高，能量也有限。这样的政治背景，使得适当集权的主张容易得到理解和支持。决定权的名分与实际相分离，甚或无人能做决定的事态是非常危险的，会导致无人负责的局面，从而诱发混乱和危机。

但是，权力过度集中、过度加强也伴随着很大的政治风险，有可能失去反思理性和弹性，有可能被滥用。为此，必须更进一步强调法治精神，用制度和规则来制约权力。总而言之，在组织结构这个方面，在现阶段，适当的集权和强权是必要的。否则难以推动全盘的、彻底的改革，也难以在矛盾激化的过渡期临机应变。但是，与此同时，必须通过法治来限制那个集中的、强大的权力，进而为权力提供明确的范围和正当性根据。

另外，从司法规则的角度来看，以法治限制权力，同时也支撑权力的制度设计，关键在审判的独立和公正。因而司法改革应该成为国家治理体系现代化和法治秩序构建的最佳切入点。

中央全面深化改革领导小组成立以来召开的前三次会议，主要就是部署财税改革和司法改革，尤其是启动了新一轮的司法体制改革。笔者认为这样的思路是非常清晰，也是非常正确的。法律界人士更关心的还是司法改革。在某种意义上也可以说，司法改革就是中国能不能推进法治、推进国家治理体系现代化的一块试金石，也是一根非常重要的操作杠杆。

司法独立的前提：去地方化和去行政化

从法治中国建设的角度来看，司法独立原则能否真正确立，具有决定性意义。但是，在当代中国，中国特色的政治原则和司法腐败使得人们对司法独立在中国的现实可行性产生了根深蒂固的怀疑。本来，司法独立是司法公正的保障，然而在反腐败的呼声中，司法独立似乎反倒蜕变成了司法公正的障碍。这是中国特有的现象。

另外，既有的司法体制中存在的地方化与行政化倾向，也一直妨碍着司法独立原则的承认和推行。司法的地方保护主义被认为是司法不公正的典型表现。审判与行政不分，也为权力干预司法打开了方便之门。为此，2013 年下半年召开的党的十八届三中全会，提出了一个全面改革的方案，其中非常引人注目的举措是通过去地方化与去行政化，加强检察机关和审判机关的独立性。众所周知，地方化与行政化是中国司法的两大病灶，因而三中全会在这方面进行改革的决定获得了高度评价。

首先来看地方化的问题。由于各级地方法院和检察院在人事、财务以及设施等方面完全受制于同级党政权力，案件管辖的范围也取决于行政区划，使得司法活动不可能独立，因而也就很难公正。司法的地方保护主义四处蔓延，不仅严重损害了司法机关的信誉，也使得国家秩序碎片化。因此，十八届三中全会《决定》推动省以下地方法院、检察院对人财物进行统一管理，并让司法管辖与行政管辖适当分离，目的是通过司法体制逐步去地方化的举措确保实施规范的统一性，建立起“法律共同体”。

需要注意的是，去地方化改革在具体实施之际，还面临另外一个重大课题，这就是如何合理地、有效地重构最高法院与各省、直辖市、民族自治区高级法院之间的协调机制，进一步明确最高法院在全国法官人事考评、晋升以及司法预算方案审查方面的管理权限。检察系统似乎也存在类似问题。

近来还有一种不可思议的现象更值得重视。当中央正式承认审判独立和检察独立时，身处司法第一线的法官和检察官不仅没有欢欣鼓舞，甚至还突然表现得忧心忡忡、顾虑重重，不敢接受独立的地位。这简直就是“叶公好龙”的故事重演。现在检察机关害怕独立之后公诉的证据基础会削弱、刑事侦查的质量要求得不到公安部门的支持，在法律监督方面也会出现有心无力的场面。而法院则害怕独立之后的地位会进一步边缘化，司法经费得不到充分保障，判决执行率也会下滑。在基层，有些法官因工作太难、责任太大、待遇太低、风险太高而“三十六计走为上”，有些地方的辞职者甚至已经达到相当规模。例如，广东全省各级法院近五年来调离或辞职的法官人数就超过 1600 名。[①]

---

① 黄琼，《广东五年逾 1600 名法官流失》，《羊城晚报》，2013 年 3 月 11 日。

再来看去行政化的改革。审判权与行政权纠缠不清是中国传统制度设计的特征，官僚机构的思维方式、管理技术以及垂直监督的逻辑始终支配着办案过程，使得司法独立原则根本就无从树立，保障权利义务关系明晰性、稳定性的法律文书既判力也无从产生。党的十八届三中全会《决定》在去行政化方面，其改革力度是空前的，最突出的一点是通过办案责任制明确审判主体，改变“审者不判、判者不审”，责任归属不清楚的乱局。这就在实质上把审判独立的概念从法院系统作为整体的独立拓展到法官作为个人或合议庭的独立，构成60年来前所未有的变局。与此相应的各种步骤如果逐一落实，势必在法院体制上导致革命性的变化。

因而从2014年开始，司法改革主要采取或者有可能采取以下三项非行政化的主要举措：其一，削减庭长和院长的行政性权力，加大专业活动的权重，让审判能力较强的庭长和院长直接进入办案第一线。其二，重新定位审判委员会，矫正“多头处理一案”“集体会议审判”之类的流弊。其三，重新定位上下级法院的关系，矫正超越审级制度的监督机制，明确审判权之间的相克性。

在去行政化改革之际，为了确保司法独立与司法公正相辅相成，防止司法腐败乘机作祟，党的十八届三中全会还推出了若干配套举措。例如建立符合专业特点的司法人员分类管理和身份保障制度，使法官、检察官等法律专业系列与行政官的公务员系列渐次分离；通过审判过程和检务的透明化、判决理由和案例的公开、执行情况的公开以及制度化司法参与等方式杜绝渎职枉法现象；改进司法职权的配置，健全分工、制衡以及整合的机制，等等。

但是，去行政化的有关改革触动了管理层的利益，在法院内部同样遭遇了强大的阻力。很多庭长不愿意放弃行政职务和权力，仅仅从事审判业务。而法官们则担心从此以后没有晋升途径。提高审判长的待遇也受到行政管理人员和后勤部门的质疑。审判长在有权签发判决书之后感到责任压力太大，希望还是通过原有的领导审批方式分散或转移错判的风险。

法官人事改革从解决具体问题起步

司法改革到了体制层面，自会采取精简编制和提高待遇的举措，因而必然触动现有的利益格局。法官的专业化、精英化是法官得以享有终身待遇的基本理由，也是司法独立的前提条件。司法不独立，审判机构就很难发挥减少交易成本的调整功能。但是，法院内外的利益冲突却很可能把技术层面的问题转化成意识形态层面的问题。因为在中国的语境里，一提起司法独立，马上就有人追问还要不要党的领导云云。在这里，我们不妨再次回到具体的问题，不必纠缠无谓的玄学争论。

从不得不面对的现实问题出发，笔者在这里只想讨论大家最关心的两个问题：第一，怎么能够案结事了？涉及终局判断权的定位。第二，怎么能够监督腐败？涉及司法独立与司法公正的兼容性。

现在中国社会秩序遭遇的最大问题是往往没办法案结事了、平定纠纷。因为有些事件的历史背景复杂，加上司法权威不足、信访的各种通道并存、基层解决矛盾的机制出现功能障碍，所以目前缠讼现象非常严重。一个案件可以没完没了地反复申诉和处理，制度成本大幅度攀升，有关部门也手足无措。为此中央政法委不得不在前些年专门发文，要求信访部门及时做出决断，做到案结事了。2009 年公布的《中央政法委员会关于进一步加强和改进涉法涉诉信访工作的意见》，首次从中央层面提出建立涉法涉诉信访终结制度。

可是我们怎么能让信访部门来案结事了呢？信访部门只是一个

处理申诉和异议的行政部门，并不应该享有终局判断权。在信访系统的纠纷处理过程中，既没有公正程序保障，又没有律师代行辩护权，办案人员的资质也没有非常严格的认定手续，无论如何都不应该也不可能在这个地方一锤定音。

在现代法治国家，普遍的做法是让法院来行使终局判断权。因为对法官资质的要求是最高的，案件的审理有公正程序、抗辩和论证、律师质疑、判决理由等一系列周密的制度安排作为质量和公正性的保障。因此，原则上应该在终审法院案结事了。在极个别的情况下，也许还有不同意见，那就需要启动更加严格的审查程序，犹如处理对法规的异议。在很多国家，对生效判决的审查申请是由宪法法院来受理的，不能随便提起。

有人或许会说，以现阶段的国情和司法信誉，不宜把终局判断权交给法院来行使。但顶层设计不能被既有的事实关系束缚和左右。涉及法律问题的解释、判断、决定如果不由司法机关做出，还有更适当的主体吗？如果形成不同主体互相监督的格局，那就几乎无法做到案结事了。如果说现阶段中国法院的素质和程序安排难以保证终局判断的权威性，那就改变它的素质和程序好了。

假如我们认识到必须由比较独立的、中立的、公开的、公正的司法机关来行使终局判断权，以真正做到案结事了，那么应该让什么样的人坐到审判席上、怎样才能保证判断的客观性和精确性的问题就会提上议事日程，也不难找出适当的答案。对法官提出更高的资格条件并进行更严格的遴选、让法官享有优渥的终身待遇、确保法院具有独立办案的制度条件、让案件的审理和判决经得起来自不同立场的挑剔，如此等等，只有当这一切要件都满足了的时候，由法院来行使终局判断权就会名正言顺，案结事了才会有现实的基础。

由此可见，从真正解决好“案结事不了”这个困扰中国的现实问题出发，完全可以合情合理地推演出司法体制改革一系列举措的形式和内容，其中最重要的是司法独立和司法公开。

第二个问题就是监督。腐败问题不光在司法界存在，在各个领域都存在，行政部门甚至更突出。在这种情况下，监督当然很重要。但是事实证明，监督举措可以一时见效，却很难产生长效。怎样才能有效监督？怎样控制监督的成本上升？怎样防止监督权力肥大化导致另一种形态的腐败？这些问题无从回避。我们需要寻找一种长效机制，能够切实减少腐败现象。

为此，首先需要找到某个最不容易腐败的机构或者方式，让它发挥防治腐败的作用。找来找去，会发现其实还是司法机关比较起来最不容易腐败。为什么呢？司法机关的决定必须严格依照法律，必须严格遵循程序公正的原则，必须使审理过程透明化，必须让律师站在不同当事人的立场上反复挑剔审理程序、法律推理以及判决理由，必须公开所有的案例让专家学者反复分析和推敲，这就使得腐败的机会极大地减少了。也就是说，司法公开是最好的防腐剂。

当然，适当的监督也是必要的。谈到对司法活动的监督，其实最有利益动机和专业能力的监督者应当是当事人的代理律师。律师精通法律和审判技术，受客户委托并对客户负责，其监督必然更积极、更细致、更有针对性。律师进行监督的成本是由当事人负担的，当事人自然会注意对律师工作的考评。在律师正常发挥作用的情况下，司法的确是最不容易腐败的。律师的不断质疑，有利于提高审理活动的质量和公正性，有利于避免冤假错案，从而有利于提高司法机关的权威和信誉。如此有效的监督举措不采用，让人百思不得其解。只要律师能够发挥监督作用，司法独立就不可能导致司法腐败，会成为司法公正的坚固屏障。

司法独立原则的落实，律师作用的发挥，还有一个前提条件需要考虑，这就是法官和检察官的信誉。特别是法官的素质和专业水平非常重要，只有真正适格的法官才能独立审判，才能与律师形成良好的互动关系。

可是目前我国法官规模太大、良莠不齐，实际上只有三分之一左右的法官在办案，既不敢放手让法官独立审判，也不能推行法官的终身优渥待遇。由此可见，新一轮司法改革的方向是确立司法独立原则，首先要在人事制度上推行专业化、精英化路线，为此应该把员额制作为切入点。

通过员额制精简法官的规模，让最优秀的专业人才担任法律判断者的工作，决定对公民自由和财产的取舍予夺这样极其重大的事项。这样的法官是有资格独立审判的，也有资格享受终身优渥待遇以抵御来自外部的各种干扰，坚持司法公正。只有这样才能切实树立法官的权威，从而树立法制的权威。

（本文原载于《东方法学》）